Pauls

Tod auf der Themse

den aus. Auf einem Schiff aber, auf der großen Kogge *God's Bright Light*, war alles still. Die Laterne hoch oben am Mast flackerte und blinkte im kalten, grauen Licht der Morgendämmerung. Das Schiff bewegte sich knarrend und schwang an seiner Ankertrosse in der schwarzen, träge fließenden Themse sanft hin und her. Die Kräne auf St. Paul's Wharf standen regungslos da, und die Türen der Lagerschuppen waren verrammelt und verschlossen. Nur hin und wieder schlich eine Katze auf der Jagd nach fettbäuchigen Mäusen und geschmeidigen Ratten über die Rollen ölgetränkter Taue, die Holzstapel und die dicken, eisenberingten Salzfässer, die hier standen.

Für die Mäuse und Ratten war es eine Nacht des Überflusses gewesen; sie waren von den Müllhaufen heruntergekommen und unter den Türen der Lagerschuppen hindurchgeschlüpft, um dort an Kornsäcken und an großen, saftigen, in Leintücher gewickelten Schinken zu knabbern. Natürlich mußten sie erst einen Spießrutenlauf zwischen all den Katzen hinter sich bringen, die ebenfalls hier jagten. Eine Ratte, wagemutiger als die anderen, huschte auf dem Kai entlang, schlidderte die schimmelfeuchten Stufen hinunter und schwamm auf die Ankertrosse der Kogge zu; ihr öliger Leib dümpelte auf den Wellen des Flusses. Die Ratte war eine eifrige Jägerin, so gewandt und verschlagen, daß sie drei Sommer überlebt hatte und schon grau um die Schnauze geworden war. Vorsichtig benutzte sie die kleinen Krallen wie auch den Schwanz, um am Tau hinaufzukriechen, und dann glitt sie durch die Klüse auf das Deck. Dort verharrte sie, reckte den spitzen Kopf in die Luft und schnupperte. Irgend etwas stimmte hier nicht – mit ihrer empfindlichen Nase witterte sie Schweißgeruch, ver-

Prolog

Das schwere Unwetter, das die Südküste Englands verwüstet hatte, war jetzt über die nördlichen Meere zu den eisigen Ländern gezogen, wo fellbekleidete Männer namenlosen Göttern Opferfeuer entzündeten. Von London bis Cornwall ließen sich die Chronisten der Klöster in allen Einzelheiten darüber aus, wieso das Unwetter eine Gottesstrafe gegen ein sündhaftes Königreich gewesen war. Und tatsächlich hatte der Zorn Gottes in den letzten paar Monaten sich unübersehbar ausgetobt. Eine mächtige französische Flotte unter dem Piratenkapitän Eustace, dem Mönch, hatte die Städte entlang der Südküste überfallen und ausgeplündert. Die Einwohner von Rye in Sussex hatten in ihrer Kirche Zuflucht gesucht. Dort hatten sie die französischen Korsaren einfach eingesperrt und das Gotteshaus bis auf die Grundmauern niedergebrannt; ohne auf die Schreie der Eingeschlossenen zu achten, hatten sie gestohlene Karren mit Silber, Teppichen und Lebensmitteln aus den geplünderten Häusern beladen.

Die französische Flotte hatte sich zurückgezogen. London mit seinen Bastionen hatte nun Ruhe, während der graue Herbst in einen eisigen Winter überging. Schiffe lagen auf der Themse vor Anker und zerrten an ihren Trossen. Die Matrosen hatten Urlaub und vergnügten sich in der Stadt; nur Rumpfmannschaften waren an Bord geblieben und riefen die Stun-

glücksraben, die als Schiffswache zurückgeblieben waren, weiterschmuste. Sie sah, wie er eine Silbermünze zwischen den Fingern drehte.

»Heirate und zur Hölle mit dir!« Es war ihr Lieblingsfluch, den sie da hervorstieß. Sie packte die Strickleiter, und während der Seemann hinter ihr seine Hände unter ihre Röcke schob, um sie anzutreiben, kletterte sie über die Reling an Deck. Der Seemann folgte und purzelte neben ihr auf die Planken, schwer atmend, mit einer Mischung aus Flüchen und unterdrücktem Kichern. Das Mädchen stand auf.

»Na los doch!« zischelte sie. »Beim Geschäft kommt's auf die Zeit an, und Zeit ist Geld. Wo sollen wir es machen?«

Sie schlang die dünnen Arme um den Leib des Matrosen, preßte sich an ihn und fing an, sich zu bewegen. Grinsend packte der Seemann die gefärbten Haare des Mädchens und zog ihren Kopf an seine Brust. Er war hin- und hergerissen zwischen der Erregung in seinen Lenden und dem bohrenden Argwohn in seinem biervernebelten Verstand, daß hier etwas nicht stimmte.

»Das Schiff ist zu ruhig«, knurrte er. »Bracklebury!« rief er dann. »Bracklebury, wo steckst du?«

Das Mädchen wand sich. »Bist du einer von denen, die es gern haben, wenn jemand zuschaut?« flüsterte sie.

Der Matrose schlug ihr klatschend auf den Hintern und spähte in die dunstige Finsternis.

»Verdammt, hier stimmt was nicht«, murmelte er.

»Ach, komm!«

»Verpiß dich, du kleine Nutte!« Grob stieß er das Mädchen von sich, packte haltsuchend die Reling und taumelte über das Deck.

»Christus erbarme sich«, hauchte er. »Wo sind die

mischt mit Parfümduft. Die Ratte war angespannt, und die Muskeln des schmalen, schwarzen Körpers wölbten sich über den Schultern. Die kohlschwarzen Knopfaugen spähten durch den Nebel, der gespenstisch über das Deck wehte; die Ohren lauschten aufmerksam in die Stille und warteten auf das leise Wischen eines Katzenschwanzes oder das rauhe Knarren von Holz, wo ein anderer Räuber über die Planken pirschte. Aber sie bemerkte nichts Ungewöhnliches, und so schlich sie weiter. Dann erstarrte sie jäh, denn jetzt waren Geräusche zu hören – der dumpfe Stoß eines Bootes, das längsseits kam, gefolgt vom Klang menschlicher Stimmen. Die Ratte witterte Gefahr; sie machte kehrt, lief zur Klüse zurück und wieselte die Ankertrosse hinunter. Lautlos glitt sie ins Wasser und schwamm zurück zum Ufer, wo die Zähne eines räudigen Katers sie erwarteten.

Es war ein kleines Marketenderboot, das die Ratte verschreckt hatte, und die Stimmen gehörten einem Matrosen und seiner Begleiterin, einer jungen Dirne vom Fischmarkt bei der Vintry. Der Seemann versuchte, die Hure dazu zu überreden, die Jakobsleiter mit ihm hinaufzuklettern. Ihr blondes Haar war schon vom Flußnebel durchfeuchtet, und die grelle Schminke verlief auf ihrem Gesicht. Er schwankte trunken und einigermaßen gefährlich in dem Boot.

»Komm schon«, lallte er. »Rauf mit dir! Und wenn du mir gefällig warst, kannst du auch die anderen haben. Jeder wird dir eine Münze bezahlen.«

Das Mädchen spähte an der halsbrecherischen Strickleiter hinauf und schluckte heftig. Der Matrose hatte sich bereits großzügig gezeigt und ihr einen ganzen Silbergroschen gezahlt. Jetzt hatte er sie hergebracht, damit sie hier mit ihm und den armen Un-

Titel der Originalausgabe: BY MURDER'S BRIGHT LIGHT

Lektorat: Doris Engelke.
Umschlaggestaltung: Rüdiger Morgenweck.
Satz: Fuldaer Verlagsanstalt GmbH, Fulda.
Druck und Bindung: Wiener Verlag, Himberg.
ISBN 3-8218-0368-1

Verlagsverzeichnis schickt gern:
Eichborn Verlag, Kaiserstraße 66, D-60329 Frankfurt/Main

Paul Harding

Tod auf der Themse

Kriminalroman
aus dem mittelalterlichen London

Aus dem Englischen von Rainer Schmidt

Eichborn.

nur alle?« Er schaute an der Schiffswand hinunter, ohne die Hure zu beachten, die leise maulend am Fuße des Mastes saß. Dann spähte er über den vernebelten Fluß. Gleich würde der Morgen dämmern; auf dem Wasser konnte er andere Schiffe erkennen, und er sah auch ein paar Gestalten, die sich auf den Decks hin und her bewegten. Die kalte Morgenluft pustete ihm den Bierdunst aus dem Schädel.

»Sie sind weg«, flüsterte er bei sich.

Er starrte hinunter auf das dunkle, rauhe Wasser der Themse und blickte dann erneut übers Deck. Das Beiboot lag noch vertäut auf den Planken. Ohne auf das Flehen der immer noch am Mast kauernden Dirne zu achten, rannte er zum Achterkastell und stieß die Tür zur Kajüte auf. Die Öllampe an ihrem schweren Haken leuchtete ganz friedlich. Drinnen war alles unberührt, sauber und in bester Ordnung. Der Matrose stand stocksteif und breitbeinig da und wiegte sich mit den sanft rollenden Bewegungen des Schiffes; er lauschte dem Knarren von Spanten und Planken und dachte an die unheimlichen Geschichten, die er und seine Kameraden sich auf mitternächtlichen Wachen erzählt hatten. War hier Magie am Werk gewesen? Waren Bracklebury und die anderen beiden Besatzungsmitglieder weggezaubert worden? Auf natürlichem Wege hatten sie das Schiff jedenfalls nicht verlassen – das Boot war noch da, und das eiskalte Wasser dürfte selbst den verzweifeltsten Matrosen kaum dazu verlocken, die Freuden der Stadt schwimmend zu erreichen.

»Bracklebury!« schrie er, als er aus der Kajüte kam. Aber zur Antwort knarrte und ächzte nur das Schiff. Der Matrose schaute zum Mast hinauf und sah die Nebelschleier, die ihn umwehten.

»Was ist denn los?« heulte die Dirne.

»Halt's Maul, du Luder!«

Der Seemann trat zur Reling. Er wünschte, er wäre nie zurückgekommen.

»*God's Bright Light*!« höhnte er bei sich. »›Das helle Licht Gottes‹? Aber dieses Schiff ist verflucht!«

Kapitän Roffel war ein leibhaftiger Teufel gewesen. Jahre der blutigsten Kämpfe auf See hatten den Matrosen abgehärtet, doch selbst in ihm war Mitleid aufgeflackert, als er gesehen hatte, wie skrupellos Roffel mit den französischen Gefangenen umgesprungen war. Doch jetzt war Roffel tot, hingerafft von einer plötzlichen Krankheit. Sein Leichnam war, in Ölhäute gewickelt, an Land gebracht worden, und seine Seele war wahrscheinlich zur Hölle gefahren. Den Matrosen schauderte es, als er sich der Dirne zuwandte.

»Wir schlagen wohl besser Alarm«, sagte er, »was immer das noch nützen mag. Der Satan war auf diesem Schiff!«

Eins

»Ich beschuldige Eleanor Raggleweed der Hexerei!«

Sir John Cranston, Coroner der Stadt London, verlagerte seinen massigen Wanst hinter dem hohen Eichenholztisch. In stummer Wut knirschte er mit den Zähnen, während er die giftig dreinschauende Hausfrau aus der Rat-Tail Alley musterte, die mit dramatischer Gebärde quer durch die kleine Kammer im Londoner Rathaus deutete.

»Sie ist eine Hexe!« wiederholte Alice Frogmore. »Und das da« – nicht minder dramatisch wies sie auf eine große fette Kröte, die geduldig auf dem Boden eines Eisenkäfigs hockte –, »das ist ihr Familiaris!«

Cranston faltete die Hände über dem gewaltigen Bauch. Er warf dem grinsenden Schreiber einen wütenden Blick zu und lächelte Alice Frogmore dann mit unechter Honigsüße an.

»Du hast deine Anklage vorgetragen.« Er schaute zu der verängstigten Eleanor hinüber. »Jetzt zeige uns deine Beweise.«

»Gesehen habe ich sie!« trompetete Alice. »Nachts im Garten habe ich sie gesehen, wie sie ihren scheußlichen Familiaris mit dem süßesten Brot und ganz frischer Milch gefüttert hat. Ich habe gesehen, wie sie mit ihm geredet hat, und mein Mann hat auch Beweise.«

»Tritt vor, Master Frogmore!« dröhnte Cranston.

Der Mann schlurfte herbei und blieb neben seiner

Frau stehen. Cranston fand, daß sie mehr Ähnlichkeit mit einer Kröte hatte als die Kreatur, die da im Käfig hockte. Alice Frogmore hatte kleine Schweinsäuglein, die beinahe ganz hinter dicken Fettpolstern verschwanden, und ihre kurzen, gedrungenen Arme hingen entschlossen zu beiden Seiten eines ziemlich aufgedunsenen Körpers herab. Cranston betrachtete Master Frogmore. Er unterdrückte ein Lächeln, als er sich fragte, wie die beiden wohl im Bett miteinander zurechtkamen, denn Master Frogmore war dünn wie ein Eschenzweig; er hatte zerzaustes weißes Haar, vorstehende Zähne und die ängstlichen Augen eines gehetzten Hasen.

»Nun, Bursche?« blaffte Cranston. »Hast du auch etwas gesehen?«

»Jawohl, Eure Exzellenz.«

»Mylord Coroner genügt.«

»Jawohl, Eure Exzellenz Mylord Coroner.«

Cranstons Blick schnellte zu Osbert, dem Schreiber, dessen Schultern jetzt vor Lachen bebten.

»Nimm dich in acht, Osbert!« flüsterte Cranston. »Nimm dich gut in acht.« Er schaute Frogmore an. »Nun, was hast du gesehen?«

»Es war in der Walpurgisnacht.« Frogmores dünne Stimme senkte sich höchst dramatisch. »Zur Zeit des großen Hexensabbats. Da sah ich, wie Mistress Raggleweed in den Garten ging, eine Kerze anzündete und ihren scheußlichen Besucher aus der Hölle fütterte.«

»Wie kommt's, daß du über die Walpurgisnacht Bescheid weißt?« unterbrach ihn Cranston mit einem gespielten Ausdruck der Unschuld. »Du scheinst eine Menge über Hexen zu wissen, Master Frogmore.«

Der Mann zog nur die Schultern hoch.

»Aber was noch wichtiger ist: Wieso hast du Mistress Raggleweed überhaupt bespitzelt?«

»Ich war auf dem Dachboden meines Hauses, um einen Fensterladen zu reparieren.«

»Mitten in der Nacht?« rief Cranston.

»Meine Frau hatte es mir aufgetragen.«

Frogmore schob sich hinter seine Frau, die jetzt den Kopf vorstreckte, die Lippen zusammenpreßte und die Backen aufblies. Cranston fragte sich, ob sie ihn anspucken wollte.

»Ich brauche schon mehr Beweise als diese«, schnarrte er. Er kratzte sich den kahlen Schädel, und der vergnügte Ausdruck verschwand auf dem heiteren Gesicht mit den eisblauen Augen. Er funkelte Alice Frogmore an; bei sich nannte er sie bereits »Mistress Kröte«.

»Manchmal«, schrie die Frau zurück, »kommt diese Kröte in meinen Garten, und dann kommt jedesmal ein Unglück über mich.«

»Zum Beispiel?« Cranstons Tonfall klang warnend. Er tastete unter dem Tisch nach seinem Weinschlauch.

Mistress Frogmore war jedoch nicht mehr zu halten. Sie mißdeutete den harten Ausdruck im Gesicht des Coroners, glaubte, es sei die Miene eines strengen Richters. Aber das war es nicht – es war die Miene eines Coroners, der sich verzweifelt nach einem Becher Wein oder einem Humpen Ale im »Heiligen Lamm Gottes« sehnte, bevor er nach Hause hastete, um mit seinen Zwillingen zu spielen und seine Frau, die gesegnete Lady Maude, zu necken.

»Nun?« knurrte Cranston.

»Einmal ist die Milch sauer geworden.«

»Und?« drängte Cranston mit zusammengebissenen Zähnen.

»Ein andermal bin ich von einem Schemel gefallen.«

»Ein Wunder, daß du einen gefunden hast, der dein Gewicht trägt«, bemerkte Cranston bei sich.

Osbert hob den Kopf, und sein Gesicht war eine Maske der Besorgnis.

»Mylord Coroner, das letzte habe ich nicht mitgekriegt.«

»Du wirst gleich was ganz anderes mitkriegen, wenn du nicht das Maul hältst!« grollte Cranston. »Mir reicht es jetzt!« Er schlug mit der Faust auf den Tisch und wandte sich an Eleanor Raggleweed. »Was hast du zu deiner Verteidigung vorzubringen?«

»Sir John, ich bin unschuldig.«

Cranston schaute wütend auf die Kröte. »Gehört diese Kreatur dir?«

»Ja, Mylord Coroner«, quiekte sie.

»Und war sie auf dem Grund und Boden der Frogmores?«

»Ja, Mylord Coroner.«

Cranston funkelte die Kröte an. »Sie hat sich also unbefugtes Betreten zuschulden kommen lassen?«

»Ja, Mylord Coroner.«

»Warum hältst du sie?«

»Mein Gatte war ein sanfter Mann. Er fand sie, als sie klein war, und wir haben sie immer behalten.« Mistress Raggleweeds müdes Gesicht lächelte gezwungen. »Ich lebe allein, Sir. Sie ist alles, was ich habe. Sie ist ein freundliches Wesen.«

Cranston funkelte sie unter seinen buschigen, weißen Brauen an.

»Laßt sie sich doch ausziehen!« fuhr Mistress Frogmore dazwischen. »Laßt uns nach den Hexenmalen suchen! Nach den zusätzlichen Zitzen, mit denen sie ihren Familiaris säugt!«

Cranston ließ seine schwere Faust auf den Tisch niederfahren.

»Ruhe!« brüllte er.

»Sie ist eine Hexe!« beharrte Alice Frogmore.

»Zwei Penny Strafe wegen Mißachtung des Gerichts!« schrie Cranston.

»Aber, Mylord Coroner . . . «

»Nochmal zwei Penny Strafe wegen Mißachtung des Gerichts!« donnerte Cranston.

Er sah, daß die Büttel an der Tür sich vor Lachen schüttelten. Er holte seinen Weinschlauch hervor, nahm einen ordentlichen Schluck, drückte den Stopfen wieder hinein und hängte den Schlauch an den Haken seitlich des Tisches. Dann starrte er Eleanor Raggleweed an.

»Bist du eine Hexe?«

»Mylord Coroner, ich bin eine ehrbare Witwe. Ihr könnt Pater Lawrence fragen.« Die Frau drehte sich um und deutete auf den weißhaarigen Priester, der bei den Bütteln stand. »Ich gehe regelmäßig zur Kirche, sonntags und noch dreimal in der Woche.«

Der sanft blickende Priester nickte bei diesen Worten.

»Und warum erheben die Frogmores solche Vorwürfe?« wollte Cranston wissen.

»Weil sie mir immer schon das Besitzrecht auf ein kleines Stück Land hinter meinem Haus streitig machen. Meinen Mann haben sie mit Streit und Zank in ein frühes Grab gebracht.« Die Stimme der Frau senkte sich zu einem Murmeln. »Ich habe Angst, daß sie Thomas töten werden.«

»Wer zum Teufel ist Thomas?« fragte Cranston.

»Die Kröte, Mylord Coroner.«

Plötzlich verlagerte das kleine, gelb-grüne Ungeheuer im Käfig seinen fetten, aufgeschwollenen Körper und gab ein äußerst machtvolles Quaken von sich. Osberts Kopf sank auf die Tischplatte; er bebte vor Lachen so sehr, daß er nicht mehr schreiben konnte. Mistress Frogmore machte einen Satz nach vorn.

»Seht Ihr? Die Kröte spricht mit ihr!«

»Einen Silbergroschen Strafe!« brüllte Cranston.

Er wischte sich den Schweiß von der Stirn und dankte Gott im stillen dafür, daß Bruder Athelstan, sein Privatsekretär, nicht anwesend war, um dieses Theater mitanzusehen, sondern wohlbehalten in seiner Pfarrkirche St. Erconwald auf der anderen Seite des Flusses in Southwark saß. Athelstan wäre inzwischen sicher zusammengebrochen und läge, sich vor Lachen windend, am Boden. Cranston funkelte die Kröte an; sie hatte ihn anscheinend liebgewonnen, denn sie hüpfte vorwärts und quakte ihn laut an, als wäre er ein Bekannter.

»Jetzt reicht es aber«, brummte Cranston. »Osbert, wenn du nicht gleich gerade sitzt, zahlst du einen Nobel Strafe und wanderst für eine Woche ins Fleet-Gefängnis.«

Der Schreiber biß sich auf die Lippen, um ernst zu bleiben, und griff nach seinem Federkiel. Cranston schnippte mit den Fingern, winkte den Priester nach vorn und deutete auf die große Bibel, die angekettet auf einem schweren Pult neben seinem Tisch lag.

»Erhebe deine Hand, Pater, und lege den Eid ab.«

Der Priester gehorchte.

»Laß die Hand, wo sie ist«, befahl Cranston. »Und jetzt, Pater, erzähl mir von Eleanor Raggleweed.«

»Eine gutherzige Frau«, antwortete der Priester. »Brav und treu, Sir John. Ihr Ehemann kämpfte bei

Euren Bogenschützen, als Ihr im Dienste Sir John Chandos und des Prinzen Edward standet.«

Cranston lehnte sich zurück, und sein Unterkiefer klappte herunter, als er sich plötzlich an Raggleweed erinnerte, einen meisterhaften Bogenschützen und fröhlichen Burschen, ehrlich, tapfer und treu. Er sah den alten Priester an.

»Und diese Vorwürfe?«

»Bei Christus und Seiner Mutter, Sir John: krasse Lügen.«

Sir John nickte und winkte dem Priester, er möge zurücktreten.

»Dies ist mein Urteil. Erstens: Du, Mistress Alice Frogmore, bist schuldig der Mißachtung des Gerichts. Die Strafe dafür beträgt vier Penny. Zweitens: Du, Mistress Alice Frogmore, hast die Zeit dieses Gerichts verschwendet. Die Strafe dafür beträgt noch einmal vier Penny. Überdies« – wutfunkelnd schaute er der fetten Frau ins haßerfüllte Gesicht – »sollst du verpflichtet sein, für alle Zeit Frieden zwischen dir und Mistress Eleanor Raggleweed, deiner Nachbarin, zu wahren. Was sagst du dazu?«

»Aber die Kröte war auf unserem Grundstück!« wimmerte sie.

»Ach ja.« Cranston wandte sich Eleanor Raggleweed zu. »Eleanor Raggleweed, deine Kröte namens ›Thomas‹« – jetzt hatte auch Cranston Mühe, ernste Miene zu bewahren – »hat sich des unbefugten Betretens eines fremden Grundstücks schuldig gemacht. Zur Strafe bezahlst du die kleinste Münze des Reiches: einen Farthing.«

Eleanor lächelte. Cranston funkelte die Kröte an, die fröhlich zurückquakte.

»Du, Thomas Kröte, wirst hiermit zum Mündel des

Gerichts ernannt.« Er warf den Frogmores einen bösen Blick zu. »Wenn dem Tier also etwas passiert, werdet ihr zur Verantwortung gezogen.«

»Das ist nicht gerecht«, winselte Frogmore. »Ich werde Berufung einlegen.«

»Verpißt euch!« brüllte Cranston. »Büttel, räumt die Kammer!«

Eleanor Raggleweed nahm die Kröte auf und gesellte sich zu dem Priester, der sie leise beglückwünschte. Die Frogmores wühlten niedergeschmettert in ihrer Börse und reichten Osbert widerstrebend das Bußgeld. Cranston lehnte den Kopf an die Stuhllehne und belohnte sich mit einem weiteren tiefen Schluck aus seinem Weinschlauch.

»Teufelsschwanz und Satanszitzen!« knurrte er und warf einen Blick auf die Stundenkerze in ihrem eisernen Halter. »Es ist noch nicht einmal zehn Uhr früh, und ich bin bereits völlig erledigt von diesem Unfug.« Er blickte zu Osbert. »Hast du je solchen Blödsinn gehört?«

Osbert leckte sich die schmalen Lippen und schüttelte wortlos den Kopf. Es war immer lustig, Schreiber in Sir Johns Gericht zu sein; der dicke, weinselige Coroner war bekannt für seine unverblümte Art und seine Unnachgiebigkeit gegen Dummköpfe wie auch für seine unbestechliche Ehrlichkeit.

»Noch nie«, erzählte Osbert seiner pausbäckigen Ehefrau und seinen Kindern, »noch nie habe ich erlebt, daß Sir John sich durch Angst oder Voreingenommenheit ins Wanken bringen ließ. Er ist gradlinig wie ein Pfeil, der von der Bogensehne schwirrt.«

Der Schreiber beugte sich vor und nahm eine schmierige Pergamentrolle zur Hand. Zu gern studierte er die Launen des Coroners.

»So, Sir John – die nächste Sache wird Euch gefallen.«

»Berichte«, brummte Cranston.

»Nun, Rahere, der Bratkoch, hat eine Garküche in einer Gasse abseits der Seething Lane. Sein Nachbar, der Bäcker Bernard, ist sein erbitterte Rivale. Die beiden können sich nicht ausstehen.«

»Und?« bellte Cranston.

»Rahere hat sich neue Latrinen graben lassen.«

»Ja?«

»Und Bernard behauptet, Rahere habe sie aus Bosheit und Niedertracht so graben lassen, daß die ganze Jauche nun in den Keller seiner Bäckerei sickert.«

»Oh, beim Hintern einer Fee!« stöhnte Cranston. »Daß du mich nur stets daran gemahnst, Osbert, in beiden Häusern nie etwas zu essen.« Er schmatzte beim Gedanken an die knusprig goldene Wachtelpastete, die ihm die Wirtin vom »Heiligen Lamm Gottes« für heute zubereiten wollte. »Muß ich diesen Fall jetzt verhandeln?«

Der Schreiber nickte bekümmert. »Ich fürchte, ja, wenn es keine dringenderen Geschäfte gibt.«

Cranston stützte die Ellbogen auf den Tisch und legte das runde Gesicht in die Hände mit den Wurstfingern.

»Na schön.«

Eben wollte er den Bütteln zubrüllen, sie sollten die nächsten Kläger hereinführen, als es donnernd klopfte. Edward Shawditch, der Untersheriff der Stadt, kam hereingerauscht; sein schmales, pockennarbiges Gesicht war rot vor Wut. An dem stoppligen Kinn erkannte Cranston, daß Shawditch sich nicht rasiert hatte. Seine kleinen grünen Augen waren rotgerändert von zuwenig Schlaf, und seine Lippen waren so schmal zusammengepreßt, daß man meinen konnte, er habe einen Schluck Essig getrunken. Der Untersheriff streifte den Handschuh ab und strich sich das schweißfeuchte rote Haar zurück.

»Auf ein Wort, Sir John.«

Auf tausend Worte, meinst du wohl, dachte Cranston erbittert. »Was gibt's denn, Shawditch?« Er achtete den Untersheriff als einen rechtschaffenen Mann, aber der Kerl war so diensteifrig und pingelig, daß es Cranston grauste.

»Zwei Dinge, Sir John.«

»Eins nach dem andern«, sagte Cranston.

»Es hat einen Einbruch gegeben. Schon wieder einen.«

Cranston stöhnte auf.

»Der sechste«, erklärte Shawditch ungerührt.

»In wessen Haus diesmal?«

»Selpots«, sagte Shawditch.

»Oh Gott, nein«, seufzte Cranston. Selpot war ein Ratsherr, ein hochrangiges Mitglied der Gerberzunft. »Doch nicht sein Haus in der Bread Street?«

»Doch, ganz recht.«

»Und auf die gleiche Weise wie zuvor?«

»Ja, auf genau die gleiche Weise. Selpot ist abwesend, mit Frau und Kindern bei Freunden in Surrey – sagt wenigstens sein Verwalter. Wahrscheinlich will er einen Bauern um ein paar Häute betrügen. Wie dem auch sei, Selpot hat sein Haus in der Obhut des Verwalters gelassen.« Shawditch zuckte die Achseln. »Am besten kommt Ihr mit und seht es Euch selbst an.«

Cranston schob seinen Stuhl zurück, setzte den dicken Biberfellhut auf und schnallte sich den Schwertgurt um den mächtigen Bauch. Er raffte seinen schweren Soldatenmantel an sich und folgte Shawditch hinaus. In der Tür drehte er sich noch einmal um und lächelte Osbert schadenfroh zu.

»Die heutigen Verhandlungen sind vertagt«, verkündete er. »Entweder das, oder du kannst sie einem anderen Gericht übergeben.«

Der Coroner und der Untersheriff traten hinaus in die eiskalte Morgenluft und gingen zusammen die Cheapside hinauf. Unrat und Kot auf den Pflastersteinen waren hartgefroren. Die Häuser zu beiden Seiten der Straße waren im wallenden Nebel, der Lärm und Getöse dämpfte, halb verborgen. Die Menschen waren zum Schutz gegen den eisigen Dunst von Kopf bis Fuß eingemummt, die Reichen in wollene Mäntel und Gewänder, die Armen in bunt zusammengeflickten Lumpen.

Ein altes Bettelweib, das in einer Gasse in einem Winkel gekauert hatte, war in dieser Haltung erfroren. Jetzt hob man den sperrigen Leichnam auf einen Karren, von Ochsen gezogen, deren Atem wie dicker Dampf aufstieg. Hinter dem Karren schlitterte eine Schar Kinder, unempfindlich für diese Tragödie, auf Schafsknochen über die gefrorenen Kloaken und Sickergruben. Eine Gruppe junger Männer in seltsamen, aus Lumpenstücken zusammengenähten Gewändern sang ein Lied von Christus, der uns zum Heil in Bethlehem geboren sei. Ein Stück weiter unten auf der Cheapside spielte ein Dudelsackpfeifer in schrillen Tönen vor dem Pranger, wo Spitzbuben und mindere Verbrecher, an Hals und Händen angeschlossen, einen Tag lang stehen würden, um beschimpft und mit Unrat beworfen zu werden und unter der Eiseskälte eines harten Wintertages zu leiden. Ein Franziskaner, der einen Ledereimer mit warmem Wasser in der einen und einen weichen Lappen in der anderen Hand hielt, wischte ihnen sanft die Gesichter ab und hielt ihnen einen Napf mit heißer Milch und Wein an die Lippen. Einer der Gefangenen weinte vor Kälte. Sir John blieb stehen. Er schaute in die aufgesprungenen Gesichter und sah die bläulichen Wangen im verkniffenen Gesicht eines Taschendiebs und die Tränen, die dessen rattenäugigen Komplizen über die Wangen liefen. Er wollte weitergehen.

»Cranston, um der Liebe Christi willen!« schrie der Taschendieb. »Oh, bitte!«

Cranston blieb stehen und schaute den diensthabenden Büttel an. Shawditch kam ungeduldig zurück.

»Was ist los, Sir John?«

Cranston winkte den Büttel zu sich. »Wie lange stehen die schon hier?«

»Seit vier Stunden.«

»Laßt sie frei.«

Lobpreisungen ertönten vom Pranger, und Segnungen wurden herabgerufen über Sir John und seine Nachkommenschaft bis ins fünfundvierzigste Glied.

»Das dürft Ihr nicht machen«, stammelte der Büttel.

»Darf ich nicht?« Cranston zwinkerte dem Untersheriff zu, der seinem steinharten Äußeren zum Trotz ein Mann mit Mitgefühl war. »Habt Ihr das gehört, Master Shawditch? Man verwendet das Wort ›darf nicht‹ gegen den Coroner der Stadt London und seinen Untersheriff.«

Shawditch stieß dem Büttel mit dem Finger vor die Brust, wühlte in seinem Geldbeutel und drückte dem Mann ein Geldstück in die Hand.

»Du wirst sie nicht nur freilassen, mein fetter Freund«, schnarrte er, »sondern du wirst ihnen um der

Liebe Christi willen dazu noch etwas Warmes zum Essen kaufen.« Er deutete mit dem Kopf zu den Sängern hinüber. »Bald ist Advent, Jultid, und wir feiern die Geburt Christi. Zeig ein wenig Erbarmen, um seinetwillen.«

Der Büttel nahm seinen schweren Schlüsselbund und machte sich daran, die Gefangenen freizulassen. Diese rieben sich Hände und Gesichter. Der Franziskaner kam lächelnd herangewatschelt.

»Der Herr segne Euch, Master Shawditch.«

»Aye«, murmelte der Untersheriff. »Möge der Herr mich segnen. Aber jetzt, Pater, sorgt dafür, daß der Büttel mein Geld gut verwendet. Kommt, Sir John.«

Der Untersheriff ging weiter, und Cranston hastete ihm nach.

»Es heißt, Ihr seid ein Mistkerl«, sagte Cranston. »Aber ein gerechter Mistkerl.«

»Aye, Sir John, und von Euch habe ich das gleiche gehört.« Shawditch sah sich nach dem Pranger um. »Das habe ich mir gedacht.«

»Was?«

»Der verdammte Taschendieb hat dem Büttel soeben meine Münze geklaut.«

Cranston grinste und drückte eine behandschuhte Hand ans Ohr, das in der beißenden Kälte allmählich zu schmerzen begann.

»Zu kalt für alles«, knurrte er, als sie in die Bread Street einbogen.

»Nicht für die Einbrecher«, antwortete Shawditch.

Er blieb vor einem hohen Fachwerkhaus stehen; es war gut gepflegt und frisch gestrichen. Beifällig betrachtete Cranston die buntgemalten Wappenschilder über der Tür.

»Selpot muß viele Felle verkaufen«, meinte er.

»Aye«, bestätigte Shawditch. »Darunter manch eines, das er einem Kunden über die Ohren gezogen hat.«

Sie klopften an die Tür. Der Verwalter geleitete sie mit banger Miene in eine kleine behagliche Stube und schob ein paar Schemel vor ein tosendes Kaminfeuer.

»Möchtet Ihr Wein?« Er sah Shawditch an.

»Dies ist der Coroner der Stadt, Sir John Cranston«, sagte der Untersheriff zu ihm. »Und du? Ich habe deinen Namen vergessen.«

»Latchkey, der Verwalter.«

»Ach ja, Master Latchkey.«

»Wir nehmen einen Schluck Wein«, trompetete Cranston. »Schweren, roten Wein.«

Er sah sich in dem kleinen Zimmer um und bewunderte die schimmernde Täfelung, die schweren Wandbehänge und ein kleines Triptychon über dem Kamin. Bronzenes Küchengeschirr stand in der Kaminecke, und der Steinboden war von dicken Wollteppichen bedeckt.

»Sicher hat Master Selpot einen guten Burgunder«, fuhr er drohend fort.

Latchkey hastete zu einem Schrank in der Fensternische und kam mit zwei randvollen Bechern zurück.

»So, dann erzähle uns mal, was passiert ist.« Cranston leerte den Becher in einem Zug und streckte die Hand aus, um sich nachschenken zu lassen. »Komm schon, Mann, bring den Krug herüber! Du hast nicht zufällig eine Hühnerkeule übrig?«

Der Mann schüttelte betrübt den Kopf und füllte Sir Johns Becher noch einmal, bevor er seine traurige Geschichte erzählte. Sein Herr sei nicht in der Stadt, und in der vergangenen Nacht sei ein Gauner in das Haus eingedrungen und habe Kleider, kostbare Becher und Juwelen aus den oberen Stockwerken gestohlen.

»Und wo warst du? Und die Dienerschaft?« fragte Cranston.

»Oh, im Erdgeschoß, Sir John.« Der Mann nagte an der Unterlippe. »Die Gesindestuben sind hier unten, müßt Ihr wissen. Niemand schläft auf dem Dachboden. Master Selpot besteht darauf. Ich habe eine kleine Kammer an der Rückseite des Hauses, und der Koch und die Küchenjungen schlafen in der Küche oder auf der Diele.«

»Und du hast nichts gehört?«

»Nein, Sir John. Kommt, ich zeige es Euch.«

Latchkey führte sie durch das luxuriöse Haus und zeigte ihnen, wie die Fenster mit Läden gesichert wurden, die von innen mit Vorhängeschlössern versehen waren.

»Bist du sicher, daß kein Fenster offen geblieben war?«

»Gewiß, Sir John.«

»Und die Türen unten waren ebenfalls verschlossen.«

»Ja, Sir John. Wir haben außerdem Hunde, aber die haben auch nichts gehört.«

»Es gibt keinen geheimen Eingang?«

»Überhaupt keinen, Sir John.«

»Und das Dach?«

Latchkey zuckte die Achseln und führte sie hinauf auf den kalten Dachboden, der als Speicher diente. Cranston spähte in die Höhe, aber er sah kein Loch im Dach.

»Wieviel ist verschwunden?« fragte er, als sie wieder hinuntergingen.

»Fünf Silberbecher, zwei davon mit Juwelen besetzt.

Sechs Messer – zwei goldene, drei silberne, eins aus Kupfer. Eine Statuette der Jungfrau Maria aus Marmor. Zwei Suppenlöffel, ebenfalls Gold. Fünf Silberteller, einer mit Edelsteinen am Rand.«

Shawditch stöhnte, als er die lange Liste hörte.

Unten angekommen, setzte Cranston seinen Biberhut auf und zog sich den Mantel an.

»Könnten es die Diener gewesen sein?« fragte er.

Latchkeys betrübte Miene wurde noch düsterer.

»Sir John, ich war es, der den Diebstahl entdeckt hat. Ich habe auf der Stelle jeden einzelnen durchsucht. Nichts wurde gefunden.«

Cranston verdrehte die Augen zum Himmel, dankte dem Verwalter und ging auf die eisige Straße hinaus, gefolgt von einem nicht minder ratlosen Untersheriff.

»Wie viele, sagt Ihr?« fragte Cranston. »Sechs seit St. Michael?«

Shawditch nickte verdrossen.

»Und wo ist Trumpington?«

Shawditch deutete die Straße hinunter. »Wo er um diese Zeit immer ist – im ›Munteren Schwein‹.«

Vorsichtig umschifften sie die Müllhaufen und wanderten die Straße entlang; dann bogen sie in eine Gasse, wo ein leuchtend gelbes Schild mit einem roten Schwein, das Dudelsack spielte, ächzend und knarrend an einer Eisenkette baumelte. Im Schankraum fanden sie Trumpington, den Bezirksbüttel, der sich eben eine Fischpastete einverleibte und mit noch vollem Mund gleich einen Humpen schäumendes Bier hinterherkippte. Er rührte sich kaum, als Cranston und Shawditch sich bemerkbar machten, rülpste nur laut und fing an, sich mit dem Daumennagel geschäftig zwischen den Zähnen herumzustochern. Cranston bemühte sich, seine Abneigung gegen den Mann zu verbergen. Insgeheim stellte er sich Trumpington als Schwein vor: gedrungener Körper, rotes Fettgesicht, zitternde Hängebacken, behaarte Nasenlöcher und flinke, hin und her huschende Äuglein unter einer niedrigen Stirn mit schmutzigen, blonden Haarfransen.

»Es hat ein Raub stattgefunden«, verkündete Trumpington.

»Ja, der sechste in diesem Bezirk«, blaffte Shawditch.

Trumpington fuhr sich mit der Zunge im Mund herum, und Sir John lehnte es zum ersten Mal seit Wochen ab, etwas zu trinken oder einen Happen zu essen.

»Das ist nicht meine Schuld«, blökte Trumpington. »Ich gehe jede Nacht durch die Straßen. Na ja, zumindest, wenn ich Dienst habe. Mir ist nichts Ordnungswidriges aufgefallen, und diese Diebstähle sind für mich ebenso rätselhaft wie für Euch, meine prächtigen Freunde.«

Mit honigsüßem Lächeln legte Cranston seine Hände auf die des Büttels und drückte fest zu, bis er sah, wie der Mann das Gesicht verzog.

»Nichts Ordnungswidriges, sagst du? Nie?«

»Nein«, keuchte der Mann, und der Druck auf seinen Händen färbte sein Gesicht hellviolett.

»Gut.« Cranston schob den Schemel zurück und nahm die Hände weg. »Halte die Augen offen.« Er zupfte Shawditch am Ärmel, und die beiden verließen die Schenke.

»Ein regelrechtes Geheimnis«, stellte Shawditch fest. Er warf Cranston einen wachsamen Blick zu. »Euch ist klar, daß deshalb die Hölle los sein wird?«

Cranston wartete, bis eine Gruppe von Ladenjungen, die lärmend eine aufgeblasene Schweinsblase die Straße hinuntertrieben, johlend und jauchzend vorbeigestürmt war. Dann dachte er laut nach. »Sechs Häuser. Alle in diesem Bezirk. Alle gehören mächtigen Kaufleuten, aber zur Zeit des Einbruchs sind ihre Eigentümer fort und nur die Dienstboten anwesend. Keine Spur eines gewaltsamen Eindringens, weder durch die Tür noch durch ein Fenster. Ein Diebstahl von innen?« Er schüttelte den Kopf. »Eine Absprache zwischen den Dieben und der Dienerschaft in sechs verschiedenen Haushalten halte ich für ausgeschlossen.« Er blies die Wangen auf und stapfte vor Kälte mit den Füßen. »Zuerst wird es Protestgemurr aus dem Stadtrat geben. Dann wird es sich zu einem Gebrüll des Mißfallens auswachsen, und irgend jemandes Kopf wird rollen. Was, Shawditch?«

»Aye, Sir John, und es könnte der meine sein. Oder der Eure«, fügte er nüchtern hinzu. »Brechen irgendwo Recht und Ordnung zusammen, glaubt man immer, es würde die Sache besser machen, wenn man einen Beamten bestraft, weiß der Himmel, warum.«

Cranston schlug ihm auf die Schulter. »Ihr kennt Bruder Athelstan?«

»Euren Sekretär? Den Pfarrer von St. Erconwald in Southwark?« Shawditch nickte. »Natürlich. Er ist höchst einprägsam, Sir John, denn zwischen ihm und Euch ist ein Unterschied wie Tag und Nacht.«

Shawditch lächelte bei der Erinnerung an den schmalen, olivhäutigen Dominikanermönch mit seinen rabenschwarzen Haaren und den lächelnden Augen, die eine scharfe Intelligenz und einen wachen Verstand verrieten. Anfangs hatte Shawditch ihn für verschlossen gehalten, aber dann hatte er erkannt, daß der Dominikaner nur schüchtern war und eine ziemliche Ehrfurcht vor dem übermächtigen Sir John mit seinem gefräßigen Appetit und seiner ständigen Gier nach Erfrischungen hatte.

»Worüber lächelt Ihr?« fragte Cranston grob.

»Oh, über gar nichts, Sir John. Ich dachte nur ...« Shawditch ließ den Satz unvollendet.

»Wie dem auch sei«, dröhnte Cranston und wandte sich ab, um weiterzugehen, »Athelstan sagt immer, wo es ein Problem gibt, muß es auch eine Lösung geben; es ist alles nur eine Frage von Beobachtung, Betrachtung und Schlußfolgerung.«

Mit einer Behendigkeit, die sogar Thomas, die Kröte, bewundert hätte, machte er einen Satz zur Seite, als über ihm ein Fenster aufging und der Inhalt eines Nachttopfs auf die Straße geschüttet wurde. Shawditch hatte weniger Glück, und sein Mantel bekam ein paar Spritzer ab. Er blieb stehen und drohte mit der Faust zu dem Fenster hinauf; dann sprang er ebenso flink wie Cranston beiseite, als es wieder geöffnet wurde und ein zweiter Nachttopf erschien.

»Das sollte gesetzlich verboten werden«, knurrte er. »Aber was sagtet Ihr gerade, Sir John?«

Der Coroner zog sich den Biberhut fest über den mächtigen Schädel. »Die Frage ist, wie kommt der Dieb ins Haus? Zweitens, woher weiß er, daß niemand da ist?«

»Was die zweite Frage angeht, das weiß ich nicht. Und die erste? Nun, das ist ebenfalls ein Geheimnis.«

»Habt Ihr alle Dächer überprüft?« fragte Cranston.

»Ja. Trumpington hat einen Dachdecker kommen lassen, der Mann hat die Dächer untersucht und nichts feststellen können.«

Sie hatten die Bread Street erreicht. Cranston wollte abbiegen, aber Shawditch hielt ihn am Ärmel fest.

»Ich sagte, ich hätte zwei Probleme für Euch, Sir John. Das zweite ist ernster.«

Cranston seufzte. »Schön, aber nicht hier.«

Er führte den Untersheriff die Cheapside hinauf und in die heimelige Wärme der Schenke »Zum Heiligen Lamm Gottes«. Dort rief er nach der Wirtin, verlangte seine Wachtelpastete und Rotwein für sich und seinen Freund. Als er den ersten Bissen genommen hatte, nickte er dem Untersheriff zu.

»So. Erzählt.«

»Ihr wißt, daß die Schiffe des Königs gegen die Franzosen gefahren sind?«

»Aye. Wer wüßte das nicht?« Cranston mampfte seine Pastete.

Vom Parlament zum Handeln gedrängt, hatte John von Gaunt schließlich eine Flotille von fünfzehn bewaffneten Schiffen zusammengestellt, die Vergeltungsmaßnahmen gegen die französischen Kaperfahrer im Kanal und Überraschungsangriffe gegen die Städte und Dörfer an der Küste der Normandie ausführen sollten.

»Ja«, fuhr Shawditch fort. »Ein paar dieser Schiffe liegen vor Queen's Hithe auf der Themse, darunter auch die *God's Bright Light.*« Shawditch nahm einen Schluck Wein. »Das Schiff stand unter dem Befehl von William Roffel. Es ist vor zwei Tagen in den Hafen eingelaufen, nachdem es eine ganze Anzahl französischer Schiffe erobert und versenkt hatte. Roffel jedoch wurde auf der Heimreise plötzlich krank und starb. Seinen Leichnam hat man an Land gebracht. Die Besatzung bekam ihre Heuer und sieben Tage Landurlaub. Letzte Nacht nun waren als Wache nur der Erste

Maat und zwei Matrosen an Bord, einer am Bug, einer am Heck.« Shawditch nagte an der Unterlippe. »Am Mast hing eine Laterne, und das Schiff lag in Hörweite anderer Schiffe, die dort ankerten.«

»Und was ist geschehen?« unterbrach Cranston ungeduldig.

»Kurz vor Tagesanbruch kam ein Matrose mit seiner Dirne zurück. Sie kletterten an Bord und fanden das Schiff verlassen vor – kein Erster Maat, keine Wache.«

»Und?«

»Niemand hatte gesehen, daß jemand vom Schiff weg oder dort hingefahren ist; freilich lag in der Nacht dichter Nebel über dem Fluß. Aber das ist nur die Hälfte des Rätsels, Sir John. Seht Ihr, eine Stunde, bevor der Matrose zurückkam, fragte die Wache an Bord des benachbarten Schiffes, der *Holy Trinity*, gemäß dem Befehl des Admirals, ob alles in Ordnung sei. Und von der *God's Bright Light* antwortete eine Stimme mit der vereinbarten Parole.«

»Die lautete?«

»Zum Ruhme des Hl. Georg.«

Cranston lehnte sich zurück. »Mit anderen Worten, es ist also anscheinend überhaupt nichts Außergewöhnliches an Bord dieses Schiffes geschehen? Die Wache hat dem Nachbarschiff sogar mit der richtigen Parole geantwortet?«

»Aye, und sie dann dem nächsten Schiff weitergegeben, der *Saint Margaret*«, antwortete Shawditch.

»Und doch«, fuhr Cranston fort, »wird das Schiff kurz danach verlassen vorgefunden. Keine Spur vom Ersten Maat und der Wache, zwei gesunden Seeleuten.«

»So ist es, Sir John.«

»Könnten sie desertiert sein?«

Shawditch verzog das Gesicht.

»Und es gab kein Anzeichen von Gewalt?«

»Nicht das geringste.«

»Etwas gestohlen?«

Shawditch schüttelte den Kopf.

»So, so, so«, sagte Cranston leise. »Was Athelstan wohl dazu sagen wird?«

»Das weiß der Himmel«, antwortete Shawditch. »Aber der Bürgermeister und der Stadtrat verlangen Aufklärung.«

Zwei

Bruder Athelstan saß am Küchentisch seines kleinen Pfarrhauses von St. Erconwald in Southwark und starrte mißgelaunt ins Feuer. Er hatte die Frühmesse gelesen, hatte mit Hilfe der Kurtisane Cecily die Kirche geputzt und mit Tab, dem Kesselflicker, über ein paar Töpfe gesprochen, die repariert werden mußten. Dann hatte er sich von der Witwe Benedicta verabschiedet, weil sie für ein paar Tage auf die andere Seite der Themse zu einer Verwandten wollte, die kurz vor der Niederkunft stand.

Athelstan erhob sich und rührte in dem Porridge, der in einem schwarzen Kessel über den Flammen kochte. Dann schaute er sich nach Bonaventura um, dem großen, einäugigen Kater, der geduldig auf dem Tisch saß und sich zierlich putzte, nachdem er die Nacht über in den Gassen rings um die Kirche auf der Jagd gewesen war.

»Gleich ist es fertig, Bonaventura. Heiße Hafergrütze mit Milch, dazu Zimt und Zucker. Benedicta hat sie selbst zubereitet, bevor sie ging. Sie wird köstlich schmecken. In der kommenden Woche werden wir frühstücken wie die Könige.«

Der Kater gähnte und starrte diesen seltsamen Dominikaner, der dauernd mit ihm sprach, mit arroganter Miene an. Athelstan wischte den Hornlöffel ab, hängte ihn an seinen Haken, streckte sich und gähnte.

»Ich hätte ins Bett gehen sollen«, murmelte er. Statt

dessen war er auf den Kirchturm geklettert, um die Sterne zu betrachten, und mit ehrfürchtigem Staunen hatte er den feurigen Fall eines Meteors beobachtet. Er setzte sich wieder an den Tisch und trank einen Schluck von seinem verdünnten Ale.

»Warum nur?« fragte er Bonaventura. »Sag es mir, du gerissenster unter den Katern. Warum fallen Meteore vom Himmel, aber Sterne nicht? Oder«, fuhr er fort, als er sah, daß der Kater ihm aufmerksam zuhörte, »sind Meteore herabfallende Sterne? Und wenn sie es sind, was veranlaßt den einen und nicht den anderen Stern herabzufallen?«

Der Kater blinzelte mit seinem gesunden Auge.

»Und das Problem wird noch verwickelter«, sagte Athelstan. »Ich will es einmal so ausdrücken. Warum bewegen sich manche Sterne? Das Sternbild, das man den Großen Bären nennt, tut es zum Beispiel, aber der Stern der Schiffe, der Polarstern, tut es nie.«

Zur Antwort miaute Bonaventura laut und ließ sich auf den Tisch plumpsen, als verzweifle er ob des langen Wartens auf seine morgendliche Schale Hafergrütze. Athelstan lächelte und streichelte dem Kater sanft über das zerfranste Ohr.

»Sollen wir überhaupt Fragen stellen?« flüsterte er. »Oder sollen wir die großen Wunder Gottes nur staunend betrachten?«

Seufzend wandte er sich wieder dem Pergament zu, das er am Abend zuvor studiert hatte. Es zeigte eine rohe Grundrißzeichnung seiner Kirche. Der Gemeinderat in seiner Weisheit hatte entschieden, am Namenstag des Pfarrheiligen im Kirchenschiff ein Mysterienspiel aufzuführen. Athelstan legte jetzt eine Liste der Dinge an, die man dazu brauchen würde. Thomas Drawsword, ein neues Mitglied der Gemeinde, hatte sich bereiterklärt, einen großen Karren zu beschaffen, der als Bühne dienen konnte, aber sie würden noch mehr benötigen. Athelstan studierte seine Liste:

Zwei Teufelsmäntel
Ein Hemd
Drei Masken
Flügel für die Engel
Drei Trompeten
Eine Höllenpforte
Vier kleine Engel
Nägel
Zu guter Letzt: Eine große Plane für den Hintergrund.

Das Stück hieß *Das Jüngste Gericht*, und Athelstan bereute inzwischen, daß er das Unternehmen mit solcher Begeisterung in Angriff genommen hatte.

»Wir werden zu wenig Flügel haben«, murmelte er. »Und Engel mit nur einem Flügel, das geht nicht.« Er stöhnte. All das war nichts im Vergleich zu den Streitereien darüber, wer welche Rolle spielen sollte. Watkin, der Mistsammler, bestand darauf, Gott zu sein, aber Pike, der Grabenbauer, machte ihm diese Rolle erbittert streitig. Dieser Kleinkrieg hatte auch auf ihre Kinder übergegriffen, die sich über die Frage zankten, wer die vier guten und die vier bösen Geister und die sechs Teufel spielen dürfe. Watkins wuchtige Frau, deren Stimme den Messingklang einer Posaune hatte, verkündete, sie werde Unsere Liebe Frau darstellen. Tab, der Kesselflicker, drohte, sich ganz aus dem Festspiel zurückzuziehen, wenn er keine Hauptrolle bekäme.

Huddle, der Maler, war zwar über solches Gezänk

erhaben, aber er hatte eigene Probleme. Es machte ihm einige Mühe, einen überzeugenden Höllenschlund zu malen. »Der vordere Teil des Karrens muß erhöht werden, Pater«, beharrte er, »so daß die Verdammten, wenn sie durch das Höllenmaul gehen, abwärts verschwinden.«

Athelstan warf seinen Federkiel auf den Tisch.

»Weißt du, wen wir brauchen, Bonaventura?« sagte er. »Sir John Cranston. Er hat versprochen, daß seine Zwillinge, die beiden Kerlchen, als Cherubim herumtappen dürfen, und Sir John selbst würde einen wunderbaren Satan abgeben.«

Athelstan hielt inne und starrte an die rußgeschwärzte Holzdecke. Cranston! Vor drei Tagen hatte Athelstan ihn besucht und in seiner großen Küche gesessen, während die beiden Kerlchen quiekend vor Lachen umhergetollt waren. Sie hatten sich an die Schwänze der großen Irischen Wolfshunde gehängt, die Cranston in einem Anfall von Großzügigkeit in sein Haus aufgenommen hatte. Dem Aufruhr zum Trotz war der Coroner, befaßt mit der Kleinarbeit der städtischen Verwaltung, bester Stimmung gewesen, aber er hatte doch, angeregt vom reichlich genossenen Rotwein, eine düstere Prophezeiung abgegeben: Ein schrecklicher Mord, irgendeine blutige Tat, werde sie schon bald heimsuchen. Athelstan konnte ihm nur beipflichten; das Leben war ziemlich ruhig und angenehm gewesen, seit er und Sir John vor einigen Monaten das Verbrechen im Rathaus aufgegklärt hatten.

Athelstan wärmte sich die Hände am Feuer. Er war froh, daß der Winter nahte. Die Ernte war gut gewesen. Die Preise für Getreide und Brot waren gesunken, und infolge dessen war die brodelnde Unzufriedenheit in der Stadt ein wenig zurückgegangen. Die

Gefahr des Aufruhrs war gewichen, obwohl Athelstan wußte, daß sie sich nur verbarg wie ein Saatkorn im Boden, das darauf wartete zu sprießen. Er seufzte; man konnte nur hoffen, beten und sein Bestes tun.

»Komm, Bonaventura«, sagte er. »Laß uns essen.«

Er nahm zwei große Schüsseln vom Bord über dem Kamin, löffelte heiße, dampfende Hafergrütze hinein und trug sie in die Speisekammer. Genau nach Benedictas Anweisungen bestreute er die beiden Schüsseln mit Zimt und Zucker und kehrte dann in die Küche zurück. Die eine Schüssel stellte er für den stets hungrigen Kater vor den Herd. Athelstan segnete sich selbst und Bonaventura, griff nach seinem Hornlöffel und fing an, die nahrhafte, kochendheiße Hafergrütze zu essen. Er hatte seine Schüssel eben leergegessen – das heißt, er ließ Bonaventura die letzten Reste ausschlecken –, als er draußen Getöse hörte; schnelle Schritte und eine Stimme, die schrie: »Zuflucht! Christus, erbarme dich!«

Athelstan stürzte aus dem Haus und lief zur Vorderseite der Kirche. Ein junger Mann mit bleichem Gesicht und starren Augen unter dichtem Blondhaar umklammerte den großen Eisenring an der Kirchentür.

»Zuflucht, Pater!« keuchte er. »Pater, ich verlange Kirchenasyl! Im Namen Gottes und Seiner Kirche!«

»Warum?« fragte Athelstan.

»Mord!« antwortete der junge Mann. »Aber, Pater, ich bin unschuldig!«

Der Priester musterte den Mann aufmerksam; sein dickes Wams aus Serge, die flaschengrüne Wollhose und die Lederstiefel waren mit Dreck und Kot bedeckt.

»Pater!« flehte der Mann. »Sie werden mich töten!«

Athelstan hörte schnelle Schritte und die leisen Rufe der Verfolger weiter hinten in der Gasse. Er zog seine Schlüssel hervor und schloß die Tür auf. Der Flüchtling stürzte das dunkle Kirchenschiff hinauf und durch den neuen Lettner, den Huddle geschnitzt und aufgestellt hatte. Er klammerte sich an eine Ecke des Altars und schrie: »Ich bitte um Zuflucht! Zuflucht!«

Athelstan, gefolgt von dem stets neugierigen Bonaventura, ging ihm nach. Der Mann saß jetzt mit dem Rücken an den Altar gelehnt und hatte die Beine vor sich ausgestreckt; er rang nach Atem und wischte sich mit dem Ärmel seines Wamses über das schweißnasse Gesicht.

»Ich fordere Asyl!« keuchte er.

»Nun, dann sollt Ihr es bekommen, wie das Gesetz der Kirche es befiehlt«, antwortete Athelstan leise.

Er wandte sich dem Lärm hinter ihnen zu. Ein Trupp dunkler Gestalten, mit Knüppeln und Schwertern bewaffnet, stand hinten in der Kirche.

»Bleibt stehen«, rief Athelstan und trat durch den Lettner. »Was wollt ihr?«

»Wir suchen den Mörder, den Meuchler, Nicholas Ashby«, knurrte eine Stimme.

»Dies ist das Haus Gottes«, sagte Athelstan und trat vor. »Master Ashby hat um Zuflucht gebeten, und ich habe sie ihm gewährt, wie es das kanonische Recht und der Brauch des Landes erfordern.«

»Scheiß drauf!« antwortete die Stimme.

Die Gestalten kamen durch das Kirchenschiff nach vorn. Athelstan verbarg seine Panik und wich nicht zurück. Sie trugen die fleckige, rot-weiße Livree irgendeines Lords und wurden von einem vierschrötigen, schnurrbärtigen Mann angeführt. Drohend kamen sie auf ihn zu, die Schwerter gezückt, die Knüppel in den Händen. Athelstan betrachtete ihre gelben Lederwämse und die engen Hosen mit den vorgewölbten Hosenlätzen; er sah die Schwert- und Dolchscheiden, die an ihren Gürteln baumelten, und die Art, wie sie ihre Mäntel hinter sich herzogen. Er sah, daß es Raufbolde waren, gedungene Schergen, die im Auftrag eines mächtigen Lords unterwegs waren. Er hob die Hand, und sie blieben wenige Schritte vor ihm stehen.

»Wenn ihr weitergeht«, sagte er ruhig, »brecht ihr nicht nur Menschengesetz, sondern auch das Gesetz Gottes. Einen Frevel habt ihr bereits begangen« – er deutete auf die blanken Schwerter –, »indem ihr mit solchen Waffen in das Haus Gottes kommt.«

Der Anführer trat vor und schob sein Schwert in die Scheide, und zu Athelstans Erleichterung taten die anderen es ihm nach.

»Wie heißt du?« fragte Athelstan.

»Geht dich nichts an!«

»Gut, Master Geht-dich-nichts-an«, erwiderte Athelstan, »wenn ihr diese Kirche nicht verlaßt, werde ich euch auf der Stelle exkommunizieren. Verbrecher, zum Höllenfeuer verdammt.« Athelstan sah die mürrischen, arroganten Gesichter der anderen. Zu seiner Freude sah er bei dem einen oder anderen aufflackernde Angst.

»Komm doch, Marston«, knurrte einer dem Anführer zu, »soll der kleine Scheißer sich hinter den Röcken eines Pfaffen verkriechen! Irgendwann muß er ja hinaus.«

Marston war tollkühn. Er kam langsam näher, die Hände in die Hüften gestemmt, und schob sein Gesicht dicht an Athelstan heran.

»Wir könnten dir in den Arsch treten«, zischte er.

»Wir könnten diesen kleinen Scheißer rauszerren, ihn umbringen und nachher alles leugnen.«

Athelstan starrte kühl zurück, obwohl sich ihm der Magen umdrehte. Er fühlte sich versucht, Cranstons Namen ins Spiel zu bringen, denn der Geruch von saurem Schweiß und schalem Parfüm, den dieser Raufbold verströmte, gefiel ihm ganz und gar nicht. Er betete zum Himmel, daß Watkin, der Mistsammler, oder Pike, der Grabenbauer, aufkreuzen möchten. Dann lächelte er, als ihm einfiel, daß Gott denen half, die sich selbst halfen.

»Bleibt hier«, befahl er, wandte sich ab und ging zurück durch den Lettner.

»Oh, bitte nicht!« wisperte Ashby. »Die bringen mich um!«

Athelstan nahm das schwere Bronzekreuz vom Altar. Er zwinkerte Ashby zu und schritt, das Kreuz vor sich, in die Kirche zurück. Das höhnische Grinsen verschwand aus Marstons Gesicht.

»Was hast du vor?«

»Nun«, sagte Athelstan, »zunächst einmal werde ich dich mit diesem Kruzifix exkommunizieren. Und wenn du noch näher kommst, werde ich dir damit die Rübe einschlagen.«

Marston zog Schwert und Dolch. »Na, komm doch!« zischte er. »Versuch's nur!«

»Aber, aber, meine Böckchen! Reizende Kerlchen, alle miteinander!«

Sir John Cranston kam, in seinen weiten Soldatenmantel gehüllt, durch das Kirchenschiff herangerauscht und marschierte mitten durch die Meute, daß die Kerle wie die Kegel nach rechts und links flogen. Er schob Marston beiseite, blieb bei Athelstan stehen und hob den Weinschlauch an den Mund. Er schmatzte, als ihm der Wein durch die Kehle rann. Marston und die anderen wichen zurück.

»Wer bist du denn, du dicker fetter Scheißhaufen?« fragte Marston und hob Schwert und Dolch.

Cranston verschränkte die Arme vor der Brust und kam langsam auf ihn zu. »Wer ich bin?« flüsterte er mit süßer, beinahe mädchenhafter Stimme.

Marston schaute ihn verdutzt an – aber nur kurz, denn Cranston schlug ihm mitten ins Gesicht. Seine Faust, so groß wie ein Schinken, traf die Nase des Mannes, daß er der Länge nach zwischen seine Kumpane flog. Blut spritzte hervor und durchnäßte Bart und Wams. Marston wischte sich das Gesicht ab, sah das Blut und stürzte sich brüllend vor Wut auf Sir John. Der dicke Coroner bewegte sich leichtfüßig wie ein Tänzer; er kam ihm entgegen, trat dann rasch beiseite und streckte ein Bein vor. Marston fiel flach aufs Gesicht, und Dolch und Schwert flogen davon. Der Coroner schnalzte mißbilligend mit der Zunge; er zog den Mann an seinen fettigen schwarzen Haaren hoch, riß ihm den Kopf in den Nacken, marschierte mit ihm durch das Kirchenschiff und warf ihn draußen die Treppe hinunter. Dann drehte er sich nach den anderen um.

»Ich zähle bis zehn«, drohte er.

Als der Coroner bei fünf angekommen war, stand Marstons Truppe wie ein Haufen erschrockener Schulkinder bei ihrem Anführer. Voller Ehrfurcht starrten sie zu der mächtigen Gestalt hinauf, die in wehendem Mantel und mit gespreizten Beinen oben auf der Kirchentreppe stand. Marston, dessen Gesicht mit Blut und blauen Flecken bedeckt war, hatte immer noch Kampfeslust in sich. Sir John drohte warnend mit dem Finger.

»Du wolltest wissen, wer ich bin. Und jetzt, da du die Kirche verlassen hast, will ich es dir sagen. Ich bin Sir John Andrew Patrick George Cranston, ein persönlicher Freund des Königs. Ich bin der Coroner dieser Stadt, ein Beamter der Justiz, der Gemahl der Lady Maude und die Geißel für Gauner wie euch. Bis jetzt, meine Böckchen, habt ihr schon eine ganze Reihe von Verbrechen begangen. Unbefugtes Eindringen, Blasphemie, Kirchenfrevel, versuchter Verstoß gegen das Kirchenasyl, Angriff auf einen Priester, Bedrohung eines Justizbeamten, und *ipso facto*« – Cranston verbarg sein Lächeln –, »*pro facto et de facto* seid ihr schuldig des Hochverrats, von der unterlassenen Anzeige des Hochverrats gar nicht zu reden. Ich könnte euch verhaften, und man würde euch vor dem Königlichen Kammergericht in Westminster den Prozeß machen.«

Die Veränderung, die in Marston vor sich ging, war wunderbar anzusehen. Er vergaß Blut und blaue Flecken; sein Mund klaffte offen, und seine Arme hingen schlaff zu beiden Seiten herunter. Furchtsam starrte er den Coroner an.

»Und jetzt, ihr Burschen«, sagte Sir John und kam die Kirchenstufen herunter, gefolgt von Athelstan, »jetzt erzählt mir, was passiert ist, ja?«

Marston wischte sich das Blut aus dem Gesicht. »Wir gehören zum Gefolge von Sir Henry Ospring von Ospring Manor in Kent. Unser Herr wohnte während seiner Reise nach London in der Herberge ›Zum Abt von Hyde‹ in Southwark.«

»Oh ja, von Ospring habe ich gehört«, sagte Cranston. »Ein niederträchtiger, geiziger Knabe, nach allem, was ich weiß.«

»Er ist tot«, fuhr Marston fort. »In seiner Kammer

erstochen von dem Mörder, der jetzt in dieser Kirche untergekrochen ist.«

»Wie kam das?«

Marston fuhr sich mit der Zunge über den Mund und betastete behutsam die Unterlippe, die bereits anzuschwellen begann.

»Ich ging heute morgen hinauf in die Kammer, um Sir Henry zu wecken. Als ich die Tür öffnete, lag mein Herr im Nachthemd hingestreckt am Boden, und das Blut spritzte ihm aus dem Leib. Ashby kniete über ihm und hatte einen Dolch in der Hand. Ich wollte das Schwein verhaften, aber Ashby floh durch das Fenster. Den Rest kennt Ihr.«

»In der Herberge ›Zum Abt von Hyde‹?« fragte Cranston. »Na, das wollen wir uns mal selbst ansehen.« Er wandte sich an Athelstan. »Schließ deine Kirche ab, Pater. Laß uns den Tatort besichtigen.«

Athelstan tat, wie geheißen. Cranston marschierte im Sturmschritt die Gasse hinauf, so daß die anderen ihm nacheilen mußten. Im »Abt von Hyde« herrschten Chaos und Aufruhr – Schankdirnen heulten in der Gaststube, und andere Dienstboten hockten bleich und verängstigt da. Der Wirt stammelte vor Entsetzen. Er verbeugte sich unter Kratzfüßen, als Cranston eintrat und einen Humpen Weißwein verlangte, den er auf der Stelle austrank, um dann die breite Holztreppe hinaufzustürmen. Marston lief ihm den Gang entlang voraus und deutete auf die Mordkammer.

Cranston stieß die Tür auf. Drinnen war alles durcheinandergeworfen. Die Laken waren von dem großen Vierpfostenbett gerissen worden, halb offene Truhen waren umgestürzt, und ein Weinbecher lag zwischen den Binsen auf dem Fußboden. Was ihnen aber gleich ins Auge fiel, war der Leichnam neben dem Bett; mit ausgebreiteten Armen lag er da, und die dünnen, haarigen Beine sahen erbärmlich aus, wie sie so unter dem sahneweißen, wollenen Nachthemd hervorschauten. Der Dolch, der dem Mann bis zum Heft in der Brust steckte, war lang und dünn. Das Blut war in einem großen roten Kreis herausgespritzt. Das Gesicht des Toten, schmal und spitz wie das eines Fuchses, zeigte in den offenen, starren Augen immer noch den Schrecken des Todes. Auch der Mund stand offen; aus dem Mundwinkel war ein inzwischen getrocknetes Blutrinnsal geflossen.

»Gott erbarme sich«, flüsterte Athelstan. »Helft mir, Sir John.«

Zusammen hoben sie den Leichnam auf das Bett. Ohne auf das Blut in den weißen Haaren zu achten, kniete Athelstan nieder und sprach die Worte der Absolution in das Ohr des Mannes und schlug dann ein Kreuz über ihm.

»Ego te absolvo«, flüsterte er, *»a peccatis tuis in nomine Patris et Filii.* Ich spreche dich los von deinen Sünden im Namen des Vaters und des Sohnes ...«

Cranston schnupperte, weltlicher gesonnen, am Weinkrug, während der Ordensbruder die Sterberiten vollzog. Er ging in der Kammer umher, hob dies und jenes auf, befühlte Kleidungsstücke und stocherte mit der Stiefelspitze in der Binsenstreu auf dem Boden.

»Erzähl mir noch einmal, was passiert ist«, knurrte er und schaute sich nach dem inzwischen unterwürfigen und respektvollen Marston um.

»Ashby ist Sir Henrys Knappe. Er ist soeben von einer Seereise mit der *God's Bright Light* zurückgekommen.«

Cranston wandte sich ab, um seine Überraschung zu verbergen.

»Sir Henry war nach London gekommen, um sich mit Roffel, dem Kapitän, zu treffen.«

»Weißt du, daß der auch tot ist?« fragte Cranston scharf.

Marston machte runde Augen vor Überraschung. »Ihr meint, Roffel . . . «

»Ja. Er ist vor zwei Tagen gestorben. Ist an Bord seines Schiffes krank geworden. Als sie den Hafen von London erreichten, war er tot.« Cranston nickte, als er Athelstans überraschtes Gesicht sah. »Deshalb bin ich nach Southwark gekommen. Und nicht nur Roffel ist unter ziemlich mysteriösen Umständen gestorben. Letzte Nacht sind der Erste Maat und die beiden Männer der Wache von Bord der *God's Bright Light* verschwunden. Aber lassen wir das.« Er sah Marston an. »Sprich weiter.«

Marston kratzte sich am Kopf. »Also, Sir Henry war jedenfalls hier, um mit Kapitän Roffel zu reden. Er hat stets hier gewohnt und ist mit der Barke flußabwärts gefahren, wenn er sich mit dem Kapitän traf.« Unaufgefordert ließ Marston sich auf einen Schemel fallen. »Heute morgen kam ich, um Sir Henry zu wecken. Die Tür war nur angelehnt. Ich stieß sie auf. Ashby kniete bei der Leiche, und seine Hand umklammerte den Dolch. Und dann« – Marston deutete auf das offene Fenster – »ist er geflohen. Den Rest kennt Ihr.«

»War das Fenster gestern abend geschlossen?« fragte Athelstan.

»Aye. Geschlossen und verriegelt.«

Athelstan breitete ein Laken über den Toten und schloß die Bettvorhänge.

»Warum wollte sich Sir Henry mit dem Kapitän eines Kriegsschiffes treffen?« fragte er.

»Das kann ich dir sagen«, meinte Cranston. »Die Staatskasse ist beinahe leer. Großgrundbesitzer und Kaufleute wie Sir Henry sind bereit, die Schiffe auszurüsten. Dafür erhalten sie nicht nur die königliche Huld, sondern auch einen gewissen Anteil an der Kriegsbeute. Ist es nicht so, Marston?«

Der Gefolgsmann nickte.

»Ein einträgliches Geschäft«, fuhr Cranston gleichmütig fort, »welches sicherstellt, daß die Kapitäne nicht nur die englischen Seefahrer verteidigen, sondern ständig nach gut beladenen französischen oder nach einzelnen unbefestigten Städtchen antlang der Seine oder der Küste der Normandie Ausschau halten. Manchmal greifen sie sogar zur Piraterie gegen englische Schiffe.« Cranston nahm den Biberhut ab und drehte ihn in den großen Händen. »Wenn ein englisches Schiff verlorengeht, kann man es schließlich jederzeit den Franzosen in die Schuhe schieben.«

»So war Sir Henry nicht!« fauchte Marston.

»Aye«, sagte Cranston trocken. »Und der Kuckuck legt seine Eier nicht in fremde Nester.«

Der Coroner verstummte, denn es klopfte an der Tür. Eine junge Frau kam herein, weiß wie ein Laken, mit strohblonden, offenen Haaren. Sie war erregt, verschränkte zunächst die Finger ineinander und spielte dann nervös mit den Silbertroddeln am Gürtel an ihrer schmalen Taille. Der Blick ihrer rotgeränderten Augen huschte zu dem großen Vierpfostenbett. Bei ihrem Eintritt erhob sich Marston.

»Es tut mir leid«, stammelte sie und wischte sich die Hände am feinen Taftbesatz ihres hochgeschlossenen Kleides ab.

Athelstan ging zu ihr hinüber und nahm ihre Hand. Sie war eiskalt.

»Kommt«, sagte er sanft. »Setzt Euch lieber.« Er führte sie behutsam zu dem Schemel, den Marston freigemacht hatte. »Möchtet Ihr Wein?«

Die junge Frau schüttelte den Kopf. Ihr Blick war immer noch auf das Bett gerichtet.

»Das ist Lady Aveline, Sir Henrys Tochter«, erklärte Marston. »Sie hielt sich im Nebenzimmer auf, als Ashby hier war.«

Athelstan hockte sich nieder und schaute in Avelines Rehaugen.

»Gott schenke ihm die ewige Ruhe, Mylady; Euer Vater ist tot.«

Die junge Frau zupfte an einem losen Faden an ihrem Kleid und begann lautlos zu weinen. Tränen rollten ihr über die Wangen.

»Ich will ihn nicht sehen«, wisperte sie. »Ich kann es nicht ertragen, ihn zu sehen – nicht in einem blutgetränkten Nachthemd.« Sie sah Marston an. »Wo ist Ashby?«

»Er hat Asyl in der Kirche gesucht.«

Plötzlich brach draußen im Gang Tumult los. Die Tür wurde aufgestoßen, und eine hochgewachsene Frau mit stahlgrauem Haar kam hereingerauscht. Eine zweite Frau folgte ihr; sie war von ganz ähnlicher Erscheinung, aber weniger stürmisch. Beide Frauen trugen schwere Mäntel mit zurückgeschlagenen Kapuzen. Der Wirt folgte ihnen und wedelte aufgeregt mit den Händen.

»Das solltet Ihr nicht! Wirklich nicht!« prustete er.

»Ruhe!« brüllte Cranston. »Wer seid Ihr?«

Die erste, größere der beiden Frauen reckte die Schultern und schaute Sir John ins Gesicht.

»Mein Name ist Emma Roffel, Gemahlin des verstorbenen Kapitän Roffel. Ich will zu Sir Henry Ospring.«

Cranston verbeugte sich. »Madam, mein Beileid zum Tode Eures Gatten. War er ein kränklicher Mann?«

»Nein«, erwiderte sie schnippisch, »er war gesund wie ein Schwein.« Sie machte schmale Augen. »Ich kenne Euch. Ihr seid Cranston, Sir John Cranston, Coroner der Stadt London. Was ist hier passiert? Dieser Kerl« – sie deutete auf den Wirt – »sagt, Sir Henry sei ermordet worden.«

»Ja.« Athelstan schob sich taktvoll dazwischen, denn er sah den Ausdruck in Cranstons Gesicht. »Sir Henry wurde ermordet, und wir haben den Schuldigen.«

Emma Roffels Miene entspannte sich. Athelstan musterte sie neugierig. Sie war ziemlich hübsch, fand er, auf eine erschöpfte Art und Weise. Er war stets fasziniert von Frauengesichtern, und Emma hatte ein kraftvolles Antlitz mit einer ausgeprägten Adlernase und einem kantigen Kinn. Die Blässe betonte die glänzenden dunklen Augen, die jetzt allerdings rotgerändert und überschattet waren. Ihr Mantel öffnete sich, und er sah ihre schwarze Witwenkleidung. Sie lächelte Athelstan an.

»Ich entschuldige mich für meinen Auftritt, aber ich konnte diese Neuigkeit nicht glauben.« Sie deutete auf die andere Frau, die still wie eine Maus hinter ihr stand. »Das ist Tabitha Velour, meine Zofe und Freundin.«

Aveline saß immer noch mit schreckensbleichem Gesicht auf dem Schemel. Emma Roffel ging zu ihr und berührte sanft ihre Schulter.

»Das tut mir leid«, murmelte sie. »Wirklich leid.« Sie hob den Kopf und sah Cranston an. »Wie ist es passiert?«

»Erstochen von seinem Knappen«, sagte Cranston. »Nicholas Ashby.«

Emma Roffel machte ein überraschtes Gesicht.

»Es fällt Euch schwer, das zu glauben, Madam?« fragte Athelstan.

Die Frau schürzte die Lippen und starrte ihn an. »Ja«, sagte sie langsam. »Ja, allerdings. Ashby war ein stiller Mann, eher ein Gelehrter als ein Soldat.«

»Aber er fuhr mit Eurem Gemahl zur See?«

Emma Roffel lächelte zynisch. »Gott verzeihe mir und schenke ihm die ewige Ruhe, aber Sir Henry war ein argwöhnischer Mann. Ja, der Knappe Ashby wurde von seinem Herrn oft beauftragt, darauf zu achten, daß seine Investitionen auch den angestrebten Gewinn brachten.«

»Und Ihr seid hergekommen, um Sir Henry vom Tode Eures Gemahls in Kenntnis zu setzen?«

»Jawohl, so ist es. Aber das hat ja wenig Sinn«, fügte sie mit einem halben Lächeln hinzu. »Ich nehme an, sie können jetzt selbst miteinander sprechen.«

»Madam«, bellte Cranston, »ich muß mit Euch über den Tod Eures Gemahls reden.«

»Das könnt Ihr gern tun, Sir. Ich wohne in der Old Fish Street, beim Trinity Square, an der Ecke der Wheelspoke Alley. Aber jetzt muß ich gehen. Mein Gemahl liegt aufgebahrt vor dem Altar in St. Mary Magdalene. Sir John, Pater ...« Und Emma Roffel machte auf dem Absatz kehrt und verließ die Kammer ebenso dramatisch, wie sie aufgetaucht war.

»Was geschieht jetzt?« knirschte Marston.

Sir John ging langsam zu ihm. »Ashby darf vierzig Tage Asyl genießen. Danach hat er die Wahl: Entweder stellt er sich der Justiz des Königs oder er begibt sich in den nächsten Hafen und besteigt dort ein Schiff ins Ausland. Sollte irgendein Versuch unternommen werden ...« Cranston starrte Marston wütend an.

». . . irgendein Versuch, ihn gewaltsam aus St. Erconwald herauszuholen, so werde ich dafür sorgen, daß die Täter in Smithfield am Strick baumeln. Und jetzt schlage ich vor, ihr kümmert euch um den Leichnam eures Herrn und stellt seine Habe sicher. Ich möchte, daß der Dolch herausgezogen und in meine Kanzlei im Rathaus geschickt wird.« Cranston drehte sich zu Aveline um. »Madam, bitte nehmt mein Beileid entgegen. Ich muß jedoch trotzdem darauf bestehen, daß Ihr hierbleibt, bis meine Untersuchung beendet ist.« Er winkte Athelstan und ging hinaus.

»Was ist das für eine Sache mit dem Schiff *God's Bright Light*?« fragte Athelstan, nachdem sie den Hof der Herberge verlassen hatten.

»Wie ich schon sagte«, erklärte Cranston zwischen zwei Schlucken aus dem Weinschlauch, »das Schiff liegt auf der Themse vor Anker. Letzte Nacht sind der Erste Maat und zwei Besatzungsmitglieder während ihrer Wache verschwunden. Dazu die merkwürdige Sache mit Kapitän Roffels Tod. Der Mord an Sir Henry Ospring und Nicholas Ashbys Flucht haben das Wasser noch trüber gemacht.« Er drückte den Stopfen in den Schlauch und verstaute ihn unter seinem Mantel. »Ich habe Hunger, Mönch.«

»Ich bin Ordensbruder, und Ihr habt immer Hunger, Sir John«, erwiderte Athelstan. »Ihr seid also gekommen, um mich abzuholen – wohin?«

»Stromabwärts, zum Schiff *God's Bright Light*. Der Admiral der östlichen Meere, Sir Jacob Crawley, erwartet uns zu einer Audienz, aber« – Cranston schnupperte wie ein Jagdhund – »ich wittere Pasteten.«

»Um die Ecke«, sagte Athelstan müde, »ist Mistress Merrylegs Pastetenladen. Sie ist die beste Köchin in Southwark.«

Cranston benötigte keine zweite Aufforderung; er lief los wie ein Windhund. Kurze Zeit später, während er und Athelstan sich ihren Weg durch die verkehrsreichen, engen Straßen von Southwark bahnten, kaute Cranston genüßlich an einer von Mistress Merrylegs schweren, saftigen Rindfleischpasteten.

»Herrlich!« seufzte er zwischen zwei Bissen. »Die Frau ist ein Wunder, ein echtes Wunder!«

Athelstan sah sich lächelnd um. Hin und wieder rief er einem Mitglied seiner Pfarrgemeinde einen Gruß zu. Ursula, die Schweinebäuerin, saß auf einem Schemel in ihrer Haustür, und ihre große Lieblingssau lag neben ihr. Athelstan hätte schwören können, daß die Sau ihn angrinste. Tab, der Kesselflicker, hämmerte auf dem Amboß in seiner Werkstatt einen Topf zurecht. Athelstan wäre gern zu ihm hineingegangen, aber Sir John bahnte sich pfeilgerade seinen Weg durch das Gedränge und erwiderte kraftvoll die üblichen Hänseleien und gutmütigen Schmähungen.

»Pater! Pater!« Pemel, die Flämin, die sich das Haar in einem grotesken Rot gefärbt hatte, kam geschäftig heran; sie trug ein schäbiges, schwarzes Kleid, und an ihrem dürren Hals hing eine Kette aus billigen, gelben Perlen. Pemel erinnerte Athelstan an eine ziemlich zerzauste Krähe.

»Pater, könnt Ihr eine Messe lesen?«

Eine magere, schmutzige Hand streckte ihm zwei Farthings entgegen. Sanft schloß Athelstan die Finger der Hand um die Münzen.

»Eine Messe? Für wen, Pemel?«

»Für meinen Mann. Er ist heute vor sechzehn Jahren gestorben. Die Messe ist für seine Seelenruhe.« Die Frau lächelte und entblößte dabei ihre gelben Zähne. »Ach ja, Pater, und zum Dank.«

»Dafür, daß er gelebt hat?«

»Nein, dafür, daß der alte Halunke tot ist.«

Athelstan lächelte. »Behalte deine Pennys, Pemel. Ich werde morgen früh eine Messe lesen. Mach dir keine Sorgen.«

Sie bogen aus der Gasse auf den Kirchplatz von St. Erconwald. Athelstan schloß die Tür auf, und während Cranston sich noch gierig die Finger ableckte, gingen sie durch das Kirchenschiff und den Lettner zum Altar, wo sie Ashby auf den Stufen zusammengerollt tief schlafend vorfanden.

»Auf die Beine, Bursche!« knurrte Cranston und trat dem jungen Mann gegen die schlammverschmierten Stiefel.

Ashby schrak aus dem Schlaf und schaute sich mit panischen Blicken um.

»Sind sie fort?«

»Ja, sie sind weg.« Athelstan setzte sich neben ihn. »Keine Sorge. Aber sie werden wiederkommen. Sie werden vielleicht nicht in die Kirche eindringen, aber sie werden sie bestimmt bewachen. Ich an Eurer Stelle, mein Junge, würde also bleiben, wo ich bin, zumindest vorläufig.«

»Wie geht es denn jetzt weiter?« fragte Ashby angstvoll.

Cranston nahm einen Schluck aus seinem Weinschlauch und hielt ihn dann Ashby hin. »Du kannst vierzig Tage hierbleiben. Wenn die um sind, stellst du dich entweder den Beamten des Sheriffs oder du begibst dich in den Kleidern, die du jetzt anhast, auf der Straße des Königs zum nächsten Hafen und trägst dabei ein Kreuz vor dir her. Läßt du das Kreuz fallen oder verläßt du die Straße, so bist du vogelfrei, und Marston und seine Männer können dich töten.«

Cranston nahm den Weinschlauch zurück. »Marston und seine Bande werden dir wahrscheinlich den ganzen Weg folgen. Nur wenige Kirchenflüchtlinge erreichen den Hafen, wenn sie nicht mächtige Freunde haben.«

Ashby ließ den Kopf hängen.

»Habt Ihr ihn getötet?« fragte Athelstan unvermittelt.

»Nein.«

»Aber Ihr hattet die Hand am Dolch, als Marston ins Zimmer kam?«

»Ja.«

»Warum?«

»Ich ging hinein, sah meinen Herrn dort liegen, und . . . ich wollte den Dolch herausziehen.«

»Seltsam«, sagte Cranston nachdenklich. »Du wolltest den Dolch herausziehen? War es denn deiner?«

»Nein, nein, es war Sir Henrys eigener!«

»Aber statt Mordio zu schreien und Hilfe zu holen«, warf Athelstan ein, »habt Ihr versucht, dem Toten den Dolch aus der Brust zu ziehen?«

Ashby schaute zu Boden und fuhr sich mit der Zunge über die Lippen. »Ich sage die Wahrheit«, murmelte er. »Ich kam ins Zimmer, sah meinen Herrn tot und versuchte, den Dolch herauszuziehen. Marston kam herein, und ich floh.«

»Na, sag das den Richtern des Königs«, meinte Cranston, »und du bist bald auf dem Weg zum Schafott.«

Ashby verschränkte die Arme und lehnte sich an den Altar.

»Was kann ich tun? Wenn ich bleibe, muß ich hängen. Wenn ich fliehe, sterbe ich ebenfalls.«

»Da ist noch etwas«, sagte Cranston. »Du scheinst

mir in so manchen Mord verwickelt zu sein, mein Junge. Weißt du etwas über den Tod von Kapitän William Roffel?«

Drei

Athelstan ging hinüber zum Haus und holte eine Schale Hafergrütze, zwei Decken und ein Kissen. Dann ging er noch einmal und besorgte ein Tuch, eine Schüssel und einen Wasserkrug, damit Ashby sich waschen konnte. Als nächstes begann Cranston mit der Vernehmung.

»Du bist Sir Henry Osprings Knappe?«

»Jawohl, Sir John«, antwortete Ashby zwischen zwei Löffeln Hafergrütze.

»Du bist aber auch mit Kapitän Roffel auf der *God's Bright Light* gefahren?«

»Aye. Sir Henry hat den größten Teil der Heuer für die Besatzung und die Bewaffnung des Schiffes bezahlt. Dafür erhielt er fünfzig Prozent aller Gewinne.«

»Und du hattest den Auftrag, alles im Auge zu behalten?«

Ashby lächelte säuerlich. »Das könnte man sagen. Ich bin mit der *God's Bright Light* losgesegelt ...« Er verdrehte die Augen. »Welchen Tag haben wir heute?«

»Das Fest der Hl. Apostel Simon und Judas«, antwortete Athelstan. »Den 28. Oktober.«

»Nun, wir ließen die Themse zwei Tage vor St. Michaelis hinter uns; das müßte dann der 27. September gewesen sein. Das Wetter war gut, der Wind günstig. Wir gingen zwischen Dover und Calais in Stellung und fingen an, einzelne Kauffahrer zu attackieren. Wir machten gute Beute, und bald war unser Laderaum voll mit Lebensmitteln, Wein und Stoffen, von einzelnen Kostbarkeiten gar nicht zu reden.«

»Wie war Roffel?« fragte Athelstan.

»Ein harter Mann, Pater. Ein guter Seemann, aber brutal. Immer hat er angegriffen, und nie hat er dem Feind erlaubt, sich zu ergeben. Fischerboote, Galeeren, Weinschiffe aus der Gironde. Es ging stets auf die gleiche Weise zu. Wir verfolgten sie, gingen längsseits, und dann schossen die Bogenschützen ihre Pfeile ab. Danach ging eine Entermannschaft hinüber und ... «

»Und?«

Ashby schaute zu Boden.

»Und?« wiederholte Cranston.

Ashby murmelte etwas.

»Lauter, Mann!«

»Es gab nie Gefangene. Leichen wurden über Bord geworfen. Eroberte Schiffe, die in schlechtem Zustand waren, wurden versenkt, die anderen in den nächsten englischen Hafen geschleppt.«

»Ist irgend etwas Auffälliges geschehen? Irgend etwas?«

»Ja, um den 11. Oktober herum kaperten wir ein kleines Fischerboot, das versucht hatte, aus einem französischen Hafen in einen anderen zu gelangen. Ich glaube, es wollte nach Dieppe, aber der Wind trieb es aufs Meer hinaus. Wir griffen es an, und das Boot wurde versenkt. Nichts Außergewöhnliches – nur ... « Ashby stellte die Schale hin und wischte sich mit dem Handrücken den Mund ab. »Kapitän Roffel schien erfreut zu sein, sehr erfreut. Wißt Ihr, wie eine Katze, die den Rahm ausgeschleckt hat. Für gewöhnlich war Roffel ein schweigsamer Mann, aber da sah ich ihn auf dem Achterdeck umherlaufen und in die Hände klatschen. Und es war das einzige Mal, daß ich ihn je singen hörte.«

»Und dann?«

»Ein paar Tage später zog er sich in seine Kajüte zurück und klagte über Magenschmerzen. Der Laderaum war voll mit Beute; also fuhren wir nach Dover. Ich nahm Sir Henrys Anteil und ging an Land. Die *God's Bright Light* stach wieder in See, jetzt unter dem Kommando von Hubert Bracklebury, dem Ersten Maat.«

»Hat Roffel Briefe an Sir Henry geschrieben, als er an Land war?«

»Nein, keinen. Sie waren eher Geschäftspartner als Freunde. Sir Henry hat für das Geld gesorgt, und Roffel hat die Kaperfahrten gemacht.« Ashby stieß mit dem Fuß gegen die Schale. »Mörder waren sie. Ospring war ein Teufel aus der Hölle; seinen Pächtern hat er jeden Penny abgepreßt. Auf Gott und die Menschen hat er keinen Pfifferling gegeben.«

»Habt Ihr ihn deshalb ermordet?«

»Nein«, sagte Ashby. »Ich habe ihn nicht ermordet.«

Athelstan stand auf und sah Cranston an. »Sir John, hier haben wir genug erfahren.«

Cranston seufzte und kam schwerfällig auf die Beine. Athelstan deutete auf eine geräumige Nische im Altarraum.

»Ruht Euch dort aus«, sagte er. »Ihr habt Ale, eine Decke und ein Kissen. Wenn ich zurückkomme, mache ich es Euch behaglicher.«

»Pater, kann ich denn irgend etwas tun?«

Athelstan grinste und wies auf zwei schwere, gußeiserne Kerzenhalter auf dem Altar.

»Ja, die könnt Ihr saubermachen, und dann könnt Ihr die die Dochte der Kerzen putzen.« Er schaute auf Ashby hinunter. »Habt Ihr einen Dolch?«

Ashby lächelte und klopfte mit der flachen Hand auf die Waffe.

»Nun, ich würde es als eine große Gefälligkeit betrachten, wenn Ihr außerdem das Kerzenwachs vom Boden kratzen könntet. Ich sehe Euch wieder, wenn ich zurückkomme.« Er zeigte auf Bonaventura, der am Fuße einer Säule schlummerte. »Und wenn Ihr Euch einsam fühlt, unterhaltet Euch mit dem Kater. Ein großer Plauderer ist er nicht, aber er kann gut zuhören.«

Athelstan folgte Sir John hinaus.

»Einen Moment noch, Sir John. Ich bin gleich wieder da.«

Athelstan warf einen Blick in den Stall. Da stand der alte Philomel, an die Wand gelehnt, und kaute zufrieden auf einem Bündel Heu. Sanft tätschelte der Priester dem Pferd das Maul. Philomel wieherte leise vor Behagen und raufte wieder ein Büschel aus dem Heu, und Athelstan lief rasch ins Haus, um seinen Mantel und die Ledertasche mit dem Schreibwerkzeug zu holen. Dann gingen er und Sir John zielstrebig zum Kai hinunter. Es war schon nach Mittag. Der Himmel war bedeckt, aber in den Straßen und Gassen herrschte ein hektisches Treiben wie immer. Kinder tobten kreischend um die Verkaufsstände. Bettler baten winselnd um Almosen. Höker mit ihren Bauchläden um den Hals boten Bänder, Nadeln und Klammern feil. Athelstan sah Cecily, die Kurtisane, die vor der Tür einer Schenke stand.

»Geh zur Kirche, Cecily!« rief Athelstan. »Wir haben einen Gast!« Er warf ihr eine Münze zu, die sie geschickt auffing. »Kauf ihm eine von Mistress Merrylegs Pasteten!«

Sie kamen am ungewohnt leeren Pranger vorbei. Der Strafvollzugsausschuß würde erst in einer Woche wieder zusammenkommen; dann aber würde der

Pranger sich mit der Schurkenernte einer ganzen Woche füllen. Bladdersniff, der Bezirksbüttel, saß betrunken unten vor dem Pranger und schwatzte mit dem Rattenfänger Ranulf; dieser streichelte seinen zahmen Dachs, der ihm jetzt überall hin folgte. Athelstan hatte ihn sogar schon in der Kirche gesehen, wo das Schnäuzchen des Tieres unter Ranulfs Mantel mit der schwarzgeteerten Kapuze hervorgelugt hatte. Die beiden Männer riefen einen Gruß herüber. Athelstan erwiderte ihn und wunderte sich darüber, daß Sir John so seltsam still war – meistens hatte der Coroner, wenn sie durch die Straßen gingen, zu allem und jedem eine Bemerkung zu machen. Athelstan faßte Cranston beim Arm.

»Sir John, was ist denn?«

Cranston nahm einen Schluck aus seinem Weinschlauch und schmatzte. Er rümpfte die Nase über den fauligen Fischgestank von den Netzen, die zum Trocknen auf dem Kai ausgebreitet lagen.

»Ich weiß es nicht, Bruder. Diese ganze Geschichte stinkt. Ospring und Roffel waren zwei Mörder und Mistkerle und haben bekommen, was sie verdienen.« Er rülpste geräuschvoll. »Aber daß die Wache von der *God's Bright Light* verschwindet, und daß Roffel so merkwürdig erkrankt, und daß Sir Henry auf unerklärliche Weise erstochen wird . . . das alles ergibt keinen Sinn.«

»Ist Euch an Ashby nichts Merkwürdiges aufgefallen?« fragte Athelstan.

Cranston grinste boshaft und berührte Athelstans Nasenspitze mit dem Zeigefinger. »Du bist ein gerissener, scheinheiliger Pfaffe, Athelstan. Ich habe eine Menge von dir gelernt. Wie geht noch die Redensart, die du manchmal gebrauchst? ›Vier Dinge sind wichtig: die Fragen, die man stellt, die Antworten, die man bekommt . . . ‹?«

». . . und die Fragen, die man nicht stellt, und die Antworten, die man nicht bekommt«, vollendete Athelstan. »Kein einziges Mal hat Ashby versucht zu erklären, wie Sir Henry zu Tode gekommen ist. Er hat seine Unschuld beteuert, aber uns nichts weiter verraten. Er sagt nur, daß er ins Zimmer gekommen ist, den Toten gesehen hat und die Hand am Dolch hatte, als Marston ihn störte.«

»Und was noch, mein lieber Mönch?«

»Bruder, Sir John, Bruder. Nun, die Lady Aveline muß, zumindest an besseren Tagen, eine hübsche, reizvolle Frau sein.«

»Und?«

»Kein einziges Mal hat unser junger Knappe sich nach ihr erkundigt.«

Cranston schniefte. »Meinst du, da stimmt etwas nicht?«

»Allerdings.«

»Will Ashby jemanden decken?«

»Vielleicht.«

»Aveline?«

»Aber warum sollte sie ihren eigenen Vater ermorden?« Athelstan seufzte. »Wir werden den richtigen Augenblick abwarten und der reizenden Lady ein paar passende Fragen stellen müssen.«

Cranston packte Athelstan bei der Schulter. »Die ganze Geschichte stinkt wie ein Misthaufen im Hochsommer. Aber jetzt komm, sehen wir uns das verdammte Schiff an und die Geheimnisse, die es birgt.«

Sie stiegen die Kaitreppe hinunter. Athelstan erblickte jemanden aus seiner Gemeinde, Moleskin, einen alten, drahtigen Mann, der immer lächelte und behauptete, er fahre das schnellste Ruderboot auf der Themse. Jetzt winkte er Athelston und Cranston zu sich und führte sie die glitschigen Stufen hinunter. Wenig später ruderte er mit straffen Armen und knackenden Gelenken auf die rauhe, dunstige Themse hinaus, vorbei an Dowgate und nach Queen's Hithe, wo die Kriegsschiffe vor Anker lagen. Der Flußnebel war immer noch dick und stickig und wehte gespenstisch über dem Wasser. Gelegentlich zog Moleskin die Ruder ein, wenn andere Boote, Barken oder Kähne sich flußabwärts pflügten. Ab und zu riß der Nebel auf, und sie erhaschten einen Blick auf fettbäuchige, hanseatische Kauffahrer auf dem Weg zum Steelyard. Cranston beugte sich vor und gab Moleskin Anweisungen. Der Mann grinste, räusperte sich geräuschvoll und spuckte ins Wasser.

»Behaltet Ihr nur den Fluß im Auge, Sir John.«

Cranston spähte über die Schulter. Plötzlich wehte der Nebel beiseite. Eine große Kogge ragte vor ihnen auf.

»Nach rechts! Nein, ich meine, nach links!« brüllte Cranston.

Der Ruderer grinste und steuerte sein Boot geschickt unter dem Heck des Schiffes hindurch; Cranston sah den Namen *Holy Trinity* über sich. Dann gingen sie an einem anderen Schiff längsseits; seine Planken waren schwarz geteert, und der Mast ragte in den Nebel hinauf, während es sanft auf der Themse dümpelte.

»Das ist es!« schrie Cranston.

Moleskin steuerte sein kleines Boot längsseits. Er rief Sir John zu, er solle sich hinsetzen, bevor er sie alle in die Themse kippte. Dann stand er auf und rief: »An Deck! An Deck!«

Athelstan spähte hinauf und sah, daß ein Mann mit einer Laterne an die Reling kam.

»Wer ist da?«

»Sir John Cranston, Coroner der Stadt London, und sein Schreiber, Bruder Athelstan. Sir Jacob Crawley erwartet uns.«

»Wird auch Zeit, verdammt!« rief die Stimme zurück.

Ein Netz wurde an der Schiffswand herabgelassen, gefolgt von einer starken Strickleiter. Moleskin steuerte das Boot näher heran. Sir John packte die Leiter und schwang sich hinauf, behende wie ein Äffchen. Athelstan folgte ihm vorsichtiger, unterstützt von dem spöttisch grinsenden Moleskin.

»Seht Euch vor, Pater«, riet der Bootsmann. »Schaut nicht hinunter, nehmt Euch Zeit.«

Athelstan tat, wie geheißen, und schloß die Augen halb. Als Sir John sich über die Reling wälzte, geriet die Leiter ins Schaukeln, und Athelstan klammerte sich fest, als gelte es sein Leben. Dann kletterte er weiter, bis Cranstons starke Hände ihn bei den Armen packten und ihn würdevoll wie einen Mehlsack an Deck hievten. Athelstan nahm den Lederbeutel vom Hals und taumelte dann, als das Schiff sich bewegte. Er wäre der Länge nach hingeschlagen, wenn Cranston ihn nicht festgehalten hätte.

»Es braucht Zeit, bis man seine Seemannsbeine bekommt«, sagte Cranston. »Aber du mußt breitbeinig stehen, Bruder.«

Athelstan gehorchte und spähte blinzelnd umher. Das Deck war vollgestellt mit Ledereimern, Taurollen, ein paar Säcken, Eisenkugeln und zwei Kohlenbecken mit ausgebrannter Holzkohlenasche. Athelstan sah undeutlich ein paar Gestalten, die sich im Nebel bewegten. Er schaute nach links über das Deck zum Achterkastell und dann nach rechts, wo das Vorderkastell aufragte. Ein Matrose, nackt bis auf die Unterhose – der Mann, der sie vorhin begrüßt hatte –, betrachtete Athelstan.

»Du mußt aber frieren«, bemerkte Athelstan. »Ohne Hemd.«

»Aye, ich friere auch, Pater. Aber Ihr kommt jetzt besser mit. Sir Jacob Crawley platzt bald vor Wut.«

Er führte sie über das Deck zum Achterkastell und klopfte dort an die Tür.

»Verpiß dich!« brüllte jemand.

Der Seemann zuckte die Achseln, grinste über die Schulter und öffnete die Tür. Er duckte sich, als ein Humpen an seinem Kopf vorbeiflog.

»Sir Jacob? Sir John ist da.«

Cranston grinste von einem Ohr zum andern und schob sich an dem Matrosen vorbei.

»Jacob Crawley, Ihr schmutziger, alter Seebär!«

Athelstan folgte ihm wachsam. Ein muffiger, süßlicher Geruch erfüllte die Kajüte. Der Mann, der sich halb von seinem Stuhl am Tisch erhob, um Cranston zu begrüßen, war weißhaarig, klein, geschmeidig und nußbraun. Er trug einen dunkelblauen Mantel, der von einem Silbergürtel gehalten wurde. Auf dem Tisch lag eine Mütze von gleicher Farbe, an deren Krempe eine Feder steckte. Crawley ergriff Cranstons Hand, grinste von einem Ohr zum andern und stieß ihm freundschaftlich vor den Bauch.

»An Euch ist mehr dran als früher, Sir John, was?«

»Dann hat Lady Maude desto mehr zum Festhalten, wenn es einmal stürmisch wird.«

Die beiden Männer brüllten vor Lachen. Crawley schüttelte Athelstan die Hand und klopfte ihm geistesabwesend auf die Schulter. Er deutete auf zwei freie Schemel am Tisch, und Cranston und Athelstan gesellten sich zu den Männern, die sich dort bereits zusammendrängten. Crawley machte sie bekannt: Philip Cabe, der Zweite Maat, Dido Coffrey, Zahlmeister, Vincent Minter, Schiffsarzt, und Tostig Peverill, Schiffsprofoß. Ein bunter Haufen, fand Athelstan, in ihren von der See verwaschenen Kleidern – hagere Männer mit harten, wettergegerbten Gesichtern, kurzgeschnittenen Haaren und mit Augen, die nicht lächelten. Voller Unbehagen saßen sie da, und Athelstan spürte ihren Unmut darüber, daß sie so lange aufgehalten wurden.

»Wir warten hier schon seit Stunden«, fauchte Cabe, und sein ledriges Pferdegesicht war voller Mißbilligung.

»Na, das tut mir aber leid, verflucht!« rief Cranston. »Aber ich war verdammt beschäftigt!«

»Nun, nun.« Crawley klatschte in die Hände wie ein Kind. »Sir John, einen Schluck Rotwein?«

Sir John sagte natürlich bereitwilligst ja.

»Pater?«

Athelstan schüttelte lächelnd den Kopf. Er öffnete seine Schreibtasche und legte Tintenhorn, Feder und Pergament vor sich auf den Tisch. Dann sah er sich in der niedrigen, engen Kajüte um und erblickte die Koje in einer Ecke. Ihm war ziemlich schwindlig, zumal wenn das Schiff sich bewegte und knarrte, als wolle die ganze Welt sich drehen.

Als Cranston seinen Becher geleert und Crawley ihn ebenso schnell wieder gefüllt hatte, beugte des Königs Admiral der Östlichen Meere sich vor und rülpste.

»Wie viele Jahre, Sir John?«

»Sechzehn. Sechzehn Jahre ist es her, daß wir die Franzosen vom Meer vertrieben haben, und jetzt sind die Mistkerle wieder da.«

Athelstan stieß Sir John an, um ihn daran zu erinnern, daß es hier ums Geschäft ging, nicht um ein Wetttrinken unter alten Freunden. Cranston hustete.

»Master Cabe«, begann er, »Ihr seid jetzt der leitende Offizier an Bord dieses unglücklichen Schiffes. Wenn ich recht verstehe, wurde Kapitän Roffel krank und starb, bevor das Schiff auf der Themse vor Anker ging?«

»Ja. Am 14. Oktober klagte der Kapitän über Bauchschmerzen. Er sagte, es brenne wie Feuer.«

Cranston wandte sich an Minter. »Habt Ihr ihn untersucht?«

»Ja. Ich hielt es für eine Form der Ruhr – heftige Krämpfe, übelriechender Kot, hohes Fieber, Schwitzen.«

»Und was habt Ihr verschrieben?«

»Ich habe einen bindenden Trank gebraut, aber nichts hat geholfen. Am 20. Oktober lag Roffel im Delirium. Er starb in der Nacht, bevor wir die Themse hinaufsegelten.«

»Glaubt Ihr, er wurde vergiftet?« fragte Athelstan.

Er musterte die Runde der Gesichter im flackernden Licht der einen Laterne. Minters essigsaure Miene erstrahlte in einem schiefen Lächeln.

»Oh ja, Pater, er wurde vergiftet. Aber nicht so, wie Ihr denkt«, fügte er hastig hinzu. »Leibschmerzen, Galle im Magen, Ruhr, Entzündungen der Eingeweide und des Afters kommen auf Schiffen häufig vor. Ratten scheißen in unseren Proviant, das Wasser fault, und im Zwieback sind mehr Maden als Mehl.«

»Wie viele Leute sind denn auf dieser Reise gestorben?«

»Zwei. Der Kapitän und der Koch, Scabgut.«

»Woran dieser?«

»Er hatte die gleichen Krämpfe. Aber fast auf jeder Reise gibt es Tote – wenn es nicht das Essen ist, dann fällt einer über Bord.«

»Also war nichts Verdächtiges an Roffels Tod?« fragte Cranston.

»Keineswegs. Allerdings hatte er seinen eigenen Weinvorrat.«

»Aber davon habe ich auch getrunken«, warf Coffrey, der Zahlmeister, ein.

»Wenn das so ist«, schloß der Arzt, »hat Kapitän Roffel nichts gegessen und getrunken, was nicht auch wir zu uns genommen hätten.«

»Wir haben gehört«, sagte Athelstan, »daß Kapitän Roffel ein harter Mann war.«

»Stahlhart«, sagte Cabe. »Hart wie Eisen. Er hatte ein Herz aus Stein.« Er grinste spöttisch. »*God's Bright Light*! ›Das helle Licht Gottes‹ – welch ein Name für ein Schiff des Teufels!« Er hob die Hand. »Oh, versteht mich nicht falsch, Roffel war erfolgreich. Wenn wir zurückkamen, war unser Lagerraum stets mit Schätzen angefüllt. Aber wir haben nie Gefangene gemacht. Dafür hat Roffel immer gesorgt.«

»Und Ashby?«

»Zu nichts zu gebrauchen, verdammt!« Peverill, der Schiffsprofoß, schnaubte, und Athelstan entging der höhnische Unterton in seiner Stimme nicht.

»Eine Landratte, wenn es je eine gegeben hat. Sir Henry Ospring bestand aber darauf, daß er uns mindestens auf einem Teil der Reise begleitete. Für nichts zu gebrauchen, was?«

Zustimmendes Gemurmel beantwortete seine Frage.

»Seekrank wie ein Hund war er«, fuhr Cabe fort. »Er haßte Schiffe, und er haßte die See. Ich schätze, deshalb hat der alte Gauner ihn mitgeschickt. Kapitän Roffel hat den Jungen immer aufgezogen und verspottet.«

»Und Ashby hat Roffel gehaßt?« fragte Athelstan.

»Nein, er hat ihn nicht gehaßt, er hat ihn verachtet. Fast so sehr wie Sir Henry Ospring.«

»Nun, es ist euch vielleicht neu«, sagte Cranston, »aber Ospring ist tot, und Ashby ist geflohen.«

Seine Worte riefen wenig Überraschung hervor, und der Coroner begriff gleich, daß Roffel wie auch sein Patron, Sir Henry Ospring, als eisenharte Zuchtmeister verhaßt gewesen waren.

»Aber Ashby war von Bord gegangen, bevor Roffel starb?«

»Ja. Er ging am 19. Oktober in Dover an Land. Unser Lagerraum war voll Beute, und Sir Henrys Anwesen liegt zwei Meilen nördlich des Hafens. Ashby nahm den Anteil seines Herrn – einen ziemlich großzügigen – und verließ das Schiff.«

»Und da war Roffel schon krank?«

»Ja, schon seit ein paar Tagen, Sir John.«

»Wir haben Ashby befragt«, sagte Athelstan, ohne auf Cranstons warnenden Blick zu achten. Er wollte die abgebrühte Geringschätzung dieser Seeleute ins Wanken bringen. Sie saßen da, als gäben sie keinen Pfifferling auf den geheimnisvollen Tod ihres Kapitäns oder auf das Verschwinden dreier Mannschaftskameraden. »Ashby behauptet, Roffel sei besonders vergnügt gewesen, nachdem ihr ein kleines Fischerboot gekapert hattet, das versuchte, von einem französischen Hafen in den anderen zu gelangen. Stimmt das?«

Athelstan schaute in die Runde. Er sah den verschleierten Blick bei Cabe und Coffrey, und sogar Peverill wirkte ein wenig verunsichert – sein Gesichtsausdruck wechselte für einen Moment, und seine Lippen wurden schmal. Männer, die gelassen dagesessen hatten, scharrten jetzt mit den Füßen. Cranston und Crawley spürten den Stimmungswandel ebenfalls.

»Was war da los, he?« fragte der Admiral. »Was gab's da? Ein Boot?«

»Wie der gute Pater sagt«, antwortete Cabe und wählte seine Worte sorgfältig, »war der Kapitän sehr vergnügt, nachdem wir das französische Boot genommen hatten. Wir hatten Wein an Bord gefunden, einen sehr guten Rotwein. Es ist noch welcher da.«

»Und das war alles?« wollte Athelstan wissen.

»Ja«, raunzte Cabe. »Warum – sollte noch etwas sein?«

»Fahren wir fort.« Athelstan lächelte matt. »Das Schiff hat vor zwei Tagen Anker geworfen.«

»Aye.«

»Und was ist dann passiert?«

»Nun«, erklärte Peverill, »meine Bogenschützen wurden ausgezahlt und bekamen Landurlaub. Wir haben den größten Teil der Beute ausgeladen – von dem, was übrig war, nachdem Ospring seinen Anteil bekommen hatte. Sir Jacob schickte die Fuhrwerke herunter.«

»Man schafft alles in einen Speicher«, erläuterte Crawley, »und bewacht es dort, bis es verkauft wird. Den Ertrag kassiere ich. Ein Teil geht an die Mannschaft, wobei der Kapitän einen beträchtlichen Anteil erhält, und ein Teil an die Staatskasse. Wäre Sir Henry noch am Leben, hätte natürlich auch er seinen Anteil bekommen.«

»Weiter«, drängte Athelstan und sah Cabe an.

»Nun, die Mannschaft bekam Landurlaub. Wir überprüften das Schiff auf Beschädigungen, stellten fest, welche Reparaturen vorgenommen, was für Vorräte eingekauft werden mußten.«

»Und Roffels Leichnam?«

»Oh, den brachte Bracklebury, der Erste Maat, bei Tagesanbruch an Land – zusammen mit der persönlichen Habe des Kapitäns. Er übergab alles an die Witwe.«

»Gab es im Laufe des Tages Besucher?«

»Ich kam an Bord«, antwortete Crawley. »Die übliche Inspektion. Routinefragen.«

»Ihr wart nicht bestürzt über den Verlust eines guten Kapitäns?«

Crawley zuckte die Achseln. »Er war kein guter Kapitän, Pater. Er war ein guter Seemann. Ich selbst konnte ihn nicht ausstehen. Ich weiß, ich weiß, der Mann ist tot, Gott gebe ihm die ewige Ruhe, aber ich sage es noch einmal: Ich konnte ihn nicht leiden.«

Rasch ergriff Cabe wieder das Wort. »Und am Nachmittag«, sagte er, »kamen ein paar Huren an Bord, wie es Brauch ist.« Er schaute betreten weg. »Ihr wißt doch, wie das ist, Pater. Wenn Männer auf See sind, vor allem junge Männer . . . wenn die nichts zu naschen kriegen . . . «

Cranston hustete. »Und die Huren gingen ihrem Gewerbe nach?«

»Nein«, erwiderte Cabe schnippisch. »Sie stellten sich im Heck auf und sangen Kirchenlieder.« Er sah den warnenden Ausdruck in Cranstons Blick. »Natürlich gingen sie ihrem Gewerbe nach, aber ehe es dunkel wurde, brachten wir sie mit dem größten Teil der Mannschaft vom Schiff.«

»Gab es noch andere Besucher?«

»Bernicia«, sagte Minter, der Arzt, mit spöttischem Grinsen.

»Wer ist das?«

Jetzt grinste sogar Crawley.

»Na los, wir wollen mitlachen.«

»Sie ist eine Hure, Sir John. Nun ja – Roffels Mätresse. Ein hübsches kleines Ding. Sie hat ein Haus in der Poultney Lane, nicht weit von der Taverne ›Zum Löwenherz‹. Sie wußte nicht, daß Roffel tot war.«

»Und?«

»Als wir ihr sagten, der Kapitän sei im Sarg zu seiner Frau gebracht worden, da fing sie an zu heulen. Wir ließen sie ein Weilchen in der Kapitänskajüte hocken, gaben ihr dann einen Klaps auf den Hintern und schickten sie an Land. Jetzt gab es keine blutigen Finger mehr für sie.«

»Was soll das heißen, blutige Finger?« fragte Cranston.

Cabe beugte sich vor, wobei sein Gesicht aus dem Schatten kam.

»Wenn wir Schiffe kaperten, Sir John, hatten wir es immer eilig. Wir enterten sie, erledigten die Besatzung, schnappten uns die Beute und versenkten das Schiff. Roffel pflegte jeden Toten auf Wertsachen zu untersuchen, vor allem auf Ringe. Wenn er die nicht schnell genug abkriegte, hackte er ihnen die Finger ab. Das fand er witzig. Und er schenkte seiner Dirne Bernicia die Ringe, in denen immer noch die Finger steckten.«

Athelstan wandte sich angeekelt ab. Er hatte vom Krieg auf See gehört; er wurde blutig und auf beiden Seiten bösartig geführt, aber Roffel war anscheinend der leibhaftige Teufel gewesen. Kein Wunder, daß seine Gemahlin kaum wie eine trauernde Witwe erschien.

»Und als Bernicia von Bord gegangen war?« fragte Cranston.

»Da war alles erledigt. Bracklebury teilte die Wache ein – sich selbst und zwei andere zuverlässige Kerle. Wir hatten die Börsen voll Geld, also nahmen wir ein Beiboot und ruderten an Land.«

»War die Wache nicht ziemlich spärlich besetzt?« fragte Cranston.

»Eigentlich nicht«, meinte Crawley. »Die Schiffe liegen in Reih und Glied auf der Themse. Ein Offizier und mindestens zwei Mann bleiben an Bord; einer steht im Heck, einer am Bug.« Er senkte den Blick.

»Aber in Wirklichkeit genügte das nicht.« Cranston blieb beharrlich.

»Dies ist des Teufels Schiff, Sir John«, sagte Coffrey. »Wir wollten runter. Besonders nach . . . «

»Nach was?« fragte Athelstan leise.

»Kindische Alpträume.« Crawley lachte. »Ich habe davon gehört.«

»Am Nachmittag«, erläuterte Cabe, »als der Tag allmählich zu Ende ging und der Nebel hereinrollte, da behaupteten ein paar Männer, auf dem Schiff spuke Roffels Geist.« Er zuckte die Achseln. »Ihr kennt Seeleute. Wir sind ein abergläubisches Volk. Sie redeten von einem Gefühl der Kälte, von einer unsichtbaren Erscheinung, von scharrenden Geräuschen aus dem Laderaum. Sie berichteten dem Maat davon, der rief zwei Freiwillige auf, an Bord zu bleiben, und wir übrigen gingen schnellstens an Land.«

»Nach Einbruch der Dunkelheit«, stellte Athelstan fest, »waren also nur noch der Maat und die beiden

Männer der Wache an Bord. Hat sich einer der hier Anwesenden danach dem Schiff noch genähert?«

Alle verneinten im Chor.

»Aber wir halten Verbindung«, erklärte Crawley. »Jede Stunde, wenn die Kerzenflamme den Ring erreicht, wird die Parole mit einem Sprachrohr von Schiff zu Schiff weitergegeben. Und zur halben Stunde sendet eine Blendlaterne auf jedem Schiff drei kurze Lichtsignale zum Zeichen, das alles in Ordnung ist.«

»Schön.« Athelstan streckte sich. »Da haben wir also weiter flußaufwärts die *Holy Trinity*. Die Wache auf diesem Schiff wird die Botschaft an die *God's Bright Light* senden. Eine Parole zur vollen Stunde, ein Lichtzeichen zur halben.«

Crawley nickte.

»Und ist das geschehen?«

»Die Wache auf der *Holy Trinity* hat es getan.«

»Aber hat die *God's Bright Light* das Zeichen auch an die *Saint Margaret* weitergegeben?«

»Oh ja«, antwortete Crawley. »Das ist ja das Sonderbare. Seht Ihr, Pater, die *Holy Trinity* ist mein eigenes Schiff. Ich ließ meine Leute an Land gehen und befehligte selbst die Nachtwache.«

»Und Ihr habt die Signale abgeschickt?«

Crawley nickte. »Um fünf Uhr ließ ich durch ein Sprachrohr die Parole geben. Und um halb sechs blinkte die Lampe dreimal.«

»Und um sechs?«

»Ah, da wurden keine Signale mehr gegeben. Ein Matrose kam mit einer Hure zurück. Er fand das Schiff verlassen und schlug Alarm. Er zwang die Hure, ihm zu helfen, und ruderte unter ihrem Geschrei und Gekreisch zu meinem Schiff herüber. Ich und meine Männer gingen an Bord. Es war wie auf einem Geisterschiff. Die Kajüte war aufgeräumt, die Decks in Ordnung, alles, wie es sein sollte. Die Laterne am Topp brannte noch, und die Blendlaterne in ihrer Nische neben der Kajütentür ebenfalls. Keine Spuren von Gewalt, und nichts fehlte.«

Athelstan griff nach seinem Federkiel, um sich ein paar Notizen zu machen. »Nehmen wir also an, jener Matrose kam eine Viertelstunde nach dem letzten Lichtzeichen und eine Viertelstunde vor der nächsten Parole zurück auf sein Schiff. Nach seiner Aussage – und nach der Euren, Sir Jacob – sind in dieser Zeit drei gesunde Seeleute von diesem Schiff verschwunden?«

»So sieht es aus.«

»Und das Beiboot fehlte nicht?«

»Nein!« Crawley schnippte mit den Fingern. »Ihr könnt den Mann gleich selbst befragen.«

Cabe ging hinaus und kehrte mit dem affengesichtigen Burschen zurück, der sie empfangen hatte. Er erzählte ihnen seine Geschichte in einem merkwürdigen, singenden Akzent, und sie stimmte genau mit dem überein, was Cranston und Athelstan bereits gehört hatten.

»Als du dich dem Schiff nähertest«, fragte Athelstan, »ist dir da etwas Ungewöhnliches aufgefallen?«

»Nein, Pater.«

»Und als du an Deck kamst?«

»Grabesstille.«

Athelstan dankte ihm, und der Bursche zog sich zurück.

»Könnte jemand mit einem Boot zum Schiff gekommen sein?« fragte Cranston. »Der wieder wegfuhr, nachdem er etwas Furchtbares getan hatte?«

»Unmöglich«, meinte Cabe. »Zum ersten hätten die Wachen auf den anderen Schiffen es gesehen.«

»Es lag Nebel auf dem Fluß«, gab Cranston zu bedenken.

»Trotzdem.« Cabe schüttelte den Kopf. »Selbst im Halbschlaf würde man das Plätschern der Ruder hören, das Rumsen des Bootes an der Schiffswand. Und zum zweiten hätte man ein herannahendes Boot angerufen. Drittens hätte Bracklebury jeden abgewehrt, der versucht hätte, an Bord zu gelangen. Man hätte den Lärm gehört und Alarm gegeben. Das alles ist nicht geschehen. Alles war in Ordnung. Sogar die Kombüse. Wir haben nichts angerührt.«

»Eine Möglichkeit gäbe es noch«, erwog Cranston. »Vielleicht haben der Maat und die zwei Matrosen das Schiff verlassen? Sind an Land geschwommen und dort verschwunden?«

»Warum sollten sie das tun?« fragte Cabe. »Und wenn es so gewesen wäre, hätte jemand auf den anderen Schiffen sie sicher gesehen.«

Coffrey meldete sich zu Wort. »Dies ist das Schiff des Teufels, Sir John. Viele der Männer glauben, Satan ist an Bord gekommen, um sich Roffels Geist zu holen, und er hat Bracklebury und die beiden anderen mitgenommen.«

Athelstan fröstelte es; selbst diese zynischen, abgebrühten Männer widersprachen Coffreys Worten nicht.

Vier

Cranston und Athelstan beendeten die Sitzung, und die Seeleute kehrten auf ihre Posten zurück. Der Admiral führte die beiden auf dem Schiff umher und zeigte ihnen das breite Deck, den höhlenartigen, stinkenden Laderaum, der in einzelne Kammern aufgeteilt war, die primitiven Unterkünfte für Mannschaft und Bogenschützen, die Waffenkammer und die kleine, muffige Kombüse. Alles war sauber und aufgeräumt, obgleich Athelstan jedesmal zusammenzuckte, wenn hin und wieder eine dunkle, pelzige Ratte über das Deck huschte oder zwischen den Spanten umherkrabbelte.

»War irgend etwas nicht so, wie es sein sollte, als das Schiff inspiziert wurde?«

Crawley schüttelte den Kopf. »Sogar die Kombüse war in Ordnung. Die Trinkbecher waren sauber abgewaschen, die Fleischmesser hingen an den Haken.« Crawley rieb sich die Wange. »Als ob ein Teufel an Bord gekommen wäre und die drei Männer fortgeholt hätte.«

»Und seitdem gibt es keine Spur von ihnen?«

»Keine.«

Crawley führte sie zurück an Deck und rief ein Ruderboot herbei. Der Coroner und Athelstan verabschiedeten sich und kletterten die Leiter hinunter, wobei Sir John brummte, er sei nun noch kein bißchen klüger als zuvor.

»Wo soll es jetzt hingehen?« fragte Athelstan, als er sich neben Cranston im Heck niederließ.

Während sie sich über die rauhe Themse nach Queen's Hithe zurückrudern ließen, betrachtete der Coroner den dunkler werdenden Himmel.

»Es ist schon spät«, murmelte er, »aber vielleicht sollten wir Kapitän Roffels Leichnam untersuchen, ehe das Requiem gesungen und er ins Grab gelegt wird.«

Sie fanden die Kirche von St. Mary Magdalene an der Ecke der Milk Street ins Dunkel gehüllt. Der Pfarrer, Pater Stephen, hatte vor einem tosenden Feuer im Priesterhaus geschlafen und begrüßte sie mit Eulenaugen; sein altes Gesicht war schlaftrunken, aber er zeigte sich freundlich. Er hielt die Laterne hoch und spähte dem Coroner ins Gesicht.

»Gott segne meine Titten!« sagte er. »Das ist ja Sir John!«

Cranston schob sein Gesicht näher heran. »Aber das ist Stephen Grospetch!«

Die beiden Männer schüttelten einander herzlich die Hände.

»Kommt herein! Kommt herein!« lud der Priester sie ein. »Ich habe von Euren Großtaten gehört, Sir John, aber für alte Freunde seid Ihr ja viel zu beschäftigt.«

Cranston klopfte ihm liebevoll auf die Schulter und schmatzte.

»Ja, Sir John, ich habe Rotwein.« Grospetch zog zwei Schemel vor das Feuer. »Setzt Euch! Setzt Euch! Bruder Athelstan?«

Der Priester ergriff Athelstans Hand, als der Coroner sie miteinander bekanntgemacht hatte.

»So, so, so – Cranston und ein Dominikaner. Ihr

habt mir immer gesagt, Ihr könnt Ordensbrüder nicht ausstehen, Sir John.« Pater Stephen zwinkerte Athelstan boshaft zu.

»Ihr seid ein verlogener Straßenköter!« erwiderte Cranston und tat, als ärgere er sich. Er ließ sich auf einen Schemel sinken und spreizte die großen Hände vor dem Feuer. Pater Stephen lief geschäftig umher und brachte Becher mit Rotwein herüber. Für Athelstan war es ein Wunder, daß der Priester nirgends aneckte, denn der Raum war in Dunkelheit getaucht, abgesehen vom Licht einer einzelnen Kerze auf einem Ständer und dem Schein des tosenden Feuers.

Der alte Priester setzte sich auf einen Stuhl. Er trank Cranston und Athelstan zu und schlürfte fröhlich aus seinem Becher.

»Grospetch«, erklärte Cranston, zu Athelstan gewandt, »war Kaplan im Gefolge des Prinzen Edward. Er konnte die Messe schneller lesen als sonst jemand, und manchmal mußte er es auch. Die Franzosen waren Drecksäcke«, fügte der Coroner finster hinzu. »Sie ließen uns nie Zeit, unsere Gebete zu Ende zu sprechen.«

Eine Zeitlang tauschten Pater Stephen und Cranston Artigkeiten und Neues von alten Kameraden aus. Dann stellte der alte Priester seinen Becher auf den Boden und rieb sich die Hände.

»Alsdann, Sir John. Ihr seid nicht gekommen, um mir mein hübsches Gesicht zu küssen. Es ist etwas Amtliches, nicht wahr?«

»Kapitän William Roffel«, sagte Cranston.

»Heimgegangen zum Herrn«, sagte der Priester. »Und wohin dann, das liegt beim Lieben Gott.«

»Warum sagt Ihr das, Pater?«

»Nun, er gehörte zu meiner Gemeinde, aber ich habe nie gesehen, daß er oder seine Frau meine Kirche verdunkelt hätten. Sie war gestern bei mir. Sie wollte ein christliches Begräbnis für ihren Mann und hat für eine Messe bezahlt. Gestern abend habe ich den Leichnam in einem Zedernholzsarg in Empfang genommen. Er liegt jetzt vor dem Hochaltar und wird morgen begraben.«

»Ihr wißt also nichts über die Roffels?«

»Kein bißchen. Die Frau war ganz ruhig. Sie behauptete, andere Verpflichtungen hätten sie von der Kirche ferngehalten.«

»Sie war also keine trauernde Witwe?«

»Jetzt seid nicht zu hart, Sir John. Sie war sehr aufgewühlt.« Der alte Priester zuckte die Achseln. »Aber ich erhalte viele solcher Ersuchen. Und Ihr kennt ja das Kirchenrecht. Solange jemand nicht öffentlich exkommuniziert wurde, muß ein christliches Begräbnis so schnell wie möglich gewährt werden.«

»Hat sie Klagehelfer beauftragt? Ihr wißt schon, Leute, die die Totenwache halten?«

»Sie und ihre Zofe waren dabei, als der Tote in die Kirche kam. Dann gingen sie fort. Mistress Roffel kehrte kurz vor Mitternacht zurück, und ich erlaubte ihr, bis zum Morgengrauen hierzubleiben.«

Cranston schaute dem alten Priester über die Schulter und zwinkerte Athelstan zu. Aber Pater Stephen war flinker, als er aussah, und bemerkte den Blick.

»Kommt schon, alter Gauner, was wollt Ihr?«

»Pater, ist es möglich, daß wir uns die Leiche ansehen?«

Der Priester rieb sich den Mund. »Das ist gegen das Kirchenrecht«, antwortete er langsam. »Wenn ein Verstorbener einmal verhüllt im Sarg liegt . . . «

»Gott würde es so wollen«, unterbrach Athelstan ihn leise. »Pater Stephen, ich schwöre Euch als ein Bruder im Amt, es sind vielleicht schreckliche Verbrechen begangen worden.«

»An Roffel?«

»Ja«, antwortete Athelstan knapp. »Er ist möglicherweise ermordet worden.«

Pater Stephen stand auf und griff nach seinem Mantel. Dann zündete er eine Laterne an und gab sie Athelstan.

»Als ich Cranston vor mir sah«, murrte er, »da wußte ich gleich, es gibt Ärger, verdammt.«

Cranston und Athelstan knurrten Entsprechendes zurück und folgten dem alten Priester hinauf auf den kalten, windigen Kirchhof. Pater Stephen schloß die Kirchentür auf, und sie traten ein. Athelstan schwor später, er werde niemals den Anblick vergessen, der ihn erwartete. Im Kirchenschiff war es finster und kalt. Als sie zum Altar gingen, ließ das Flackerlicht der Laterne alles nur noch gespenstischer erscheinen. Alle drei blieben stehen, als ein loser Fensterladen zuschlug, und Cranston fluchte.

»Das dürfte nicht sein«, flüsterte Pater Stephen. Er nahm Athelstan die Laterne ab und ging an den Säulen vorbei in den Transept. Dort blieb er stehen und schaute hinauf zu dem Laden, der gegen das Mauerwerk schlug. »Die habe ich alle zugemacht«, erklärte Pater Stephen über die Schulter, und seine Stimme hallte hohl durch die Kirche. »Hier gibt es kein Glas; also kann jeder herein.«

Athelstan ging zu ihm, nahm ihm die Laterne ab und hielt sie dicht über den Boden. »Ob es Euch gefällt oder nicht, Pater: Ihr habt ungebetenen Besuch gehabt. Seht Ihr die Lehmspuren und die Reste von trockenem Laub?« Er bewegte die Laterne. »Da, ein verblaßter Fußabdruck.«

»Oh nein«, stöhnte Pater Stephen. »Sagt nicht, sie haben mir wieder den Altar geplündert.« Im Laternenschein sah sein Gesicht gespenstisch aus. »Oder Schlimmeres«, flüsterte er. »Die Herren der Kreuzwege, die Schwarzen Magier, sind stets auf der Suche nach geweihten Gefäßen für ihre blasphemischen Rituale. Kommt schon! Kommt!«

Sie eilten durch die Kirche; Athelstans Sandalen klatschten auf dem Steinboden, als sie durch den Lettner traten.

Nicht so großartig wie meine Kirche, dachte Athelstan, aber dann betete er hastig um Vergebung für solche kindischen Gedanken. Pater Stephen schob sich langsam vorwärts, und der Lichtkreis der Laterne ging ihm voraus.

»Ich kann nichts Ungewöhnliches entdecken«, rief er.

Athelstan erkannte die undeutlichen Umrisse des Sarges und der sechs großen violetten Kerzen, die darumstanden. Sie gingen näher heran. Athelstan schnappte nach Luft – der Sarg stand zwar noch auf seinen Böcken, aber der Deckel war aufgeklappt. Und der Sarg war leer. Die weißen Leintücher schimmerten im matten Licht.

»Bei den Zitzen der Hölle!« flüsterte Cranston.

Pater Stephen eilte zum Altar und zündete mit einem Kienspan die Kerzen an. Athelstan schaute sich im Altarraum um.

»Oh Gott, sieh dir das an!« rief Cranston.

Athelstan spähte in die Richtung, in die der Coroner deutete. Auf dem schweren, geschnitzten Apsisstuhl hing der Leichnam Kapitän Roffels. Seine Kehle war durchgeschnitten, und jemand hatte ihm ein Stück Pergament an die Brust gesteckt und mit Blut das Wort MÖRDER daraufgeschrieben.

Bei diesem Anblick war Pater Stephen so überwältigt, daß er schluchzend auf die Altarstufen sank. Cranston und Athelstan nahmen zwei Kerzen vom Altar und näherten sich behutsam der grausigen Leiche, die in grotesker Haltung schlaff auf dem Stuhl saß. Man hatte die Pennys weggenommen, die auf Roffels Lidern gelegen hatten, und seine Augen waren halb offen. Der Kinnriemen war entfernt worden, und die Wunde am Hals war ein dunkelroter Schnitt. Cranston schaute den Pergamentfetzen an und erkannte, daß der Urheber dieser Freveltat seinen Finger zum Schreiben benutzt hatte.

Da sie sahen, wie überwältigt Pater Stephen war, legten sie den Toten behutsam wieder in seinen Sarg. Cranston flüsterte, er habe in Frankreich beim Füllen der Massengräber Schlimmeres gesehen. Athelstan hingegen, obwohl er schon so manchen Todesfall erlebt hatte, zitterte, als er den kalten Leichnam berührte, und erwartete halb, er würde gleich zum Leben erwachen. Sie legten den Toten so schicklich wie möglich in den Sarg. Erst jetzt betrachtete Athelstan das harte Gesicht, die hohen Wangenknochen, die dünnen, blutlosen Lippen und den schmalen, totenschädelähnlichen Kopf von Kapitän William Roffel.

»Furchtbar im Leben, furchtbar im Tode«, murmelte Athelstan.

Er schlug ein Kreuz über dem Toten, öffnete dann ohne weitere Umstände die Knöpfe an seinem Wams, schlug das leinene Hemd zurück und betrachtete aufmerksam den Oberkörper. Jemand hatte den Bauch aufgestochen, damit er nicht anschwoll, aber Athelstan sah auch ein paar verräterische, mattrote Flecken. Der Ordensbruder lächelte befriedigt und bat Cranston mit einem Seufzer der Erleichterung, ihm zu helfen, den Deckel zu schließen.

Cranston deutete auf das Stück Pergament.

»Sollten wir das nicht abnehmen?«

Athelstan zuckte die Achseln. »Gott verzeih mir, Sir John, aber darin sehe ich wenig Sinn. Es ist ja die Wahrheit. Kapitän Roffel war ein Mann des Teufels. Es war ein Akt der Rache, seine Totenruhe zu stören und seine Kehle durchzuschneiden.« Sie hatten den Deckel geschlossen. »Aber ich sage Euch, er wurde ermordet. Sein Bauch zeigt die verräterischen Spuren des Giftes.«

Sie vergewisserten sich, daß die Kirche abgeschlossen war, und führten den noch immer zitternden Pater Stephen in sein Haus zurück. Athelstan schenkte ihm einen Becher Wein ein, sah, daß er versorgt war, und ging hinaus zu Cranston.

»Mein verdammter Weinschlauch ist leer!« schimpfte der Coroner. »Mir ist gleich, was du sagst, Athelstan – ich jedenfalls brauche nach diesem Anblick dringend was zu trinken.«

Der Bruder hakte sich beim Coroner unter und führte ihn zurück in die inzwischen verlassene Cheapside; sorgfältig steuerte er ihn an Müllbergen vorbei zum »Heiligen Lamm Gottes«. Zwei Schluck Rotwein, und Cranston entspannte sich und strahlte in die Runde der übrigen Gäste.

Athelstan war ernster. Er packte das Handgelenk des fetten Coroners. »Wir wissen jetzt, daß Roffel ermordet wurde, aber von wem, wie und warum, das ist ein Geheimnis. Zudem müssen wir der Möglichkeit ins Auge sehen, daß den Ersten Maat und seine beiden Kameraden ein ähnliches Schicksal ereilt hat.«

»Glaubst du, Osprings Tod hängt auch damit zusammen?«

Athelstan schüttelte den Kopf. »Nein, nein. Bei Ospring handelt es sich um ein Verbrechen aus Leidenschaft. Ein Mord, der ohne einen Augenblick des Nachdenkens begangen wurde. Dort liegt auch ein Geheimnis. Aber das Geheimnis, das wir aufzuklären haben, Sir John, ist die Frage, was auf dieser Reise geschehen ist – wie drei kerngesunde Seeleute nachts von ihrem Schiff verschwinden konnten, obwohl nach Auskunft des Admirals noch kurz vor Eintreffen des Matrosen und seines Mädchens Signale von der *God's Bright Light* übermittelt wurden.«

»Du bist der Student der Logik«, murmelte Cranston. »Welche Möglichkeiten gibt es denn? Man hat uns gesagt, es wäre kein Boot gesehen worden, das zu den Schiffen fuhr.«

»Was ist mit Schwimmern?« fragte Athelstan.

Cranston schüttelte den Kopf. »Bruder, stell dir eine Gruppe von sechs bis zehn Mann vor. Sie erreichen das Schiff, klettern an Bord, ohne von der Wache bemerkt zu werden, und erledigen drei Mann, ohne daß Alarm gegeben wird. Sie hinterlassen keine Spur von Gewalt und verschwinden wieder. Aber wir haben keine Ahnung, warum sie gekommen sein sollten. Niemand hat sie gesehen, und es werden immer noch Lichtzeichen und Parole weitergegeben. Ich kann mir nur eine Möglichkeit denken: Die drei Matrosen sind über Bord gesprungen.« Cranston blähte die Wangen auf. »Aber da bleiben immer noch zwei Probleme. Niemand hat die drei verschwinden sehen, und die Signale wurden weiterhin gegeben. Wenn sie das Schiff verlassen haben, müssen sie es fast im selben Augenblick getan haben, als der Matrose und seine Dirne kamen, aber das wäre bemerkt worden.« Cranston schob seinen Becher von sich. »Ich bin müde, Bruder.«

»Meint Ihr, wir sollten nach Hause gehen?«

»Nein.« Cranston raffte seinen Mantel zusammen. »Wir müssen noch einen weiteren Besuch machen: bei Roffels kleiner Hure oder Mätresse. Vielleicht kann sie ein wenig Licht ins zunehmende Dunkel bringen.«

Während Athelstan und Cranston im »Heiligen Lamm Gottes« saßen, bewegte sich ein von Kopf bis Fuß in Schwarz gekleideter Mann leise durch den Korridor eines Hauses an der Ecke Lawrence Lane und Catte Street. Seine Bewegungen waren geschmeidig, und die Lumpen, die um seine Lederstiefel gewunden waren, machten seine Schritte unhörbar. Seine Faust umklammerte einen Ledersack, und durch die Augenlöcher seiner Maske spähte er aufmerksam zu den kostbaren Kerzenleuchtern hinüber, die er auf einem Tisch am Ende des Ganges sehen konnte. Silbernes Filigran glänzte im Dunkeln.

Der Dieb lächelte zufrieden. Wie immer hatte er alles sorgfältig geplant. Der alte Trottel Cranston würde nie herausfinden, wie es ihm gelang, in die verlassenen Herrschaftshäuser zu kommen, ohne eine Spur von gewaltsamem Eindringen zu hinterlassen. Er blieb vor dem Tisch stehen, nahm die Kerzenleuchter und steckte sie vorsichtig in seinen Ledersack. Verstohlen ging er weiter und kam an einer Tür vorbei, die sich in diesem Moment öffnete. Eine junge Magd mit schlaftrunkenen Augen kam heraus. Offenbar spürte sie, daß etwas nicht stimmte, denn sie fuhr herum und erblickte den Dieb im Schein der Kerze, die sie trug. Sie ließ die Kerze fallen und öffnete den Mund, um zu schreien, aber der Mann stürzte sich auf sie. Er drückte ihr die Hand auf den Mund und rammte ihr ein dünnes Stilett in die Brust. Die Augen des Mädchens weiteten sich vor Entsetzen und Schmerz. Sie sträubte sich, aber der Dieb preßte sie an die Wand. Er zog den Dolch heraus und stach noch einmal zu. Das Mädchen hustete. Er fühlte, wie ihr heißes Blut durch seinen Handschuh drang. Dann sank sie gegen ihn und sackte langsam zu Boden.

Sir John und Athelstan klopften an die Tür des Hauses in der Poultney Lane neben der Schenke »Zum Löwenherz«. Niemand antwortete, und so klopfte Cranston noch einmal. Diesmal hörten sie schnelle Schritte. Eine zarte, ziemlich hübsche Stimme fragte: »Wer ist da?«

»Sir John, Coroner der Stadt London, und Bruder Athelstan, sein Secretarius.«

Schlüssel drehten sich, Riegel wurden zurückgeschoben. Eine junge rothaarige Frau in einem maulbeerfarbenen Kleid stand im Türrahmen. Sie hielt ein Laternenhorn in die Höhe und streckte ihnen ein schmales, blasses Gesicht entgegen.

»Was wollt Ihr? Was kann ich für Euch tun?«

»Ihr kanntet Kapitän William Roffel?«

Die von schwarzer Schminke umringten Augen blinzelten. Athelstan war fasziniert von den rot bemalten Lippen, die sich grell von der bleichen Haut der Frau abhoben.

»Euer Name ist Bernicia?« fragte er. »Dürfen wir hereinkommen?«

Das Mädchen nickte und winkte sie herein. Durch einen gemauerten Gewölbegang kamen sie in eine behagliche kleine Stube. Sie hieß die beiden willkommen und schenkte ihnen zwei Becher Wein ein, während Cranston und Athelstan sich im Zimmer umschauten. Alles war hübsch und ordentlich; auf kleinen, blanken Tischen lagen Leinendecken, der Boden war mit osmanischen Teppichen bedeckt, und am Kamin blinkten Feuerzangen hell im Licht der Flammen. Die Luft war schwer von einem Moschusparfüm, vermischt mit dem Duft der Kerzen und der kleinen, geschlossenen Kohlenbecken, von denen eins in jeder Ecke des Zimmers stand.

»Ihr lebt recht behaglich, Miss Bernicia.«

Die junge Frau zuckte die Achseln und lächelte. Cranston musterte sie eingehend. Jede ihrer Bewegungen war elegant. Sie schwenkte die Hüften, während sie in ihren hochhackigen Pantoffeln umherging. Als sie sich hinsetzte und die Beine übereinanderschlug, zog sie ihr Kleid herunter, aber nicht so weit, daß sie damit die elfenbeinweißen Unterröcke und die scharlachrot und golden gewirkten Strümpfe verborgen hätte. Sie beugte sich vor.

»Was kann ich also für Euch tun, Ihr Herren?«

Cranston hörte, wie weich und voll ihre Stimme klang.

»Ihr wart . . . ?« begann er zögernd.

»Ich war William Roffels Paramour.« Bernicia hob die Hand und kicherte leise hinter beringten Fingern. Ihre Nägel waren dunkelviolett bemalt.

»Ah ja.« Cranstons Unbehagen wuchs. »Und er hat Euch oft besucht?«

Sie spreizte die Hände und schaute sich im Raum um.

»Kapitän Roffel hat die Gunst, die ich ihm schenkte, großzügig erwidert.«

»Und habt Ihr ihn geliebt?« fragte Athelstan.

Wieder das gezierte Kichern und die schnelle Handbewegung.

»Aber Pater, seid nicht albern. Wie kann man jemanden wie Kapitän Roffel lieben? Einen Schurken von Kindsbeinen an! Er war großzügig, und ich war zu haben.« Sie schürzte die Lippen. »Ihr wißt, daß er ein ehemaliger Priester war?«

»Was?«

»Ja.« Sie lachte fröhlich. »Roffel war einmal Kurat in einer Gemeinde bei Edinburgh. Er geriet in irgendeine unangenehme Sache und mußte seine Pfarrei ziemlich überstürzt verlassen.«

»Was war das für eine Sache?«

»Das weiß ich nicht.«

»Und wo habt Ihr ihn kennengelernt?« wollte Cranston wissen.

»In einer Schenke.«

»In welcher?«

Sie hob die Schultern. »Ich kann mich nicht erinnern.«

»Habt Ihr je seine Gemahlin kennengelernt?«

»Oh je, dieses sauertöpfische Biest. Nein, niemals.«

»Habt Ihr Kapitän Roffel etwas gegeben, bevor er auf seine letzte Reise ging?«

»Einen schönen, dicken Kuß.«

»Und findet Ihr seinen Tod irgendwie verdächtig?«

»Nein. Der widerliche Schurke hatte immer schon einen schwachen Magen.« Bernicia zuckte die Achseln. »Jetzt ist er dahin« – sie flatterte mit den Wimpern – »und ich bin wieder zu haben.«

»Wißt Ihr etwas über seine letzte Reise?«

»Nein. Ich war an Bord, aber sie wollten mich nicht einmal in seine Kajüte lassen, und da bin ich wieder an Land gegangen.«

»Hatte Roffel Feinde?«

Bernicia schüttelte sich vor Lachen. »Ich glaube, Sir John, die Frage sollte lauten: ›Hatte er Freunde?‹ Feinde hatte er überall entlang der Themse. Roffel mag ein Kapitän des Königs gewesen sein, aber er war außerdem ein übler Pirat.« Bernicia senkte die Stimme. »Ihr habt doch sicher die Geschichten gehört? Roffel war es zuzutrauen, daß er jedes Schiff angriff. So manche einsame Seemannswitwe verflucht ihn des Nachts vor dem Einschlafen.«

»Wart Ihr an seinem Sarg in St. Mary Magdalene?« fragte Athelstan. Er hatte Cranstons Unbehagen bemerkt und musterte die Frau aufmerksam.

»Nein, das habe ich nicht getan, und ich habe es auch nicht vor.«

Vielleicht war es die Art, wie sie es sagte und dabei den Kopf zur Seite drehte. Vielleicht hatte Cranston im Feuerschein auf ihrer Oberlippe ein Haar schimmern sehen, das von der weißen Schminke nicht ganz verdeckt wurde. Jedenfalls beugte sich der Coroner plötzlich vor und packte sie beim Knie.

»Na, du bist aber hübsch!« knurrte er. »Wie heißt du denn wirklich, Bernicia?«

Sie versuchte, sich loszureißen. Sir Johns Hand wanderte weiter an ihrem Oberschenkel hinauf. Athelstans warnenden Blick beachtete er nicht.

»Ich habe von deinesgleichen schon gehört«, sagte er. »Ich frage mich nur, was ich wohl finden werde, wenn ich meine Hand weiter hinauf zu deinem süßen Geheimnis bewege?«

Er legte die Hand auf ihre ziemlich flache Brust, und seine Finger drückten auf den Musselin. »Bernicia, die Hure«, sagte er. »Du bist keine Frau. Du bist ein Mann!«

Athelstans Unterkiefer klappte herunter. Er glotzte erst Bernicia, dann Sir John an. Bernicia sträubte sich immer noch gegen Sir Johns Griff.

»Die Wahrheit«, verlangte der Coroner. »Sonst lasse ich die Büttel rufen und dich ausziehen. Dann kannst du nicht mehr verbergen, was Gott dir geschenkt hat.« Er beugte sich weiter vor und berührte Bernicias Haar. »Ich weiß, wo du Roffel kennengelernt hast«, fuhr er fort. »In der Schenke ›Zur Meerjungfrau‹, unten bei St. Paul's Wharf. Wie heißt du wirklich? Komm schon, wie heißt du?«

»Mein Name ist Roger-atte-Southgate.«

Athelstan bekam den Mund nicht mehr zu.

»Ich habe früher als Kajütenjunge bei Roffel gedient. Ich war und bin eine Frau in einem Männerkörper.« Bernicia schaute ins Feuer. »Ich habe die Huren immer beneidet – wie sie sich bewegten, die Kleider, die sie tragen konnten, die Erregung, die sie bei den Matrosen hervorriefen. Und dann, eines Nachts, stellte ich fest, daß es noch andere wie mich gab.«

»Wenn die Sheriffs dir auf die Spur kommen«, warnte Cranston, »dann werden sie dich wegen Sodomie in Smithfield verbrennen! Ist es nicht so, Pater?«

Athelstan war sprachlos. Er schaute Bernicia genauer an und sah den Ausdruck von Verlorenheit und Niedergeschlagenheit in ihrem Blick. Athelstan blinzelte. Er betrachtete sie immer noch als Frau, ganz gleich, was Sir John oder sie selbst sagen mochte. Eine Woge des Mitgefühls durchströmte ihn. In seiner Zeit als Novize und in den Feldlagern in Frankreich war er Männern begegnet, denen es gefiel, sich als Frauen benutzen zu lassen, aber nie hatte er einen getroffen, der sich verkleidete und die Rolle so überzeugend spielte.

»Dein Geheimnis ist bei uns sicher«, sagte er sanft. »Sir John und ich sind nicht gekomen, um dir Schmerzen zuzufügen, auch wenn du in eine schwerwiegende Sünde verwickelt bist.«

»Tatsächlich, Pater? Mit einem Mann wie Roffel? Die Sorte kenne ich, soweit ich mich zurückerinnern kann. Es macht ihnen Spaß, mich wie eine Frau zu benutzen; warum wirft man mir vor, was andere aus mir gemacht haben? Oh ja, und Priester waren auch darunter. Solch sonderbare Bettvergnügen gefielen ihnen sehr.«

Athelstan hob die Hand. »Ich bin weder dein Richter noch dein Beichtvater.«

»Das hätte auch wenig Sinn«, sagte Bernicia. »Ich brauche sie beide nicht. Einen Gott gibt es nicht, und wenn doch, so hat er uns vergessen.« Bernicia verlagerte ihr Gewicht auf dem Stuhl. »Roffel brachte mir immer kostbare Geschenke – Finger mit Ringen daran, und einmal auch ein Ohr mit einem kleinen Goldreifen. Er saß dann da, wo Ihr jetzt sitzt, Pater, und prahlte mit seinen Taten. Wie er seine Mannschaft betrogen hatte, seinen Geschäftspartner Ospring, sogar seine langweilige Frau.«

»Warst du gestern abend noch einmal auf dem Schiff?« fragte Cranston unvermittelt.

Bernicia wandte den Blick ab.

»Lüg jetzt nicht! Warst du noch einmal da?«

»Ja. Na ja, zumindest am Kai. Ich wollte nachsehen, ob Roffel Wertsachen zurückgelassen hatte. Er hatte stets eine volle Geldbörse und einen kleinen Koffer mit Flitterkram. Ich dachte, der Erste Maat würde mich vielleicht noch einmal an Bord lassen.«

»Und warum bist du nur bis zum Kai gekommen?« fragte Cranston.

»Weil kein Boot da war, das mich zum Schiff übersetzen konnte. Ich habe allerdings hinübergerufen.«

»Und?«

»Einer von der Wache muß mich gehört haben, denn der Erste Maat kam.«

»Um welche Zeit war das?« fragte Athelstan.

»Oh, das war gegen Mitternacht. Ich dachte, da sei es ungefährlich. Der Kai ist um diese Zeit meistens menschenleer – alle Nachtschwärmer sind nach Hause gegangen oder zu betrunken, um sich noch um mich zu kümmern.«

»Und was geschah?«

»Der Maat kam an die Reling. Er war betrunken, schwenkte nur seinen Becher und schrie: ›Verpiß dich!‹«

»Seltsam«, meinte Cranston nachdenklich. »Das nächste Schiff war das des Admirals, die *Holy Trinity*, und er hat uns nichts von irgendeiner Störung erzählt.«

»Ich berichte nur, was ich gesehen habe.« Bernicia zog ein Gesicht. »Aber etwas war schon merkwürdig.«

»Was denn?« fragte Athelstan.

»Na ja, ich stand am Kai; es war einsam, kalt und windig. Mir wurde klar, wie töricht es gewesen war, dort auch nur hinzugehen. Als ich mich nun abwandte, sah ich – da gibt es keinen Zweifel – eine Gestalt im Torbogen eines der Lagerhäuser stehen. Sie hatte sich bewegt.«

»Da bist du sicher?«

»Oh ja. Man hörte die üblichen nächtlichen Geräusche am Kai – das Geraschel der Ratten, das Plätschern des Wassers . . . , aber ich hörte ein Scharren, als habe jemand ein Schwert gezogen oder trage sonst etwas Metallenes bei sich. Und ich bin sicher, wer immer sich da versteckte, wollte das Schiff beobachten. Ich rief, aber niemand antwortete, und so lief ich hastig weg.«

»Und das ist alles, was du gesehen und gehört hast?«

»Ja, ja, das ist alles.«

»Hast du jemals jemanden von Roffels Mannschaft kennengelernt?

»Oh, ich kannte sie nur aus der Distanz. Wenn sie den Kapitän an Land begleiteten, hielt Roffel mich meist von ihnen fern.«

»Und Sir Henry Ospring?«

»Nein. Aber Roffel bekam Briefe von Ospring, in denen dieser ihn beschuldigte, einen Teil des Gewinns zu unterschlagen.«

»Und Osprings Knappe, ein Mann namens Ashby?«

Bernicia schüttelte den Kopf.

Cranston sah Athelstan an und verdrehte die Augen. Er nahm einen Schluck Wein, aber der schmeckte ihm bitter. Er verzog den Mund und stand auf.

»Du weißt also überhaupt nichts?«

»Nein, ich weiß nichts, Sir John«, flehte Bernicia, »Ihr werdet mein Geheimnis doch bewahren?«

Der Coroner nickte.

»Ich habe noch eine letzte Frage.« Athelstan nahm die Tasche mit dem Schreibzeug und barg sie an seiner Brust. »Heute abend waren wir in der Kirche von St. Mary Magdalene. Jemand war dort eingebrochen, hatte Roffels Leichnam aus dem Sarg gerissen, ihm die Kehle durchgeschnitten und ihn in den Apsisstuhl gesetzt. An seiner Brust steckte ein Stück Pergament mit dem Wort MÖRDER, geschrieben mit seinem eigenen Blut. Wer hat den Kapitän so gehaßt, daß er so etwas tun würde?«

Bernicia verzog verächtlich das Gesicht. »Sir Henry Ospring mit Sicherheit.«

»Der ist tot. Ebenfalls ermordet.«

Bernicia lächelte. »Roffel wird sich freuen, daß er in der Hölle Gesellschaft hat.«

»Wer noch?« Cranston blieb hartnäckig. »Von wem hat Roffel wütend oder erbost gesprochen?«

»Ihr solltet noch einmal zur Flotte gehen, Sir John. Fragt den Admiral, Sir Jacob Crawley. Roffel hat immer gesagt, er hasse ihn.«

»Wieso sollte Roffel denn Crawley hassen?«

»Nein, anders herum. Crawley konnte unseren guten Kapitän nicht ausstehen. Ich glaube, es gab böses Blut zwischen ihnen. Roffel sagte einmal, Crawley habe ihn bezichtigt, ein Schiff versenkt zu haben, wobei ein Verwandter Crawleys zu Tode gekommen sei. Roffel meinte, er würde niemals mit einem Admiral essen oder trinken und ihm auch nie den Rücken zuwenden.«

»Wenn das so ist, Mistress ...« Cranston grinste säuerlich. »Jawohl, ich werde dich so nennen. Wenn das so ist, sagen wir Gute Nacht.«

Als sie vor dem Haus standen, brach Cranston in ein brüllendes Gelächter aus, das wie eine große Glocke durch die enge Gasse hallte. Gegenüber öffnete jemand ein Fenster und verlangte laut nach Ruhe. Cranston bat um Entschuldigung, raffte den Mantel um sich und führte Athelstan zurück zur Cheapside.

»So, so, so«, murmelte er. »Da hätten wir noch ein Geheimnis. Ein Mann, der sich wie eine Frau kleidet, behauptet, die Hure des toten Kapitäns gewesen zu sein.« Er gähnte, streckte sich und schaute zum Nachthimmel hinauf. »Morgen machen wir weiter«, sagte er. »Man spricht ja von den Rätseln der Meere. Aber ich sage dir, Bruder, was gestern nacht auf der *God's Bright Light* geschehen ist, das ist ein Rätsel, das mit jeder Stunde unergründlicher wird.« Er klopfte dem Ordensbruder auf den Rücken. »Nun komm, Bruder, ich begleite dich noch bis zur London Bridge und erzähle dir eine sehr komische Geschichte über den Bischof, den Pfarrer und jemanden wie unsere junge Bernicia.«

Fünf

Athelstan las wie gewohnt die Frühmesse und sah dabei zu seiner Überraschung auch Aveline Ospring unter seiner spärlichen Gemeinde. Sie kniete vor dem Lettner, die Hände fromm gefaltet, ohne aber den jungen Ashby nur ein einziges Mal aus den Augen zu lassen; dieser half dem Altarjungen Crim während der Meßfeier. Nachher hängte Athelstan seine Gewänder auf, räumte den Altar ab und ging hinaus, wo Aveline und Ashby in leisem Gespräch auf den Altarstufen saßen.

»Möchtet Ihr Frühstück?« fragte Athelstan.

Ashby nickte. »Ich bin halb verhungert, Pater. Ist es möglich, ein Rasiermesser und ein wenig Seife zu bekommen? Lady Aveline« – er klopfte auf eine Satteltasche – »hat mir ein paar andere notwendige Dinge gebracht.«

Athelstan ging zum Haus hinüber. Er fachte das Feuer an, und nachdem er dem stets hungrigen Philomel sein morgendliches Heubündel gebracht hatte, wusch er sich die Hände und trug ein Tablett mit Brot, Käse und Wein hinüber in die Kirche. Ashby aß hungrig. Hin und wieder nahm Aveline, die heute gefaßter und viel strahlender aussah als am Tag zuvor, einen Schluck aus Ashbys Becher oder knabberte ein wenig Brot und Käse.

»Ich bin gekommen, um zu sehen, ob alles in Ordnung ist«, sagte sie schüchtern und schaute ihn unter langen Wimpern an.

Athelstan nickte und schrak zusammen, als Bonaventura, der zwischen den Säulen geschlafen hatte, plötzlich aufstand, den Rücken krümmte und den Schwanz in die Höhe reckte; die Kirchentür hatte sich geöffnet. Marston kam herein und blieb stehen; mit verschränkten Armen starrte er nach vorn in den Chor. Athelstan achtete nicht auf ihn, sondern schaute Aveline an.

»Mylady«, sagte er leise, »Ihr seid hier im Haus Gottes, Ihr dürft nicht lügen.«

Ashby verschluckte sich an einem Stück Brot. Athelstan klopfte ihm kräftig auf den Rücken.

»Der Tag hat kaum begonnen, Mylady«, fuhr Athelstan trocken fort, »und schon bringt Ihr, die Tochter des Mannes, den Ashby angeblich ermordet hat, ihm allerlei Vorräte und was er sonst noch zu seinem Wohlbehagen braucht. Und jetzt sitzt Ihr neben ihm auf den Altarstufen und teilt das Essen mit ihm.«

Lady Aveline errötete und schlug die Augen nieder.

»Liebt Ihr ihn?« fragte Athelstan.

»Ja«, flüsterte sie.

»Und Ihr sie auch, Ashby?«

Der junge Mann nickte und wischte sich die Augen, die ihm nach dem Hustenanfall immer noch tränten.

»So, so, so«, sagte Athelstan. »Und ich nehme an, Ihr wollt heiraten?«

»Ja«, flüsterten die beiden einstimmig.

»Gut.« Athelstan rieb sich die Hände. »Aber die Heilige Mutter Kirche verlangt, daß man beichtet und die Absolution empfängt, bevor man das Sakrament der Ehe erhalten kann. Wollt Ihr nun einzeln beichten . . . oder vielleicht zusammen?«

Die beiden Liebenden starrten einander an.

Athelstan hatte große Mühe, seine Heiterkeit zu

verbergen. »Gut«, sagte er, »Ihr habt keine Einwände; ich fahre also fort. Nicholas, man beschuldigt Euch der Sünde des Mordes: Ihr hättet Sir Henry Ospring getötet.« Er sprach so leise, daß seine Worte nicht bis zu Marston drangen, der hinten in der Kirche stand. »Ihr habt es aber nicht getan, oder?«

»Ich bin unschuldig«, flüsterte der junge Mann.

»Das allerdings«, sagte Athelstan und wandte sich an Aveline, »kann man von Euch nicht sagen.«

Sie hob den Kopf, und ihre Augen rundeten sich erschrocken und überrascht.

»Gott verzeih mir«, sagte Athelstan, »aber, Lady Aveline, ich beschuldige Euch des Mordes an Eurem Vater.«

Die junge Frau wurde kalkweiß. Sie stand auf und preßte erregt die Finger zusammen.

»Das stimmt nicht!« zischte Ashby, aber Athelstan drückte dem jungen Mann einen Finger an die Lippen. »Lügt nicht in der Beichte«, sagte er. »Lady Aveline, setzt Euch bitte.«

Die junge Frau gehorchte, und Athelstan nahm ihre eiskalten Hände.

»Ihr habt Euren Vater ermordet, nicht wahr?«

»Gott verzeih mir, Pater. Ja, ich habe es getan. Woher wißt Ihr das?«

Athelstan schaute durch die Kirche. Marston hatte offenbar gesehen, wie erregt Lady Aveline war, und kam jetzt langsam heran. Athelstan erhob sich und ging ihm entgegen.

»Kann ich Euch helfen?«

»Ich bin hier, um Lady Aveline vor diesem Mörder zu beschützen.«

»Lady Aveline ist bei mir in sicheren Händen«, antwortete Athelstan.

»Ich bin außerdem hier, um dafür zu sorgen, daß dieser Dreckskerl nicht entkommt.«

»Redet nicht so«, mahnte Athelstan. »Nicht im Hause des Herrn.«

Der Mann wich verdattert zurück.

»Bitte wartet draußen«, sagte Athelstan. »Ihr dürft auf der Treppe warten. Da könnt Ihr sicher sein, daß niemand die Kirche verläßt, ohne daß Ihr es wißt.«

Marston wollte Einwände erheben.

»Es wäre auch Sir John Cranstons Wunsch«, fügte Athelstan honigsüß hinzu.

Marston zuckte die Achseln, ging hinaus und machte die Tür hinter sich zu.

Athelstan kehrte in den Altarraum zurück, wo Ashby und Aveline die Köpfe zusammensteckten und verschwörerisch miteinander tuschelten. Athelstan setzte sich ohne weitere Umstände zwischen sie.

»Wie und wann habt Ihr es erfahren?« fragte Ashby.

»Oh, es ist mir heute morgen während der Messe klargeworden«, sagte Athelstan. »Es ist eine Sache der Logik. Erstens: Man hat Euch mit der Hand am Dolch angetroffen. Warum? Weil Ihr dabei wart, ihn herauszuziehen. Aber warum solltet Ihr das tun? Es war nicht Euer Dolch, er gehörte, wie Ihr ja sagtet, Sir Henry. Eurer steckt noch in der Scheide an Eurem Gürtel. Das habe ich schon gestern morgen gesehen. Zweitens: Wenn Ihr Sir Henry nicht umgebracht habt, wer hat es dann getan? Wer hatte das Recht, sich einem so mächtigen Lord zu nähern, wenn er noch im Nachthemd war? Bestimmt nicht Marston. Das hat er uns sehr deutlich klargemacht. Wenn Ihr und Marston es also nicht waren, wer dann? Als ich in Sir Henrys Kammer war, sah ich, daß das Fenster verschlossen gewesen war, bis Ihr es zu Eurer Flucht benutztet. Infolge dessen bezweifelte ich, daß jemand in das Zimmer eingebrochen ist. Sir Henry war zudem ein kräftiger Mann, und es gab keinerlei Spur eines Kampfes. Schlußfolgerung: Der Mörder muß jemand gewesen sein, der das Recht hatte, sich in Sir Henrys Nähe aufzuhalten. Und wer bleibt da übrig außer Euch, Lady Aveline?«

»Oh, mein Gott, man wird sie hängen!« flüsterte Ashby. »Niemand wird ihre Geschichte glauben.«

»Laßt es mich versuchen«, sagte Athelstan. »Mylady?«

»Jawohl, ich habe meinen Vater ermordet«, gestand sie. »Um genau zu sein: Er war mein Stiefvater. Der erste Mann meiner Mutter, mein leiblicher Vater, fiel im Krieg des Königs in Frankreich. Zunächst war alles gut. Ich war das einzige Kind. Ich glaube, meine Mutter bereute, daß sie wieder geheiratet hatte, aber sie starb vor acht Jahren. Im allgemeinen ließ Sir Henry mich in Ruhe. Er sorgte für mich. Ich war verwöhnt, ja, verzärtelt. Aber ...« Sie nestelte nervös an ihrem Armband. »Als ich älter wurde, sah er mich nach und nach mit anderen Augen an. Anfangs war es nichts Großes ... er bat mich, auf seinem Schoß zu sitzen, während er mir das Haar streichelte. Manchmal berührte er mich auch an gewissen Stellen und sagte, das sei unser Geheimnis.« Aveline blinzelte, um die Tränen zurückzuhalten. »Ich hatte alles«, fuhr sie fort. »Das heißt, alles außer einer Zofe. Er wollte es so. Und je älter ich wurde, desto größer wurden seine Ansprüche an mich. Ich ging ihm aus dem Weg, aber manchmal konnte ich es nicht. Am Abend vor seinem Tod, als er in der Herberge ›Zum Abt von Hyde‹ saß, befahl er mir, im Morgengrauen zu ihm zu kommen, denn er wolle mir jetzt etwas Kostbares geben, das einst meiner Mutter gehört habe. Ich hätte es wissen müssen.« Avelines Unterlippe zitterte, und ihre Augen füllten sich mit Tränen. »Er war so verderbt!« flüsterte sie. »Er versuchte, mich zu umarmen und legte mir seine Hand auf die Brust. Die ganze Nacht habe ich wachgelegen, behauptete er, und an mich gedacht. Und dann ...«

Athelstan spürte Ashbys wachsende Anspannung. Er tätschelte das Handgelenk des Mädchens.

»Erzählt es mir einfach«, sagte er sanft.

»Er sagte, hoffentlich sei ich so gut wie meine Mutter, und dann versuchte er, mich über seinen Schoß zu ziehen. Da sah ich den Griff seines Dolches, der aus einem Haufen Kleider auf einem Stuhl ragte. Alles ging ganz schnell. Ich packte den Dolch, und im nächsten Augenblick steckte die Klinge tief in seiner Brust. Er starrte mich an, als könne er nicht fassen, was da passiert war, und dann sackte er zu Boden. Ich muß eine Zeitlang dagestanden und ihn nur angeglotzt haben. Es war wie in einem Traum. Ich zwickte mich immer wieder, um mich aufzuwecken. Es war so sauber, so schnell abgegangen; ich hatte nicht einmal einen Blutspritzer an der Hand oder auf meinen Kleidern. Da klopfte es an der Tür ...«

»Das war ich«, unterbrach Ashby rasch. »Ich war im Zimmer nebenan. Ich hörte, wie Aveline den Gang hinunterging, und dann gab es ein dumpfes Geräusch, als sei jemand hingefallen. Ich lief in Sir Henrys Zimmer. Da erzählte Lady Aveline mir, was sich zugetragen hatte.«

»Ich habe bisher nicht gewagt, etwas zu sagen«, flüsterte die junge Frau. »Wer würde mir denn glauben? Ich kannte Nicholas Ashby, und ich liebte ihn, aber das hielt ich geheim. Sir Henry hätte uns sonst beide umgebracht.«

»Ich stieß sie aus dem Zimmer«, fuhr Ashby fort. »Als sie draußen war, versuchte ich, den Dolch herauszuziehen, aber da hämmerte Marston an die Tür.« Verachtungsvoll nickte Ashby zur Kirchentür. »Er war ganz aus dem Häuschen. Er hätte mich aufhalten können, aber er brüllte nur: ›Mörder! Mörder!‹ Ich riß das Fenster auf und floh.«

Athelstan erhob sich. Was Aveline erzählt hatte, erschreckte ihn eigentlich nicht so sehr. Immer wieder war ihm im Beichtstuhl die gleiche Sünde in allen ihren Spielarten begegnet – Bruder und Schwester, Vater und Tochter. Es war eine natürliche Folge des engen Zusammenlebens. Aber wer würde Aveline glauben? Sir Henry hatte sich dessen schuldig gemacht, was die Theologen als ›die große, geheime Sünde‹ bezeichneten: des Inzests, viel geübt, aber nie erörtert. Vor einem Gericht würde die Sache allerdings anders aussehen. Manch einer würde sogar behaupten, Ashby und Aveline hätten sich verschworen, Sir Henry zu ihrem eigenen Vorteil zu ermorden. Sie mußte gewußt haben, daß Sir Henry gegen eine solche Liebesverbindung sein würde. Ashby war auf frischer Tat ertappt worden. Wenn er sein Schweigen bewahrte, würde er am Galgen hängen. Wenn er sich zu verteidigen versuchte, würde Aveline ihm womöglich Gesellschaft leisten, weil sich habgierige Verwandte, die darauf brannten, ihren Anteil von Sir Henrys Reichtum zu ergattern, ihrer auf diese Weise entledigen wollten.

Athelstan blieb am Fuße der Altartreppe stehen und betrachtete die bangen, blassen Gesichter des Liebespaares.

»Habt Ihr irgendeinen Beweis?« fragte er.

»Ich dachte mir, daß Ihr danach fragen würdet«, sagte Aveline.

Bevor Athelstan sie daran hindern konnte, knöpfte sie ihr Mieder auf und zog es herunter. »Nur das hier«, sagte sie. »Es kam später hervor.« Und Athelstan sah einen violetten Bluterguß an ihrer milchweißen Schulter.

»Dort hat Sir Henry mich gepackt«, sagte sie, zog ohne jede Verlegenheit das Kleid wieder hoch und knüpfte die kleinen Schleifen zu. »Habe ich mich einer großen Sünde schuldig gemacht, Pater?«

Athelstan starrte die nun wieder verhüllte Schulter an. Diesen Fleck konnte sie sich niemals selbst beigebracht haben. Da er glaubte, daß sie und Ashby die Wahrheit gesagt hatten, machte er das Kreuzzeichen über sie.

»Ich spreche Euch los von Euren Sünden«, sagte er. »Der Himmel weiß, was ich jetzt tun werde.«

»Ihr könntet für uns sprechen«, meinte Aveline hoffnungsvoll.

»Wer würde mir denn glauben?« erwiderte Athelstan. »Und was Ihr mir erzählt habt, steht unter dem Siegel des Beichtgeheimnisses. Nein, nein. Ich muß jetzt sorgfältig und kühl nach einer Lösung für all das suchen. Wir wollen die Sache für den Augenblick beiseite lassen. Ich möchte Euch noch über etwas anderes befragen. Sir Henry hat Kapitän Roffel und das Schiff *God's Bright Light* finanziert, nicht wahr?«

Ashby nickte.

»Und Ihr seid im September an Bord gekommen, aber als das Schiff in Dover anlegte, wieder an Land gegangen?«

»Ja.«

»Ist auf der Reise irgend etwas geschehen?«

»Ich sagte schon, Roffel war wie immer, verdrießlich

und verschlossen – nur nicht, nachdem das Fischerboot gekapert worden war.«

»Was wißt Ihr sonst noch über Roffel?«

»Er hat viel getrunken.« Ashby lächelte düster. »Nicht nur Wein oder Bier wie wir anderen. Das natürlich auch, aber er hatte noch eine besondere Flasche mit einem sehr feurigen Getränk. Usquebaugh nannte er es. Vor jeder Reise ging er an Land und ließ sich die Flasche hinter einem Lagerhaus in Queen's Hithe, in der Schenke ›Zu den gekreuzten Schlüsseln‹, damit füllen.«

»Er selbst?«

»Oh ja, Pater. Wo Roffel hinging, da ging auch diese Flasche hin.«

Athelstan lächelte, als er an Cranstons Weinschlauch dachte. »Also durfte niemand sonst die Flasche füllen?«

»Das sagte ich doch, Pater. Aber wir wußten, daß er daraus trank. Sein Atem roch danach. Er trank es in sehr kleinen Quentchen. Einmal erzählte er mir, es sei fünfmal so stark wie jeder Wein, und es wärme ihn nachts, wenn es kalt sei auf See.«

»Und Roffel war zu Anfang der Reise guter Dinge?«

»Ja. Sir Henry hatte mir einen versiegelten Umschlag für ihn mitgegeben, doch ich weiß nicht, was er enthielt.«

»Wißt Ihr es, Lady Aveline?« fragte Athelstan.

»Nein. Aber mein Stiefvater war anscheinend sehr zufrieden mit sich.«

»Und dann?«

Sie schüttelte den Kopf. »Ich weiß es nicht.«

»Ich habe oft solche Umschläge mitgenommen«, sagte Ashby. »Roffel las, was sie enthielten, und warf sie dann ins Meer.«

»Halt!« Aveline beugte sich vor. »Ja, jetzt fällt es mir ein. Als die *God's Bright Light* ihre Reise begann, war mein Stiefvater sehr, sehr zufrieden, aber als Nicholas zurückkam, änderte sich seine Stimmung. Ich hörte, wie er sagte, daß er kein Vertrauen zu Roffel habe. Er behauptete, der Kapitän betrüge ihn. Er fuhr nach London, um Roffel zur Rede zu stellen, und da ...« Sie sprach nicht zu Ende.

»Gibt es noch etwas?« fragte Athelstan.

Sie schüttelte den Kopf.

Athelstan hockte sich nieder und nahm ihre Hand.

»Ihr seid die Erbin Eures Stiefvaters«, sagte er. »Euer Geheimnis ist bei mir sicher, und ich werde mir überlegen, was ich tun kann. Einstweilen allerdings solltet Ihr in die Herberge zurückkehren. Seht die Papiere Eures Stiefvaters durch, und zwar alle. Sucht nach einem Hinweis auf die Geheimnisse, die er mit Roffel teilte – und sei er noch so klein.«

»Wie soll uns das helfen?«

»Das weiß Gott«, antwortete Athelstan. »Das weiß Gott allein.« Er beugte das Knie vor dem Altar. »Ihr könnt noch eine Weile hierbleiben – aber, Master Ashby, Ihr dürft unter keinen Umständen den Altarraum verlassen. Gebt Ihr mir Euer Wort?«

Ashby nickte. In diesem Moment wurde die Kirchentür aufgestoßen und Watkin, der Mistsammler, stürmte herein.

»Pater! Pater! Der Wagen ist gekommen!«

Athelstan atmete tief und langsam durch und betete um Geduld.

»Brav, Watkin. Laß die Flügeltür aufmachen und den Wagen hereinbringen.«

Der Mistsammler trabte davon. Das Portal öffnete sich, und mit viel Lärm und Gepolter rollte ein großer, vierrädriger Karren, gezogen von Watkin und anderen Gemeindemitgliedern, auf einer behelfsmäßigen Rampe die Stufen herauf und ins Kirchenschiff. Athelstan ging hinunter, um den Leuten zu helfen. Sein Ärger über die Störung legte sich angesichts der guten Laune und des selbstlosen Einsatzes seiner Pfarrkinder rasch; alle hatten ihre Arbeit liegengelassen, um dafür zu sorgen, daß der Karren rechtzeitig zum Mysterienspiel hier war. Ächzend und schwitzend riefen sie einander Anweisungen zu und wuchteten den Wagen hin und her, bis er mitten im Kirchenschiff stand.

»So.« Watkin wischte sich den Schweiß aus dem Gesicht. »Bitte sehr, Pater.« Seine haarigen Nüstern bebten ob seiner inbrünstigen Selbstgerechtigkeit. »Und in dem Spiel, da werde ich Gott sein, nicht wahr?« Er senkte die Stimme. »Pike kann nicht Gott spielen. Ich bin der Vorsitzende des Gemeinderates.«

Pike, der Grabenbauer, kam um den Karren herum. Athelstan spürte, daß trotz der bevorstehenden Heirat zwischen Pikes Sohn und Watkins Tochter die alte Feindschaft zwischen den beiden wieder aufgebrochen war.

»Das habe ich genau gehört, Watkin!« bellte Pike. »Aber *ich* werde Gott spielen!«

»Nein, wirst du nicht!« krähte Watkin wie ein trotziges Kind.

Beide Männer schauten Athelstan an und warteten auf seinen Schiedsspruch. Der Priester stöhnte leise.

»Nun, Pater?« fragte Pike herausfordernd. »Wer ist Gott?«

Athelstan lächelte. »Wir alle. Wir sind alle nach Gottes Ebenbild geschaffen. Wenn wir also sind wie Gott, dann muß Gott ein bißchen so sein wie wir.«

»Aber was ist mit dem Stück?« fragte Watkin beharrlich.

»Ja, was ist damit?« Hig, der Schweinemetzger mit dem breiten Kinn und den schmalen Augen, kam hinter dem Wagen hervor und stellte sich neben Watkin. Hig arbeitete im Schlachthof, und sein brauner Kittel war voller Flecken vom Kot und Blut der Kadaver, und sein dichtes Haar war gestutzt, als habe der Barbier ihm einen Topf aufgesetzt und ringsherum alles abgeschnitten. Athelstan mochte den Mann nicht. Hig war ein geborener Unruhestifter, sich seiner Rechte voll bewußt und stets bereit, den Frieden der Gemeinderatssitzungen zu stören, indem er im trüben fischte.

»Hig, du hältst dich da heraus«, sagte Athelstan warnend.

»Ich weiß, was wir tun können.« Athelstan sah Watkin und Pike an. »Ich sagte ja, wir alle sind wie Gott. Also kann Watkin Gott Vater spielen, ich spiele Gott Sohn, und du, Pike, bekommst ein weißes Gewand mit den Flügeln einer Taube auf dem Rücken und spielst Gott, den Heiligen Geist. Und erinnert euch daran, was die Heilige Mutter Kirche lehrt: Es sind drei Personen in Gott, und alle drei sind gleich.« Er senkte die Stimme und schaute sie düster an. »Es sei denn, ihr wolltet den Lehren der Heiligen Mutter Kirche widersprechen.«

Watkin und Pike starrten ihn mit offenen Mäulern an. Dann warfen sie einander einen kurzen Blick zu.

»Einverstanden«, sagte Watkin. »Aber Gott, der Vater, macht immer mehr als der Heilige Geist.«

»Nein, macht er nicht.«

Die beiden stapften davon, äußerst befriedigt, sich nun über die Feinheiten des theologischen Dogmas streiten zu können. Athelstan seufzte erleichtert.

Die übrigen Gemeindemitglieder wimmelten um den Wagen herum und unterhielten sich lautstark, ohne sich jedoch die Mühe zu machen, einander zuzuhören. Athelstan schlüpfte zur Kirchentür hinaus und zum Haus hinüber.

»Pater – auf ein Wort . . . ?«

Athelstan fuhr herum, die Hand am Türriegel.

Die beiden verhüllten Frauen mußten lautlos herübergekommen sein. Mit bleichen Gesichtern schauten sie ihn an.

»Emma Roffel.« Die eine schlug die Kapuze zurück. »Ihr erinnert Euch an mich, Pater?«

Emmas Gesicht war ernst, das graue Haar zerzaust, als habe sie sich kaum die Mühe gemacht, ihre Toilette zu beenden. Tabitha Velour, die hinter ihr stand, sah genauso ernst und müde aus.

»Am besten kommt Ihr herein.« Athelstan führte sie in die Küche, ließ sie Platz nehmen und bot ihnen Brot und Wein an, aber sie lehnten ab. Er setzte sich an das Kopfende des Tisches und streichelte den schnurrenden Bonaventura, der ihm auf den Schoß gesprungen war.

»Warum seid Ihr hier?« fragte er Emma. »Ich dachte, Euer Mann wird heute vormittag beerdigt?«

»Ja, in einer Stunde«, antwortete Emma. »Ich komme wegen der Sache, die sich letzte Nacht in St. Mary Magdalene ereignet hat.« Ihre Augen weiteten sich. »Ich mußte Euch fragen, Pater – habt Ihr den Schuldigen gefunden? Wieso tut jemand etwas so Abscheuliches?«

»Ihr kommt über den Fluß, um mir diese Frage zu stellen? Sir John und ich wollten Euch heute noch besuchen.«

»Ich war bei Sir John«, sagte Emma Roffel, »aber er

war nicht zu Hause. Man hatte ihn ins Rathaus gerufen. Ich will ja nur wissen, wer es getan hat.«

»Madam, wir wissen nicht, wer es war oder warum es geschehen ist. Aber Euer Mann hatte wenige Freunde und viele Feinde.«

Emma Roffel seufzte tief.

»Er war ein harter Mann, Pater.«

Athelstan sah sie prüfend an. »Eigentlich seid Ihr nicht deshalb hier«, stellte er fest. »Da gibt es noch etwas anderes, nicht wahr?«

»Laßt mich für sie sprechen.« Tabitha Velour beugte sich vor. »Als wir heute früh in die Kirche von St. Mary Magdalene kamen, war Pfarrer Stephen immer noch sehr aufgebracht. Er hat gehört, wie Ihr zu Sir John sagtet, daß Kapitän Roffel vielleicht vergiftet wurde. Stimmt das?«

»Ich glaube, ja«, sagte Athelstan. »Wahrscheinlich mit weißem Arsen. Das ist billig und leicht zu bekommen.«

»Aber wie denn?« fragte Emma Roffel. »Mein Mann war immer sehr vorsichtig an Bord. Er hat nur gegessen und getrunken, was auch die Mannschaft bekam.«

»Nicht ganz«, widersprach Athelstan. »Euer Mann war Schotte. Er hatte eine besondere Flasche, die er sich in einer Schenke bei Queen's Hithe füllen ließ, und zwar mit einem feurigen Schottentrank namens Usquebaugh.«

Emma Roffel schlug die Hand vor den Mund. »Natürlich«, flüsterte sie. »Wo er hinging, da ging auch diese Flasche hin.« Sie starrte Athelstan an. »Aber er hat sie stets in dieser Schenke füllen lassen. Und er ging selbst hin, denn er bezahlte den Wirt dafür, daß er ein Fäßchen davon aus der Hafenstadt Leith in Schottland importierte.«

»Hatte er diese Flasche immer bei sich?« fragte Athelstan.

»An Land trank er nicht davon«, sagte Emma. »Aber auf See ja. Und er ließ sie nie in seiner Kajüte, sondern trug sie am Leibe.«

»Und auf See konnte er sie natürlich nicht nachfüllen lassen«, sagte Athelstan nachdenklich.

Emma stand plötzlich auf. »Pater, Ihr müßt uns entschuldigen. Die Totenmesse ist um zehn. Außer uns beiden wird niemand da sein. Wir müssen gehen.«

»Dürfen wir Euch später besuchen?« fragte Athelstan.

»Ja, ja«, sagte sie ungeduldig und rauschte, gefolgt von ihrer Zofe, eilig hinaus.

Athelstan deckte das Feuer ab, griff nach der Ledertasche mit seinem Schreibwerkzeug, füllte Bonaventuras Schälchen mit Milch und ging hinaus, um den widerstrebenden Philomel zu satteln.

»Komm, mein Alter«, flüsterte er und stemmte sich behutsam in den Sattel. »Besuchen wir den alten John Cranston, was?«

Philomel wieherte erfreut. Das alte Schlachtroß tat nichts lieber, als dem dicken Coroner in den ausladenden Bauch oder das breite Hinterteil zu stupsen. Als sie an der Kirchentür vorbeikamen, sah Athelstan, daß Marston und zwei andere Gefolgsleute Sir Henrys in der Gasse gegenüber lauerten. Athelstan hielt nicht an. Seine Gemeindekinder waren inzwischen aus der Kirche gekommen. Säuberlich in zwei Gruppen gespalten, die eine von Pike, die andere von Watkin angeführt, debattierten sie immer noch heftig über die Frage, ob Gott Vater dem Heiligen Geist nicht vielleicht doch überlegen sei.

Herr, hilf, dachte Athelstan. Vielleicht sollte ich die Dreieinigkeit spielen, und Watkin und Pike können zwei Erzengel sein. Er lenkte Philomel vom Kirchplatz weg in die Gasse und machte lächelnd eine segnende Gebärde zu Marston und seinen Kumpanen hinüber. Dann bahnte er sich seinen Weg durch das stinkende, lärmende Gedränge der engen Gassen von Southwark. Vor der Taverne »Zum Gescheckten« waren zwei seiner Pfarrkinder, Tab, der Kesselflicker, und seine Frau Roisia, zum Entzücken einer wachsenden Menge von Zuschauern in ein erbittertes Wortgefecht verwickelt. Athelstan machte halt, um zuzuhören.

»Zwanzig Jahre waren wir glücklich verheiratet – bis jetzt!« schrie Roisia mit puterrotem Gesicht.

»Ja«, gab Tab zurück. »Du warst glücklich, und ich war verheiratet.«

Das war zuviel für Roisia. Sie holte aus und schlug mit ihrem Humpen nach Tabs Kopf. Dieser duckte sich, und Roisia landete der Länge nach im Schlamm.

»Tab!« rief Athelstan. »Hört auf mit dem Unfug! Hilf Roisia auf, und geht zur Kirche. Der Wagen für unser Festspiel ist gekommen.«

Roisia kniete im Schlamm und packte ihren Mann beim Arm. »Du sollst den Hl. Petrus spielen«, schrie sie. »Aber Watkin wird die Rollen verteilen, wie es ihm paßt.«

Mann und Frau, auf einmal entschlossene Verbündete, machten sich auf den Weg nach St. Erconwald. Athelstan ritt weiter, vorbei an der Priorei von St. Mary Overy und zur Auffahrt der London Bridge. Am Straßenrand waren die Büttel damit beschäftigt, Strafen zu verhängen. Zwei Färber, die aus Hundekot eine braune Farbe gemacht hatten, die schon vom ersten Regenschauer ausgewaschen wurde, standen mit blankem Hintern, die Schamteile nur mit einem Tuchfetzen bedeckt, nebeneinander; sie waren an Hand und Fuß aneinandergefesselt und würden so stehenbleiben, bis die Sonne unterging. Stock und Pranger waren ebenfalls mit den üblichen Spitzbuben besetzt – Taschendieben und anderen kleinen Gaunern, die Festnahme und einen Tag Haft als Berufsrisiko betrachteten. Aber auch der Todeskarren war gekommen und stand jetzt unter dem hohen Balkengerüst des Schafotts. Ein Verbrecher, der die Schlinge bereits um den Hals trug, erklärte der völlig gleichgültigen Menge, er sei unschuldig. Das unter zottigem Haar und Bart fast verborgene Gesicht des Verurteilten war sonnenverbrannt. Als er Athelstan erblickte, sprang er auf dem Karren auf und ab.

»Da ist ein Priester!« schrie er. »Da ist ein Priester! Ich will beichten! Ich will nicht zur Hölle fahren!«

Athelstan stöhnte, als Amtsdiener Bladdersniff auf ihn zukam. Seine Essigmiene sah noch saurer aus als sonst.

»Wir konnten keinen Priester finden, der ihm die Beichte abnehmen könnte«, sagte Bladdersniff. »Er hat bei einer Schenkenprügelei eine Hure umgebracht, aber er wurde gleich gefaßt und hat die Nacht im Kerker verbracht, betrunken wie ein Schwein.« Bladdersniff hielt sich an Philomels Zügel fest und schwankte bedrohlich.

Du bist selbst auch nicht allzu nüchtern, dachte Athelstan. Er stieg ab, warf Bladdersniff den Zügel zu und kletterte auf den Henkerskarren. Der verurteilte Verbrecher war entzückt – ob über die verschobene Hinrichtung oder den erwarteten geistlichen Trost, konnte Athelstan nicht entscheiden. Simon, der schwarz maskierte Henker, der auch als Küchenknecht in Merrylegs Pastetenladen arbeitete, grinste Athelstan unter der Maske hervor zu, sprang vom Wagen und begab sich außer Hörweite.

»Setz dich«, sagte Athelstan. »Wie heißt du?«

»Robard.«

»Und woher kommst du?«

»Ich bin in Norwich geboren.«

»Wie hast du gelebt? Was war dein Beruf?«

»Oh, ich war Seemann, Pater.« Er zog sein zerlumptes Wams zurück und entblößte einen zernarbten Arm. »Das heißt, bis jemand kochendes Öl über mich gekippt hat.«

»Kanntest du Kapitän Roffel?« fragte Athelstan.

»Kapitän Roffel?« wiederholte Robard, und sein bärtiges Gesicht erstrahlte in einem zahnlosen Grinsen. »Ja, den kannte ich, Pater. Der größte Pirat diesseits von Dover. Ein Mörder, Pater.« Robard rülpste, und schaler Bierdunst wehte Athelstan ins Gesicht. »Ein Sodomit war er außerdem.« Robard sah ihn entschuldigend an. »Ich meine es im ursprünglichen Sinne, Pater. Er liebte Knaben und hübsche junge Männer. Hat ihnen dauernd an den Hintern gefaßt, jawohl. Mir allerdings nie, was ich bedaure. Wenn er einen leiden konnte, kriegte man nämlich immer gute Rationen.«

»Du wolltest beichten«, erinnerte Athelstan ihn.

»Ach ja.« Der Gauner machte ein flüchtiges Kreuzzeichen. »Segne mich, Vater, denn ich habe gesündigt. Meine letzte Beichte war vor dreißig Jahren. In Demut und Reue bekenne ich alles.«

»Was meinst du damit?« fragte Athelstan.

»Ich bekenne alles«, wiederholte Robard. »Was immer Euch einfällt, Pater, ich hab's getan. Ich habe Frauen und Knaben gevögelt, und einmal sogar ein

Schaf. Ich habe anderen Männern ihr Hab und Gut gestohlen, sogar ihre Weiber. Es vergeht keine Stunde, da ich nicht fluche. Ich war nie in der Kirche.« Die Augen des Mannes füllten sich plötzlich mit Tränen. »Wißt Ihr, Pater, ich habe einen Scheißdreck gemacht mit diesem Leben. Nicht eine gute Tat habe ich getan.« Er blinzelte ein paarmal und sah den Ordensbruder an. »Ich habe niemals Liebe gezeigt, aber ich habe ja auch nur einen Scheißdreck bekommen. Meinen Vater kenne ich nicht, und meine Mutter hat mich auf die Kirchentreppe gelegt, als ich zwei Sommer alt war.« Robard fuhr sich mit der Zunge über die Lippen. »Und jetzt werde ich sterben, Pater. Auf Erden war ich in der Hölle – warum also muß ich den Rest der Ewigkeit auch da verbringen?« Die Tränen rannen ihm jetzt ungehemmt übers Gesicht. »Ich wünschte, ich könnte noch einmal zurück«, flüsterte er. »Ich wünschte, es ginge. Es gab einmal ein Mädchen, Pater. Sie hieß Anna, und sie war weich und warm. Ich glaube, sie hat mich geliebt.« Er wischte sich die Tränen aus dem Gesicht. »Es tut mir leid, Pater.« Wieder leckte er sich über die trockenen Lippen. »Nie wieder werde ich das Meer oder den Himmel sehen. Nie wieder die zarte Haut eines Weibes fühlen oder roten Wein trinken. Ich habe guten Wein getrunken, Pater. Gott, ich könnte jetzt welchen gebrauchen.«

Athelstan sah sich nach Simon um. »Simon, bring diesem Mann etwas zu trinken – einen ordentlichen Rotwein.« Er wühlte eine Münze aus der Börse und warf sie dem Henker zu; der fing sie geschickt auf. Athelstan deutete mit dem Finger auf ihn. »Und für dich auch einen.«

Simon verschwand in der nächsten Taverne und kam

mit einem zweihenkligen Flaschenkorb zurück, in dem ein randvoller Krug mit einem starken Bordeaux stand. Er gab ihn Athelstan, und der reichte ihn Robard – vorsichtig, denn dem waren die Hände gefesselt.

Robard schob ihn sanft zurück. »Nein, Pater, nehmt Ihr einen Schluck. Und wünscht mir alles Gute.«

Athelstan tat, wie geheißen. »Ich wünsche dir alles Gute, Robard.«

Robard nahm den Wein.

»Hast du den Tod verdient?« fragte Athelstan.

»Gewiß. Ich habe die Hure totgeschlagen. Sie hat über meinen Arm gelacht. Komme ich in die Hölle, Pater?«

»Willst du hin?« fragte Athelstan.

»Oh nein.«

Athelstan murmelte die Worte der Absolution und machte langsam ein Kreuzzeichen. »Du bist von deinen Sünden freigesprochen, Robard. In der Hölle sind nur die, die dort sein wollen.« Athelstan stand auf. »Du hast vielleicht ein schlechtes Leben geführt, aber du wirst einen guten Tod haben. Christus hat am Kreuz gezeigt, daß er auf der Seite der bußfertigen Sünder steht. Jetzt trink deinen Wein. Und trinke ihn schnell. Möge Gott dir helfen.«

Athelstan kletterte vom Karren. Als er beim Henker vorbeikam, nahm er ihn beim Arm.

»Um der Liebe Christi willen«, flüsterte er, »laß ihn seinen Wein trinken, und dann mach es kurz.«

Simon nickte. Athelstan ging zu Philomel und stieg in den Sattel.

»Pater!«

Athelstan sah sich nach dem Schafott um. Er stieß dem Pferd die Fersen in die Weichen und lenkte es zum Karren. Robard leerte seinen Humpen.

»Ich habe gesagt, daß mir keiner Liebe gezeigt hat. Scheißdreck war das Wort, das ich benutzt habe.« Der Verurteilte lächelte. »Aber ich habe mich geirrt. Wie nennt man Euch, Pater?«

»Athelstan.«

»Gott sei mit Euch, Bruder Athelstan.«

Athelstan ruckte an Philomels Zügel und trieb ihn voran. Hinter sich hörte er Simons Peitsche und das Knarren der Räder, als die Pferde Robard den Karren unter den Füßen wegzogen. Ihm war, als höre er bei Simons kräftigem Zug an den Beinen des Gehenkten auch Robards Genick knacken.

»Gütiger Jesus«, flüsterte er leise, »hab Erbarmen mit ihm und uns allen!« Er schaute zu der wimmelnden Brückenzufahrt hinüber. »Aber besonders mit ihm. Besonders mit ihm!«

Sechs

Athelstan klopfte an Cranstons Haustür. Sofort erhob sich lautes Getöse – die Kerlchen krähten, und Cranstons zwei großen Wolfshunde, Gog und Magog, bellten wütend. Die Tür wurde von Cranstons zierlicher, hübscher Frau, Lady Maude, geöffnet. Ihre Wangen und die Ärmel ihres Kleides waren mit Mehl bestäubt. Auf den Armen trug sie ihre geliebten Söhne, Francis und Stephen, deren Köpfchen inzwischen mit daunenweichem Flaum bedeckt waren. Ihre runden, pausbackigen Gesichter waren rosig und fröhlich. Hinter ihr hielt Boscombe, der Hausdiener, die beiden großen Hunde fest, damit sie sich nicht auf Athelstan stürzten und ihn zu Tode leckten.

»Bruder Athelstan«, rief Lady Maude und lächelte erfreut.

Die beiden Kerlchen reckten sich ihm entgegen, klatschten in die fetten Händchen und gurgelten entzückt.

»Kommt herein, Bruder.« Lady Maude trat einen Schritt zurück.

Athelstan schüttelte den Kopf. »Ist Sir John nicht zu Hause?«

»Könnte sein, daß er im ›Heiligen Lamm Gottes‹ ist«, antwortete Lady Maude etwas bissig.

»Dadda.« Eines der beiden Kerlchen streckte den Arm aus und deutete mit einem stumpfen, schmutzigen Finger auf Athelstan. »Dadda.«

Athelstan umfaßte den Finger und drückte ihn sanft. Das strahlende Baby rülpste.

»Ganz wie sein Vater«, erklärte Lady Maude.

»Dadda.«

Athelstan hielt den kleinen Finger fest und streichelte dem anderen Baby den Kopf. »Gott segne euch beide, euch alle.« Er grinste. »Aber ich bin nicht euer Dadda.«

»Dadda«, wiederholte das Baby.

Athelstan deutete ein wenig verlegen auf Lady Maude. »Und wer ist das?«

Das Kind starrte seine Mutter und dann wieder Athelstan an.

»Nicht Dadda.«

Athelstan lachte. Er wolle Sir John suchen gehen, sagte er, ließ das Durcheinander des Cranston'schen Haushalts hinter sich und drängte sich durch die Menge. Beim »Heiligen Lamm Gottes« angekommen, stellte er Philomel im Stall der Taverne unter und betrat den Schankraum. Lady Maude hatte recht gehabt. Cranston saß auf seinem Lieblingsplatz, einen Krug Ale vor sich, und starrte wehmütig in den Garten hinaus.

»Guten Morgen, Sir John.«

Voller Selbstmitleid sah der Coroner seinen Secretarius an, der sich ihm gegenüber auf die Bank setzte.

»Seid Ihr schlechter Stimmung, Sir John?«

»Mörderisch, verdammt!«

»Ihr meint die Sache in Queen's Hithe?«

»Nein. Es hat Einbrüche in den Straßen um die Cheapside gegeben. Immer nach dem gleichen Muster. Ein Haus wird in Abwesenheit der Bewohner ausgeraubt, aber der Täter hinterläßt keine Spur des gewaltsamen Eindringens oder Verschwindens. Letzte Nacht auch wieder, in der Catte Street. Ich war eben im Rathaus. Die Ratsherren haben mir und dem Untersheriff Shawditch ordentlich die Hölle heiß gemacht!« Cranston leerte seinen Krug. »Aber was führt dich zu mir, Bruder?«

»Emma Roffel war bei mir. Sie war entsetzt über das, was man der Leiche ihres Mannes angetan hat, und über das Gerücht, daß er ermordet worden sei. Sie ist jetzt bei seiner Beerdigung.«

»Zuerst befassen wir uns mit meinen Problemen«, knurrte Cranston.

Er raffte seinen Mantel an sich und stapfte hinaus auf die Cheapside. Er war so verdrossen, daß er das übliche Geplänkel und gutmütige Gefrotzel, das ihm entgegenschallte, gänzlich überhörte.

»Sir John, ist es denn so ernst?« fragte Athelstan und hastete neben ihm her.

»Eines darfst du niemals vergessen, Bruder. Der Rat der Stadt bezahlt mir mein Gehalt. Ich bin zu allen freundlich, aber keinem verbunden. Manchmal glaube ich, sie wären mich gern los.«

»Unsinn«, protestierte Athelstan.

»Wir werden sehen, wir werden sehen«, sagte der Coroner bedrückt. »Und wie geht's deiner verfluchten Pfarre?«

»Meiner verfluchten Pfarre geht es ausgezeichnet. Die Leute bereiten sich auf das Stück vor.« Athelstan hielt Cranston beim Ärmel fest. »Sir John, wartet einen Augenblick.«

Unter dem dicken Biberhut sah das pausbackige und sonst so fröhliche Gesicht des Coroners derart jämmerlich aus, daß Athelstan sich auf die Lippen beißen mußte, um sein Lächeln zu verbergen.

»Sir John, wollt Ihr bei unserem Mysterienspiel mitmachen?«

Er sah einen Funken der Erheiterung im Auge des Coroners.

»Als was denn?«

»Als Satan.«

Cranston starrte ihn an. Dann warf er den Kopf in den Nacken und brüllte vor Lachen. Er schlug dem Ordensbruder so kraftvoll auf die Schulter, daß Athelstan schmerzlich das Gesicht verzog.

»Verdammt, natürlich will ich das! Ich bezahle sogar mein Kostüm selbst. Und jetzt komm weiter.«

Er führte Athelstan durch eine Gasse und blieb vor dem Haupttor eines beeindruckenden, vierstöckigen Hauses stehen.

»Wer wohnt denn hier?« fragte Athelstan.

»Ein großer, fetter Kaufmann«, sagte Sir John. »Er hat ein Vermögen im Weingeschäft gemacht und ist gerade verreist, um Freunde und Verwandte zu besuchen.«

Cranston hämmerte an die Tür. Ein bleicher Diener öffnete. Sir John teilte ihm brüllend mit, wer er sei, und marschierte schnurstracks hinein. Shawditch stand bereits in der großen, weißgekälkten Küche und verhörte das Hausgesinde, das mit bangen Mienen um den großen Tisch saß. Cranston stellte Athelstan vor, und dieser schüttelte dem Untersheriff die Hand.

»Was ist geschehen?« blaffte der Coroner.

»Das gleiche wie immer, Sir John, mit einem Unterschied. Letzte Nacht drang irgendein Verbrecher in das Haus ein. Gott allein weiß, wie – die Türen waren verriegelt, die Fenster verschlossen. Er stahl kostbare Gemälde aus den oberen Stockwerken. Unglückseligerweise war eine Wäschemagd, Katherine Abchurch, dort oben in einem der Zimmer eingeschlafen. Sie erwachte, als es schon dunkel war, öffnete die Tür und überraschte den Eindringling, der sie kurzerhand erstach.«

»Und dann?«

»Er verschwand ohne einen Hinweis darauf, wie er hinaus oder hinein gelangte.«

Cranston deutete mit dem Kopf auf die Dienerschaft. »Die da habt Ihr schon alle vernommen?«

»Sie können allesamt angeben, wo sie gewesen sind. Ja, der Verwalter hier hat bemerkt, daß Katherine nicht da war, und sich auf die Suche nach ihr gemacht.«

Athelstan winkte den Untersheriff zu sich. »Ist denn einer unter ihnen, der etwas mit den vorigen Einbrüchen zu tun haben könnte?«

Shawditch schüttelte den Kopf. »Nein. Keiner.«

»Und Ihr seid sicher, daß alle Ein- und Ausgänge verschlossen waren?«

»So sicher, wie man es nur sein kann.«

»Na, schauen wir selbst«, sagte Cranston. »Kommt, Shawditch.«

Der Untersheriff führte sie durch einen Korridor und eine breite Treppe hinauf, wo das Eichenholz schimmerte wie poliertes Gold. Die Wände waren getäfelt, der Putz darüber in sanftem Rosarot gestrichen. Wappenschilde hingen an den Wänden und an einer auch der Kopf eines wild aussehenden Ebers an einer Holztafel. Vor einer Kammer im zweiten Stock lag Katherine Abchurch noch da, wo sie hingefallen war. Man hatte eine Decke über sie gebreitet. Athelstan schaute sich im Korridor um. Er sah Zimmertüren, die Treppe am anderen Ende und einen Tisch mit staubigen Ringen auf der Platte.

»Wurde hier etwas gestohlen?«

»Ja«, sagte Shawditch und schrak zusammen, als es unten laut an die Tür klopfte.

»Das wird der Büttel Trumpington sein«, sagte er. »Ich werde ihm sagen, er soll unten warten.«

Er lief die Treppe hinunter. Cranston und Athelstan schlugen die Decke zurück und betrachteten Katherines sterbliche Überreste.

»Gott schütze uns«, flüsterte Athelstan. »Sie ist ja noch ein Kind!«

Er sah die blutigen Einstiche im Kleid des Mädchens, und sein Herz krampfte sich vor Mitleid über das Entsetzen in ihrer gefrorenen Miene zusammen. »Gott schenke ihr die ewige Ruhe«, sagte er leise, »und bestrafe den ruchlosen Dreckskerl, der es getan hat!«

Behutsam deckte er das Gesicht des Mädchens wieder zu. »Vor lauter Problemen ist mir schon ganz wirr im Kopf, aber ich will alles tun, was ich kann, um diesen Mörder der gerechten Strafe zuzuführen.«

Shawditch trat zu ihnen.

»Laßt uns das Haus durchsuchen«, drängte Athelstan. »Jedes Stockwerk, jedes Zimmer.«

»Ich habe darum gebeten, uns alle Zimmer aufzuschließen«, sagte Shawditch.

»Dann laßt uns anfangen.«

Athelstans sonst so sanftmütiges Gesicht trug einen Ausdruck eiskalter Entschlossenheit, als er jetzt von Zimmer zu Zimmer ging. Cranston fühlte sich an den Jagdhund erinnert, den er als Junge gehabt hatte. Aber während sie bis zum obersten Stockwerk vordrangen, ohne einen Hinweis zu finden, nahm Athelstans Ärger immer mehr zu.

»Nichts«, zischte er mit zusammengebissenen Zähnen. »Überhaupt nichts.«

Sie begaben sich auf den Dachboden. Hier war es dunkel und kalt; nur die Dachsparren und die Pfannen über ihnen trennten sie von der Kälte. Athelstan stocherte mit den Füßen in den Binsen am Boden.

»Kein Fenster, keine Öffnung.« Er hockte sich nieder und tastete in den Binsen umher. Sie fühlten sich kalt und feucht an. Er ging in eine Ecke und untersuchte auch dort die Binsen. Kopfschüttelnd kam er zurück. »Laßt uns wieder hinuntergehen.«

Sie kehrten in die Küche zurück, wo Trumpington, der Büttel, vor dem großen, tosenden Feuer hofhielt.

»Sir John, Master Shawditch, habt Ihr etwas gefunden?« Seine Augen wurden schmal, als er Athelstan erblickte. »Wer ist das?«

»Bruder Athelstan, mein Secretarius«, sagte Cranston.

Athelstan starrte den Büttel an. »Es ist ein Geheimnis«, sagte er geistesabwesend. »Aber Ihr, guter Herr, könntet mir einen Gefallen tun.«

»Was Ihr wollt, Pater.«

»Zuvor eine Frage.«

»Natürlich.«

»Ihr durchstreift hier die Straßen. Habt Ihr nichts bemerkt?«

»Pater, hätte ich etwas bemerkt, so hätte ich es gemeldet.«

Athelstan lächelte.

»Und welches wäre der Gefallen, Pater?«

»Ihr sollt einen Dachdecker holen, einen guten Mann.«

»Das habe ich bereits getan«, sagte Trumpington.

»Um dieses Haus zu untersuchen?«

»Nein, aber er hat alle anderen Häuser untersucht und nichts Auffälliges gefunden.«

»Nun, dann soll er es noch einmal tun. Er soll feststellen, ob Dachpfannen entfernt worden sind. Und wenn er eine Öffnung findet, die uns entgangen ist, meldet Ihr Eure Erkenntnisse dem Coroner.«

»Ist das auch Euer Wunsch, Sir John?« fragte Trumpington vielsagend und mit einem geringschätzigen Seitenblick auf den Ordensbruder.

Sir John bemerkte den verachtungsvollen Unterton wohl. »Jawohl, das ist es. Und spute dich!«

Sie verabschiedeten sich und verließen das Haus.

»Nun, Bruder, hast du etwas entdeckt?« fragte Cranston. Athelstan sah die Erwartung in seinem und auch in Shawditchs Blick.

»Nein, Sir John.«

Cranston fluchte.

»Aber da wäre doch noch etwas«, fügte Athelstan hinzu. »Master Shawditch, eine kleine Gefälligkeit?«

Der Untersheriff sah Cranston an, und dieser zuckte die Achseln.

»Sie hat nichts mit dieser Angelegenheit zu tun«, fuhr Athelstan fort. »Könntet Ihr die Bootsleute entlang der Themse fragen, ob sie vor zwei Nächten jemanden zum Schiff *God's Bright Light* hinausgefahren haben?«

»Ich werde tun, was ich kann, Pater«, sagte Shawditch und eilte davon.

»Was hat das zu bedeuten?« brummte Cranston.

»Das will ich Euch sagen.«

Athelstan wies auf eine kleine Gassenschenke. Sir John ließ sich nicht zweimal bitten, dieser Aufforderung nachzukommen, trat ein und brüllte sofort nach einem Becher Roten und einem Stück vom frischgebratenen Kapaun. Athelstan nippte an seinem Bier und sah zu, wie das Essen die gute Laune des Coroners wiederherstellte.

»Erstens«, flüsterte Athelstan dann und beugte sich

über den Tisch. »Aveline Ospring hat ihren Vater ermordet. Sie hat es mir unter dem Siegel des Beichtgeheimnisses anvertraut, aber sie hat uns auch um Hilfe gebeten.«

Cranston starrte ihn mit weit offenem Mund an, während Athelstan ihm berichtete, was er im Laufe des Tages erfahren hatte. Schließlich warf der Coroner die Kapaunskeule hin.

»Sie wird hängen«, sagte er leise. »Entweder sie oder er, oder sie hängen beide. Sie kann ja nicht beweisen, was sie da sagt. Was weiter, Bruder?«

»Jemand war an Bord des Schiffes«, erklärte Athelstan, »und hat die drei Männer auf irgendeine Weise umgebracht. Wie und warum das geschah, weiß ich nicht. Aber Ihr habt gehört, was Crawley gesagt hat? Niemand auf dem Nachbarschiff, der *Holy Trinity*, hat irgend etwas gesehen oder gehört, auch nicht Bernicias Rufen.« Athelstan schüttelte erbost den Kopf. »Da lügt jemand, Sir John, und wir müssen herausfinden, wer es ist. Woher wissen wir, daß alle Matrosen das Schiff verlassen hatten? Jemand könnte sich an Bord versteckt haben.«

»Oh, ich verstehe«, sagte Cranston sarkastisch. »Und der hat dann lautlos, und ohne eine Spur zu hinterlassen, die drei Seeleute ermordet, die Signale weitergegeben und sich danach in Luft aufgelöst, genau wie der Schurke, der die Kaufmannshäuser ausraubt.«

Athelstan lächelte. »Niemand kann sich in Luft auflösen, Sir John, und das gilt auch für den mysteriösen Einbrecher in das Haus, das wir eben besucht haben. Ich habe einen Verdacht. Nein, nein.« Er hob die Hand, als Sir Johns Augen erwartungsvoll aufleuchteten. »Noch nicht. Erstmal wollen wir uns mit Roffels

Witwe beschäftigen. Aber bevor wir das tun: Kennt Ihr die Schenke ›Zu den gekreuzten Schlüsseln‹ in der Nähe von Queen's Hithe?«

»Ja. Der Wirt ist ein Verwandter von Admiral Crawley. Ein alter Seefahrer. Warum? Was gibt's da, Bruder?«

Athelstan stützte die Ellbogen auf den Tisch und ließ den Kopf auf die Hände sinken. »Roffel pflegte dort Usquebaugh zu kaufen, ein schottisches Getränk; er bewahrte es in einer Flasche auf, die er stets bei sich trug. Ist Euch übrigens aufgefallen, Sir John, daß Crawleys Name immer wieder auftaucht? Er konnte Roffel nicht ausstehen. Nur aufgrund seiner Aussage wissen wir, daß jemand sich der *God's Bright Light* genähert hat. Er muß den Wortwechsel zwischen Bracklebury und Bernicia gehört haben. Und jetzt gehört auch noch einem seiner Verwandten die Schenke, wo Roffel den Usquebaugh kaufte, welcher, wie ich vermute, das Arsen enthielt, an dem er gestorben ist.«

Cranston trank seinen Becher leer und wischte sich mit dem Handrücken über den Mund.

»Schauen wir uns diese Schenke an.« Er legte den Zeigefinger an die fleischige Nase. »Und dann besuchen wir noch jemand anderen – einen Mann, der weiß, was am Fluß vor sich geht, weil er aus ihm seinen Lebensunterhalt bezieht.«

Cranston legte ein paar Münzen auf den Tisch, und sie verließen die Gassenschenke. Es fing an zu regnen. Die Straßen waren leer, und so hielten sie sich im Schatten der Häuser, um den dreckigen Pfützen auszuweichen und Schutz vor dem Regen zu finden.

»Wir hätten die Pferde mitnehmen sollen«, murrte Athelstan.

»Halt's Maul und bete«, gab Cranston launig zurück.

Die Taverne »Zu den gekreuzten Schlüsseln«, eine lärmerfüllte Seemannsschenke, duckte sich hinter die Lagerhäuser. Gäste aus aller Herren Länder drängten sich in der Schankstube: Portugiesen in bunten Gewändern, mit bärtigen, dunklen Gesichtern und silbernen Ohrringen, stolze und streitbare Gascogner und Hanseaten mit ernsten Mienen, schwitzend unter Pelzmützen und Mänteln. Salziger Fischgeruch mischte sich mit seltsamen Kochdünsten. Cranston leckte sich die Lippen, als ein Schankbursche eine Schüssel mit gewürfeltem Rindfleisch unter einer dicken Zwiebeltunke an ihm vorbeitrug. Athelstan steuerte den Coroner umsichtig durch die lärmende Menge auf den Wirt zu, der rund und gedrungen wie ein Faß vor einem großen Fischernetz an der Wand stand. Der Mann beobachtete unablässig den Schankraum und brüllte seinen verschwitzten Knechten Befehle zu. An seinem wiegenden Gang und an den Augenfalten, die durch jahrelanges Spähen in Sonne und beißendem Wind entstanden waren, erkannte Athelstan, daß er sein Leben auf See zugebracht hatte. Mit seinen apfelroten Wangen und dem kahlen Schädel sah er recht munter aus, und seinem Mund entströmte eine Kette farbenfroher Flüche, die sogar Cranston zum Lachen brachten.

»Ihr seid der Eigentümer?« fragte Cranston, als er vor ihm stand.

»Nein, ich bin eine gottverdammte Seejungfrau!« zischte der Kerl aus dem Mundwinkel, während er sich zur Küche wandte, um einen Befehl hineinzubrüllen.

»John Cranston ist mein Name, und das ist mein Sekretär, Bruder Athelstan.«

Der Coroner streckte seine fette Pranke aus. Der Wirt ergriff sie und lächelte.

»Von Euch habe ich schon gehört. Ich bin Richard Crawley, einst Herr über ein Schiff, jetzt Beherrscher dessen, was Ihr hier seht. Ich kann mir denken, warum Ihr hier seid: Roffels Tod, Gott verdamme ihn!«

»Ihr mochtet ihn nicht?«

»Genau wie mein Vetter Sir Jacob habe ich Roffel bis aufs Mark gehaßt. Er war ein übler Halunke, und ich hoffe, er kriegt, was er so reichlich verdient: Er soll in der Hölle verrotten ...« Plötzlich brach er ab und schrie einen Küchenjungen an: »Bei den Titten einer Seejungfrau! Halte den Teller gerade! Du krängst ja wie ein kenterndes Schiff!«

»Warum habt Ihr ihn gehaßt?«

»Warum nicht? Aus demselben Grund wie Sir Jacob. Ich hatte einen Halbbruder«, fuhr der Wirt fort und senkte die Stimme. »Er war ein guter Seemann; er fuhr im Tuchhandel zwischen den Cinque Ports und Dordrecht. Sein Schiff ging mit Mann und Maus unter. Roffel kreuzte zu jener Zeit in der Gegend. Er gab den Franzosen die Schuld. Ich gab sie ihm.«

»Aber Ihr habt Geschäfte mit ihm gemacht?«

»Freilich, verdammt – und ihn teuer dafür bezahlen lassen. Er war Schotte und liebte seinen Usquebaugh. Ich kaufte ihn im Faß aus Leith in Schottland und verkaufte ihn zum dreifachen Preis an diesen miesen Dreckskerl. Vor dem Auslaufen seines Schiffes füllte er immer seine Flasche damit und wußte stets bis auf den Tropfen genau, wieviel er noch hatte.«

»Habt Ihr noch etwas davon?«

»Oh ja«, sagte Richard. »Eines Tages werde ich es selbst austrinken. Schluck für Schluck trinke ich auf seine schwarze Seele.«

»Können wir das Faß sehen?« fragte Athelstan.

Der Wirt zuckte die Achseln, ging nach hinten in

die Speisekammer und kam mit einem Fäßchen zurück, das einen Durchmesser von etwa einen Fuß hatte. Am unteren Rand saß ein kleiner Zapfhahn. Er nahm einen verbeulten Zinnbecher vom Bord, ließ ein wenig von dem Getränk hineinlaufen und reichte Cranston den Becher.

»Kostet!«

Sir John tat, wie geheißen, und leerte den Becher in einem Zug. Der Wirt grinste boshaft.

»Heiliges Kanonenrohr!« rief Cranston. Er lief violett an und hustete. »Bei den Eiern des Satans! Was zum Teufel ist denn das?«

»Usquebaugh, Sir John. Schmeckt er Euch?«

Sir John schmatzte. »Scharf!« sagte er. »Anfangs stark, aber den Bauch wärmt er jedenfalls. Wie viele Fässer habt Ihr davon?«

»Nur dieses eine.«

»Und bevor er seine letzte Reise antrat, füllte Roffel seine Flasche eigenhändig?«

»Oh ja, natürlich. Und dann trank er gleich etwas davon, einen kleinen Becher.«

Athelstan, der mit halbem Auge zusah, wie ein portugiesischer Seemann seinen zahmen Affen fütterte, schaute den Wirt plötzlich überrascht an.

»Er hat hier etwas davon getrunken?«

»Ja.« Der Wirt drehte sich um und spähte wütend in die lärmende Küche. »Sir John, wenn Ihr weiter keine Fragen habt – ich habe ein Geschäft zu führen.«

Cranston bedankte sich knurrend, und sie verließen die Taverne. Gottlob hatte es aufgehört zu regnen. Der Coroner packte Athelstan bei der Schulter.

»Der Usquebaugh kann es nicht gewesen sein, nicht wahr, Bruder? Oder die Flasche?«

Athelstan schüttelte den Kopf. »Nein, nicht, wenn

Roffel hier daraus getrunken hat, ohne eine üble Wirkung zu verspüren.« Er stapfte neben dem Coroner die regennasse Straße hinauf.

»Ist das nicht die falsche Richtung, Sir John? Wir wollten doch zu Roffels Haus.«

»Nein, da ist noch jemand anderes.« Cranston blieb stehen und nahm einen kräftigen Schluck aus seinem Weinschlauch. »Wie ich schon sagte, Bruder: jemand, der alles beobachtet, was am Fluß so vor sich geht.«

An der Ecke der Gasse blieb der Coroner plötzlich wieder stehen und drehte sich unvermittelt um. Die beiden Gestalten am anderen Ende der Gasse versuchten gar nicht, sich zu verstecken. Athelstan folgte dem Blick des Coroners.

»Wer ist das, Sir John?« Angestrengt spähte er die Gasse entlang. In ihren braunen Gewändern sahen die Gestalten wie Benediktinermönche aus. »Folgen die uns?«

»Sie waren fast die ganze Zeit dicht hinter uns«, sagte Cranston leise. »Lassen wir sie noch eine Weile in Ruhe.«

Sie gingen weiter, über die Thames Street und hinunter in Richtung Vintry, und dann nach rechts, vorbei an Lagerhäusern und über Queen's Hithe auf Dowgate zu. Dichter, schwerer Nebel brodelte über dem Fluß und verbarg die Schiffe, die dort vor Anker lagen.

»Wohin gehen wir denn?« wollte Athelstan wissen.

»Geduld, lieber Bruder. Geduld!«

Nun waren sie auf dem Kai. Cranston spähte in die dunklen Ecken und rief plötzlich: »Komm heraus!«

Eine zerlumpte, verhüllte Gestalt trat schlurfend hervor. Als der Mann näherkam, sah Athelstan die Stoffetzen, die um sein Gesicht und seine Hände gewickelt waren, und bemühte sich, seinen Ekel zu unterdrücken. Der Mann bewegte sich schwerfällig und läutete dabei eine kleine Glocke.

»Unrein!« krächzte die gespenstische Gestalt. »Unrein!«

»Ach, scheiß darauf«, gab Cranston zurück. »Ich glaube nicht, daß ich mir bei dir die Lepra hole.«

Der Mann blieb ein paar Schritte vor ihnen stehen. Athelstan fand, daß er wie eine Erscheinung aus der Hölle aussah, Gesicht und Hände mit Lumpen umwickelt, die dunkle Kapuze tief ins Gesicht gezogen. Nebelschleier wehten vom Fluß herauf.

»Das sind die Phantome«, flüsterte Cranston. »Krüppel, Bettler, Aussätzige. Sie arbeiten für den Menschenfischer, ziehen Leichen aus der Themse, Mordopfer, Selbstmörder, Verunglückte, Betrunkene. Lebt mal einer noch, so bekommen sie zwei Pence, für Ermordete gibt es drei. Selbstmörder und Verunglückte bringen nur einen Penny.«

»Ihr wollt zum Menschenfischer?« krächzte der Aussätzige.

»So ist es, mein hübscher Junge!« rief Cranston. Er nahm einen Penny aus der Tasche und schnippte ihn dem Mann zu; trotz seiner Behinderung fing der Mann ihn geschickt mit einer Hand.

»Sag dem Menschenfischer, der alte John Cranston möchte ein Wörtchen mit ihm reden.« Er deutete die Gasse hinunter. »Ich erwarte ihn in der Bierschenke dort unten.«

»Und um was geht es?«

»Um *God's Bright Light*. Er wird Bescheid wissen«, fügte Cranston, zu Athelstan gewandt, hinzu. »Nichts geschieht hier am Flußufer, ohne daß der Menschenfischer davon weiß.«

Der Aussätzige verschwand. Cranston führte Athelstan durch die Gasse zu einem kleinen, muffigen Wirtshaus, das nur ein einziges Fenster hatte, hoch oben in der Wand. Drinnen war es dunkel und feucht; rauchende Talgkerzen und stinkende Öllampen spendeten trübes Licht, aber das Bier war schwer und schäumend, die Humpen waren sauber, die Tische und Stühle ordentlich abgewischt.

»Du kennst doch den Menschenfischer?« fragte Cranston.

»Ja, Ihr habt uns vor ein paar Monaten miteinander bekanntgemacht«, sagte Athelstan.

Cranston steckte die Nase in seinen Humpen, ohne die Tür aus dem Auge zu lassen.

»Da kommt er.«

Die Tür füllte sich mit geduckten Gestalten, verhüllt und vermummt wie der Mann, den sie auf dem Kai getroffen hatten. Der Schankwirt winkte sie beunruhigt zurück, aber sie blieben geduckt auf der Schwelle stehen und starrten in die Schenke wie ein Schwarm Gespenster, die ins Land der Lebenden hinüberspähen. Ihr Anführer, der Menschenfischer, trat aus ihrer Mitte hervor, kam lautlos auf den Coroner und Athelstan zu und setzte sich, ohne eine Einladung abzuwarten, zu ihnen auf einen Schemel. Er schlug die Kapuze zurück, unter der ein Gesicht so starr wie eine Totenmaske zum Vorschein kam – alabasterweiß, mit dicken Lippen, stumpfer Nase und stechenden schwarzen Augen. Rotes, fettiges Haar fiel ihm bis auf die Schultern. Mit einem seiner langgliedrigen Finger deutete er auf Cranston.

»Ihr seid Sir John Cranston, Coroner der Stadt London.« Der Finger bewegte sich. »Und Ihr seid Athelstan, sein Sekretär oder Schreiber, Gemeindepfarrer von St. Erconwald in Southwark. Sir John, Lady Maude war heute einkaufen. Bruder Athelstan, Euer Flüchtling ist wohlauf; er hilft Euren Pfarrkindern, die Bühne für das Mysterienspiel herzurichten.«

Athelstan lächelte, als er hörte, wie der Menschenfischer sich mit seinem Wissen brüstete.

»Aber wir sind nicht hier, um Klatschgeschichten auszutauschen«, fuhr der Menschenfischer fort. Wieder hob er den Zeigefinger. »Vor drei Tagen ging das Schiff mit dem unangemessenen Namen *God's Bright Light* vor Queen's Hithe vor Anker. Der Leichnam des Kapitäns wurde an Land gebracht. Seine Seele ist vor Gottes Richterstuhl gefahren ...« Er sprach nicht weiter.

»Was weißt du sonst noch?« fragte Cranston.

Der Mann spreizte die Hände und deutete mit dem Kopf auf die Gestalten an der Tür.

»Sir John, zeigt Euch barmherzig; ich habe Brüder zu ernähren.«

Cranston schob ein Silberstück über den Tisch. Der Menschenfischer nahm es auf.

»Ihr erweist mir eine große Ehre, Sir John. Das Schiff ging vor Anker, und am Abend gingen die Matrosen zu ihren Dirnen an Land. Ich weiß es, denn ich hatte eine von ihnen. Frisch und sauber war sie. Schwarze Locken, fröhliche Augen, tatkräftig und lebhaft wie ein junges Hündchen in meinem Bett.«

Athelstan hatte Mühe, kühle Miene zu bewahren, als er sich vorstellte, wie diese seltsame Gestalt sich mit einer jungen Hure im Bett vergnügte.

»Gut, gut«, unterbrach Sir John hastig. »Und?«

»Drei Mann blieben an Bord, einer am Bug, einer am Heck, der Maat in der Mitte. Das heißt, er blieb in der Kajüte.«

»Und?« drängte Cranston.

»Oh, gegen Mitternacht kam eine Hure, eine männliche Hure« – der Menschenfischer zog eine Grimasse –, »zum Kai herunter. Aber sie – oder er, je nachdem, wie man es sieht – wurde mit einer Salve von Flüchen, die vom Schiff herüberschallten, verjagt.« Der Menschenfischer zwirbelte eine Strähne seines fettigen Haars. »Der Matrose an Bord hörte sich betrunken an, aber Signale und Parolen wurden einwandfrei weitergegeben.«

»Und weiter geschah nichts?« fragte Athelstan.

»Oh doch. Etwa zwei Stunden nach Mitternacht näherte sich ein kleines Boot dem Schiff.«

»Vom Flußufer her?«

»Nein, von der Kogge des Admirals, von der *Holy Trinity*. Zwei Männer saßen darin.«

»Und dann?«

»Das kleine Boot blieb etwas mehr als eine Stunde dort, dann fuhr es zurück.« Der Menschenfischer lächelte. »Und bevor Ihr danach fragt, Sir John: Parolen und Signale wurden weiterhin gegeben.«

»Ereignete sich sonst noch etwas?« fragte Cranston.

»Kurz vor der Morgendämmerung kehrte ein Seemann zurück, und dann ging das Durcheinander los.«

»Aber die Wache«, warf Athelstan ein. »Was war aus der Wache geworden?«

Der Menschenfischer leckte sich die Lippen; Athelstan fühlte sich an einen Frosch erinnert, der einen schmackhaften Leckerbissen erblickt hatte. »Wenn der Fluß sie hat«, antwortete er, »so wird er sie liebkosen und küssen und wieder ans Ufer legen.« Sein Gesicht wurde ernst. »Ich und meine Brüder haben bereits gesucht, aber wir haben noch nichts gefunden. Wir haben sie nicht hineinfallen sehen. Vielleicht werden wir sie auch nicht herauskommen sehen.«

»Aber wenn ihr sie findet, dann sagst du uns Bescheid, ja?«

Der Mann betrachtete die Silbermünze in seiner Hand. Cranston schob ihm noch eine zu. Der Menschenfischer nahm sie, stand auf und verbeugte sich feierlich.

»Ihr seid meine Freunde«, erklärte er. »Und der Menschenfischer vergißt nie etwas. Im Namen meiner Brüder danke ich Euch.«

Er schlüpfte zur Tür hinaus, und die Phantome folgten ihm aufgeregt schnatternd.

»Gehen wir zu Crawley«, sagte Cranston und trank seinen Humpen aus. »Unser guter Admiral lügt, was das Zeug hält, und ich denke, wir sollten den Grund herausfinden. Aber zuvor Mistress Roffel. Komm, Bruder, schärfe deinen Verstand und spitze die Ohren. Wir wollen sehen, was die gute Witwe zu sagen hat.«

Sie ließen den Kai hinter sich. Die Wolken rissen in der Abenddämmerung allmählich auf. In den Straßen herrschte reges Treiben; Ladenjungen und Händler räumten die Stände ab. Die großen Mistkarren waren unterwegs, und man mühte sich, die verstopften Kloaken zu säubern. Athelstan sah, wie einer der Mistsammler fröhlich einen geschwollenen Katzenkadaver aufhob und mit dumpfem Laut auf seinen Karren warf. Bettler winselten um Almosen. Räudige Hunde stolzierten steifbeinig und mit hochgestreckten Schwänzen über die Müllberge und balgten sich zähnefletschend. An der Ecke einer Gasse blieb Cranston stehen und sah sich um.

»Unsere Freunde sind immer noch bei uns.«

Athelstan drehte sich rasch um und erblickte die beiden Mönchsgestalten etwa dreißig Schritte hinter sich.

»Erkennt Ihr sie, Sir John?«

»Das sind keine Mönche«, behauptete Cranston. »Es sind Schreiber, königliche Beamte vom Kanzleigericht oder aus dem Schatzamt. Wenn sie von letzterem kommen, dann helfe uns Gott!«

Athelstan faßte Cranston beim Arm. »Warum, Sir John?«

»Das Schatzamt«, sagte Cranston, »hat eine Anzahl sehr geheimer, äußerst scharfsinniger Beamter, die sogenannten Revisoren. Sie sind für so manches zuständig, für Schulden bei der Krone und für königliche Privilegien, aber auch für außenpolitische Angelegenheiten, speziell für die Finanzierung von Spionen und geheimen Auslandsmissionen.«

»Sollten wir sie nicht zur Rede stellen?« fragte Athelstan.

Sir John lächelte düster. »Wenn wir zurückgehen, werden sie ebenfalls zurückweichen. Sie sind diejenigen, die den Zeitpunkt und den Ort für eine Unterhaltung mit uns bestimmen.«

Athelstan schaute in die Höhe, als sie sich einem großen Stadthaus näherten; die Dachdecker, die dort arbeiteten, hatten seine Aufmerksamkeit erregt. Er blieb stehen.

»Komm schon, Athelstan!« rief Cranston.

Athelstan sah, wie die Männer arbeiteten. Er lächelte und eilte weiter. Sir John hielt einen Fackelburschen an und bezahlte ihn, damit er sie zu Mistress Roffels Haus führte, einem schmalen, dreistöckigen Gebäude zwischen einem Posamentenladen und einem Eisenwarenhändler. Die Fensterläden waren alle geschlossen und zum Zeichen der Trauer mit schwarzen Tüchern verhängt. Athelstan hob den eisernen Türklopfer in Form eines Schiffsankers und ließ ihn schwer herabfallen.

Sieben

Emma Roffel und ihre Zofe Tabitha empfingen Sir John und Bruder Athelstan in ihrer Wohnstube im Erdgeschoß. Das Zimmer war nicht weiter auffällig. Frische Binsen bedeckten den Boden, aber die Wände waren nackt und Tisch und Stühle alt und ziemlich mitgenommen. Emma Roffel sah Cranstons Blicke.

»Nicht das Haus eines erfolgreichen Seefahrers, wie, Sir John?« Sie lachte verbittert. »Kapitän Roffel war geizig. Und seine Kreatur Bernicia mit ihrer hübschen Fratze und dem strammen Hintern habt Ihr wohl kennengelernt?«

Athelstan starrte die Frau mit dem verhärteten Gesicht an, die den Tod ihres Mannes so kalt und unberührt hinnahm, und bewunderte ihre Ehrlichkeit. Er erinnerte sich an eine Maxime, die er einmal gehört hatte: »Das Gegenteil der Liebe ist nicht der Haß, sondern die Gleichgültigkeit.«

»War es immer so?« fragte er.

Da stiegen der Frau die Tränen in die Augen.

»Mistress, ich wollte Euch nicht betrüben.«

Emma Roffel schaute über seinen Kopf hinweg und bemühte sich, keine Miene zu verziehen.

»Das tut Ihr auch nicht.« Ein gehetzter, abwesender Ausdruck trat in ihre Augen, als sie im Geiste Visionen heraufbeschwor, Gespenster der Vergangenheit. »Roffel war einmal Priester, wißt Ihr, Kurat in der Pfarrgemeinde St. Olave in Leith bei Edinburgh.

Mein Vater hatte ein Fischerboot, und Roffel liebte das Meer. Manchmal fuhr er mit meinem Vater zum Fischen hinaus.«

»Habt Ihr ihn je begleitet?«

Emma lächelte finster. »Natürlich nicht. Ich fürchte die See. Sie hat zu viele gute Männer verschluckt.«

»Was geschah weiter?« fragte Athelstan. Wie alle Priester war er fasziniert von jenen Amtsbrüdern, die um der Liebe eines Weibes willen ihr Amt aufgaben.

Emma seufzte. »William konnte die Hände nicht bei sich behalten. Es gab zahllose Gerüchte über seine Beziehungen zu gewissen Witwen in der Stadt. Schließlich griff der Erzdiakon ein, aber da waren William und ich uns schon begegnet und hatten uns heftig ineinander verliebt.« Sie wischte sich mit dem Ärmel über die Augen. »Der Erzdiakon raste vor Wut, und mein Vater drohte mit Gewalt, und so flohen wir über die Grenze, erst nach Hull, dann weiter nach London.« Sie fuhr sich mit der Zunge über die Lippen. »Am Anfang glaubte ich, wir wären im Paradies. William erwies sich bald als vorzüglicher Seemann – kundig, tüchtig und von strenger Disziplin.« Sie lachte säuerlich. »Aber dann begegnete er Henry Ospring. Eine Freundschaft, die in der Hölle gestiftet ward. Ospring gab ihm Geld und mietete ein kleines Schiff, und William wurde Pirat. Und Sir Henry machte ihn auch mit den Fleischtöpfen der Stadt bekannt. Ich war schwanger, als ich erfuhr, daß er ...« Sie verzog das Gesicht. »Ich erfuhr, daß er eine leidenschaftliche Vorliebe für die Hintern junger Burschen hatte.« Sie wiegte sich leicht auf ihrem Stuhl. »Ich verlor das Kind. Ich verlor auch William, und William verlor mich. Für uns beide begann der Abstieg in die Hölle. Wir waren zwei Fremde. William widmete sich seinem Gewerbe. Er hatte teuflisches Glück – bald war er Zweiter, dann Erster Maat und schließlich Kapitän.«

»Ihr habt ihn gehaßt?« fragte Cranston.

Ihr Blick richtete sich blitzschnell auf ihn. »Gehaßt, Sir John? Gehaßt? Kalt und leer habe ich mich gefühlt, als ob ich jemanden in einem Traum beobachtete. Er ließ mich allein, und ich vergalt es ihm mit gleicher Münze.«

»Hat er vor jener letzten Reise von etwas Außergewöhnlichem gesprochen, das geschehen würde?« fragte Athelstan.

»Nein, mit keinem Wort.«

»Aber Ihr wißt, daß er ermordet wurde?« fragte Athelstan weiter.

»Ja, ich glaube, das ist so, Bruder. Wenn Ihr mich deshalb anklagen wollt, dann tut es, aber bedenkt, daß ich hier zu Hause war. Im Grunde war es mir völlig gleichgültig, ob er lebte oder tot war.« Sie zuckte die Achseln. »Es war nur eine Frage der Zeit, wann jemand das Messer gegen ihn richten würde.« Ihre Augen wurden schmal. »Seid Ihr denn sicher, daß es Mord war?«

»Er wurde vergiftet.«

Sie beugte sich überrascht vor. »Wie kann das sein? Er verkündete überall, daß er nur das aß und trank, was auch seine Mannschaft bekam.«

»Was ist mit dem Usquebaugh?« fragte Cranston. »Mit der Flasche, die er sich in der Schenke ›Zu den gekreuzten Schlüsseln‹ zu füllen pflegte?«

Emma Roffel machte ein erstauntes Gesicht. Sie wandte sich zu Tabitha und flüsterte ihr etwas zu; diese huschte lautlos wie eine Maus davon. Emma Roffel starrte ins Feuer, bis die Zofe mit einer Zinnflasche zurückkam; sie nahm sie in Empfang und streckte sie Cranston hin.

»Das ist die berühmte Flasche, Sir John. Als sie meinen toten Mann an Land brachten, schafften sie auch seine Habe herüber.«

Sie zog den Korken aus der Flasche und schnupperte am Flaschenhals. Dann goß sie ein wenig vom flüssigen Inhalt in einen Becher, den sie von einem kleinen Tisch hinter ihr nahm. Lächelnd bot sie den Becher erst Cranston, dann Athelstan an. Beide schüttelten den Kopf.

»Ihr solltet Usquebaugh trinken«, sagte sie. »Er wärmt das Herz und stählt den Körper gegen das Alter. Ach ja.« Und ehe sie jemand daran hindern konnte, leerte sie den Becher in einem Zug. Sie hustete, zog eine Grimasse und lächelte dann. »Wenn diese Flasche vergiftet war, werde ich bald zu meinem Gatten gehen.«

»Ihr seid Euch Eurer Sache anscheinend sehr sicher, Mistress.«

Emma Roffel grinste. Sie stellte den Becher hin und verschloß die Flasche wieder. Dann zwinkerte sie Athelstan zu. Ihre gute Laune ließ ihr Gesicht plötzlich viel jünger erscheinen. Vor Jahren, dachte Athelstan, war Emma so schön gewesen, daß ein Priester ihretwegen seine Gelübde gebrochen hatte.

»Das war tollkühn«, murmelte er.

Sie schüttelte den Kopf. »Ich muß Euch um Entschuldigung bitten, denn ich habe Euch zum Narren gehalten. Ich habe schon aus der Flasche getrunken, als man sie mir zurückbrachte.« Sie verzog das Gesicht. »*Das* war dumm, das will ich zugeben – zu riskieren, daß Mann und Frau mit demselben Trank vergiftet werden.«

»Ihr glaubt also, der Mord wurde an Bord der *God's Bright Light* begangen?« fragte Cranston.

»Natürlich«, antwortete Emma. »Er war bei der Besatzung verhaßt.«

»Und bei seinem Admiral?«

Emma hob die Schultern. »Crawley hielt meinen Mann für einen Piraten. Er hat einmal gedroht, ihn für seine Räubereien auf See aufhängen zu lassen.«

»Mistress Roffel«, sagte Athelstan, »wißt Ihr denn, was sich in jener Nacht, als der Maat und zwei Matrosen verschwanden, an Bord seines Schiffes zugetragen haben könnte?«

Sie schüttelte den Kopf.

»Pfarrer Stephen wird bezeugen, daß ich an diesem Abend beim Leichnam meines Gemahls in der Kirche von St. Mary Magdalene wachte. Aber wenn Ihr mich nach meinen Vermutungen fragt, so würde ich sagen, daß alle drei Männer auf irgendeine Weise von Bord desertiert sind.«

»Kanntet Ihr Bracklebury, den Ersten Maat?«

»Ja. Er hat den Leichnam meines Mannes an Land gebracht, und außerdem eine Tasche mit seinen kläglichen Habseligkeiten – darunter auch die Flasche.« Aufmerksam beobachtete sie die dunklen Augen des Priesters. »Wollt Ihr die Sachen sehen?«

Athelstan nickte. »Aber macht Euch keine Mühe«, sagte er besorgt. »Vielleicht könnte Eure Zofe Tabitha so freundlich sein, mir den Weg nach oben zu zeigen?«

Die mausgraue, unauffällige Frau schaute lächelnd zu ihrer Herrin, und diese nickte zustimmend. Der Coroner nahm leutselig den Wein entgegen, den Mistress Roffel ihm anbot. Unterdessen folgte Athelstan der Zofe die Treppe hinauf. Der Rest des Hauses erwies sich als gleichermaßen trostlos, dunkel und klamm. Möbel und Wandbehänge waren schäbig – sauber und wohlduftend, aber verschlissen und verschossen. Die Tür des großen Schlafgemachs stand offen, und Athelstan konnte im Vorbeigehen einen Blick auf ein Vierpfostenbett werfen. Auf einer Truhe am Fußende lagen achtlos hingeworfene Kleider. Tabitha brachte ihn in eine kleine, verstaubte Kammer, an deren Wänden sich Truhen stapelten. Die Zofe blieb stehen und schaute sich um.

»Wie lange dient Ihr Eurer Herrin schon?« fragte Athelstan leise.

Die Zofe sah ihn an und kniff die Augen zu schmalen Schlitzen zusammen. »Oh ... seit ihrer Fehlgeburt vor sechzehn oder siebzehn Jahren.«

»Ist sie gut zu Euch?«

Tabithas Gesicht verhärtete sich. »Mistress Roffel ist genauso roh, wie ihr Mann es immer war. Sie haben einander wahrlich verdient. Jetzt hat sie die Absicht, nach Leith zurückzukehren. Ich bin froh, wenn ich sie von hinten sehe.«

Bei dem giftigen Ton der Frau fuhr Athelstan zurück. Er sah zunächst zu und griff dann helfend ein, als sie eine salzfleckige Satteltasche aus Leder hinter einer Kiste hervorzerrte.

»Ich habe sie dorthin geworfen, nachdem ich die Flasche herausgenommen hatte. Sollen wir sie mit hinunter nehmen?«

Athelstan warf sich die Doppeltasche über die Schulter, und sie kehrten in die Wohnstube zurück. Cranston war inzwischen bei seinem zweiten Becher Rotwein und schilderte der gelangweilt, aber höflich zuhörenden Mistress Roffel seine eigenen, viele Jahre zurückliegenden Großtaten auf dem Meer.

»Habt Ihr gefunden, wonach Ihr suchtet, Bruder?« fiel sie dem Coroner ins Wort.

Athelstan legte die Ledertaschen auf den Boden, löste die Schnallen und kippte den Inhalt aus. Es war nicht viel: ein Paar wollene Kniestrümpfe, eine Nadel und etwas Zwirn, ein Federkiel und ein Tintenhorn, ein paar unbenutzte Fetzen Pergament, ein Hemd, zwei verkratzte und abgetragene Ringe, eine Christophorus-Medaille, ein kleiner Kompaß und ein Stundenbuch in einem Einband aus Kalbsleder. Athelstan nahm das Buch zur Hand, öffnete den Verschluß und blätterte in den vergilbten Seiten.

»Das ganze Vermächtnis seines Lebens als Priester«, sagte Emma Roffel. »Er nahm es überallhin mit.«

»Und doch war er kein Mann des Gebets«, stellte Athelstan fest. »Ebensowenig wie Ihr. Für Pfarrer Stephen in St. Mary Magdalene seid Ihr eine Fremde.«

Mistress Roffel wollte etwas erwidern, als Cranston rülpste und dann laut zu schnarchen begann. Athelstan schaute zu seinem fetten Freund hinüber. Der Coroner hing schlaff in seinem Stuhl, das Kinn auf der Brust, die Augen geschlossen.

»Ist Sir John nicht wohl?« fragte Emma Roffel.

»Oh doch«, antwortete Athelstan säuerlich. »Er wird schlafen wie ein Säugling, und wenn er aufwacht, wird er nach Erfrischungen brüllen.«

Der Ordensbruder blätterte in dem Buch und sah, daß die leeren Seiten am Ende mit seltsamen Eintragungen beschrieben worden waren, Abrechnungen womöglich – es waren Geldsummen, manchmal gefolgt von dem Vermerk »in S.L.«.

»Was ist das?« fragte Athelstan.

»Weiß der Himmel, Bruder. Mein Mann war ein großer Geheimniskrämer. Ich bin immer noch dabei, die Goldschmiede an der Cheapside aufzusuchen, um festzustellen, wo er sein Geld angelegt hat.«

Athelstans Blick verharrte bei einer Zeichnung:

Eine gewundene Linie zog sich quer über das Blatt, und daran entlang waren sorgsam kleine Kreuze eingezeichnet. Die Zeichnung sah neu aus. Athelstan zeigte sie Mistress Roffel, aber sie erklärte, ihr sage das alles gar nichts. Seufzend legte Athelstan das Buch zu den übrigen Besitztümern.

»Eure Zofe hat erzählt, daß Ihr die Stadt verlassen wollt«, sagte er.

»Meine Zofe weiß mehr, als gut für sie ist«, gab Emma Roffel zurück. »Aber es stimmt schon; wenn diese Angelegenheit vorüber ist, gedenke ich, meinen Besitz an mich zu nehmen – was immer mein Mann mir an Geld hinterlassen haben mag – und nach Schottland zurückzukehren.«

»Haßt Ihr London so sehr?«

Alle drehten sich überrascht um und sahen, daß Cranston wieder wach war. Er blinzelte und schmatzte.

»Haßt Ihr London, Mistress?« wiederholte der Coroner.

»Es ist voll bitterer Erinnerungen. Besser, ich vergesse die Vergangenheit.«

»Ihr wißt nichts, was zur Lösung all dieser Rätsel beitragen könnte?« fragte Cranston.

Sie schüttelte den Kopf. »Aber Ihr, Sir John, wißt Ihr denn, wer meinen Mann ermordet und seinen Leichnam geschändet hat?«

Cranston kam schwerfällig auf die Beine und schüttelte den Kopf. »Nein«, sagte er leise. »Doch wenn ich es herausfinde, dann seid Ihr die erste, die es erfährt, das könnt Ihr mir glauben.«

Sie verabschiedeten sich und verließen das Haus. Beide schraken zusammen, als der Menschenfischer mit zwei seiner Phantome im Schlepptau lautlos aus dem Schatten hervorglitt.

»Satansarsch!« fluchte Cranston. »Was zum Teufel soll denn das – sich so an brave Christenmenschen heranzuschleichen?«

»Sir John, Ihr habt mir und den meinen Geld gegeben. Ich und die meinen werden es uns verdienen.«

»Was habt ihr denn gefunden?«

»Wir haben das Licht schimmern sehen.« Der Menschenfischer tätschelte einer seiner Kreaturen den Kopf.

»Ja, von dem Licht weiß ich«, knurrte Cranston. »Die Schiffe senden einander Lichtsignale.«

»Oh nein, nicht das. Etwas anderes. Eine Lampe blinkte auf der *God's Bright Light*, zu jeder Stunde bis zum Morgengrauen, und eine Lampe auf dem Kai antwortete.«

»Wißt ihr, wer es war?«

»Nein. Es war jemand, der sich im Schatten hielt. Wenn wir es wissen, Sir John, werdet Ihr es erfahren.« Der Menschenfischer wich zurück und verschwand so lautlos, wie er aufgetaucht war.

Es hatte zu nieseln begonnen, und Athelstan zog seine Kapuze über den Kopf. »Bernicia hat auch davon gesprochen«, bemerkte er.

»Wovon?« fragte Cranston gereizt.

»Daß da jemand im Schatten der Lagerhäuser stand und das Schiff beobachtete.«

»Bei den Eiern des Satans, ich habe jetzt genug davon!« murrte Cranston. »Ich habe Hunger, mich friert, und ich werde naß.«

Er stapfte die Gasse hinunter, und Athelstan lief ihm nach. Der Coroner marschierte schnurstracks an seiner eigenen Haustür vorbei, über die verlassene Cheapside und ins »Heilige Lamm Gottes«. Dann blieb er so plötzlich stehen, daß Athelstan beinahe gegen ihn prallte. Wütend starrte Cranston die beiden Männer in den braunen Kutten an, die an seinem Lieblingstisch saßen.

»Wer zum Teufel seid ihr?« bellte er.

Die Männer lächelten und winkten die beiden heran. Zwei Schemel erwarteten sie.

»Sir John, Bruder Athelstan, seid unsere Gäste. Wir haben schon Ale für Euch bestellt.«

Cranston und Athelstan setzten sich, und die Wirtsfrau stellte zwei Humpen vor sie hin.

»Auf Eure Gesundheit, Sir John.« Die braungekleideten Männer hoben ihre Krüge und tranken dem Coroner zu.

Athelstan betrachtete das sonderbare Paar. Sie glichen einander wie ein Ei dem anderen – vergnügte Gesichter, kahle Köpfe, die gleiche Kleidung –, und sie schienen alles im Gleichtakt zu tun. Angesichts ihrer weichen Haut und dem bereitwilligen Lächeln hätte man sie für zwei fröhliche Mönche aus einem der Klöster der Stadt halten können, wenn ihr Blick nicht gewesen wäre, hart und wachsam. Den Ordensbruder fröstelte es. Diese Männer waren gefährlich. Sie folgten dem Coroner der Stadt London offen durch die Straßen, und jetzt erwarteten sie ihn in seiner Lieblingsschenke, als wüßten sie immer, was er gerade vorhatte.

»Wie heißt ihr?« knurrte Cranston.

»Oh, Ihr könnt mich Peter nennen«, sagte der größere der beiden und blickte lächelnd auf seinen Kumpan. »Und das ist Paul. Ja, nennt uns Peter und Paul, die Schlüsselbewahrer. Was für ein hübscher Einfall.«

»Ich könnte euch vieles nennen«, erwiderte Cranston grimmig.

»Aber das würdet Ihr nicht tun, Sir John«, versetzte

der mit dem Namen Paul. »Wir sind wie Ihr. Vielleicht sind wir nicht die Kinder des Lichtes, aber wir sind ihre Diener.« Er wandte sich Athelstan zu und lächelte fröhlich. »Ihr wart fleißig, nicht wahr, Bruder?«

Cranston schlug den Mantel zurück und legte die Hand auf den langen Dolch, der in seinem Gürtel steckte. Peter sah die Bewegung und hob grinsend die weichen, weißen Hände in einer Geste der Friedfertigkeit.

»Sir John«, säuselte er, »Ihr seid nicht in Gefahr. Wir wollen Euch nur helfen.«

»Wobei?« fauchte Cranston. »Bei meiner Ehe, meinen Söhnen, meiner Abhandlung, meiner Verdauung?«

»Bei der *God's Bright Light*«, schnappte Peter zurück, und alle Heiterkeit war aus seiner Miene gewichen.

Athelstan ergriff das Wort und lehnte sich über den Tisch. »Wir wissen Eure Hilfsbereitschaft zu schätzen. Aber wer seid Ihr?«

»Wir sind die Revisoren. Arbeiten wir für den Kronrat?« Peter schüttelte lächelnd den Kopf. »Arbeiten wir für den König selbst?« Wieder schüttelte er den Kopf. »Bruder Athelstan, wir arbeiten für die Krone. Fürsten und Staatsräte kommen und gehen. Wir dienen keinem Individuum, keiner Adelsfamilie, keiner Blutlinie, sondern der Krone selbst.« Er stützte die Ellbogen auf den Tisch, legte die Fingerspitzen aneinander und ließ einen raschen Blick durch die warme, fröhliche Schenke wandern. »Das Lebensblut der Krone«, fuhr er fort, »ist ihr Geld. Und wir überprüfen, was der Krone zufallen muß, Steuern, Vorrechte, Privilegien, Abgaben, Tribute.«

»Ihr seid also Beamte der Staatskasse?«

Wieder dieses Lächeln. »Oh, das und noch viel

mehr! Unser besonderes Augenmerk gilt den Rechten der Krone in Frankreich – und Ihr wißt ja, Sir John, was dort geschehen ist. Der Großvater unseres derzeitigen Königs eroberte und besetzte den größten Teil des nördlichen Frankreich. Männer von gleichem Blut, aber unfähiger Natur sind jedoch zusehends dabei, dieses väterliche Erbteil zu verlieren. Was hat die Krone heute noch?«

Cranston zuckte die Achseln. »Einen Teil der Gascogne in der Gegend von Bordeaux.«

»Und in der Normandie?«

»Calais und seine Umgebung.«

Peter nickte. »Wir haben Männer, die von Calais aus operieren, um die verlorenen Gebiete zurückzuholen.«

»Ihr meint, Spione?«

»Ja, doch, so könnte man sie nennen. Ihre Aufgabe ist es nun, die Franzosen zu schwächen.« Peter hob die Schultern und sah lächelnd zu seinem Kumpan. »Sie in Atem zu halten. Ihr versteht schon – dafür zu sorgen, daß gelegentlich eines ihrer Schiffe verunglückt, Unzufriedenheit zu schüren und allerlei Erkenntnisse zu sammeln.«

»Und was hat das mit uns zu tun?« fragte Athelstan.

»Eigentlich gar nichts, lieber Bruder. Nur, daß Ihr den Tod des Kapitäns Roffel und das Verschwinden der Wache von der *God's Bright Light* untersucht. Nicht wahr? Nun, auch das interessiert uns eigentlich nicht. Was uns allerdings interessiert, sind die Bewegungen von Roffels Schiff auf seiner letzten Reise. Wißt Ihr, zwei unserer Brüder, die mit einem Fischerboot von Calais nach Dieppe wollten, sind nämlich nie dort angekommen. Ihr Schiff verschwand.«

»Und Ihr glaubt, Roffel habe es versenkt?«

»Möglicherweise. Roffel war ein Hund – ein Räuber und Pirat, der unter der Flagge des Königs segelte. Wir wissen von seinen kleinen geschäftlichen Unternehmungen. Aber der Mord an unseren beiden Agenten, das ist eine andere Sache. Mord und Piraterie sind schwere Verbrechen. Und was noch wichtiger ist, wir wollen herausfinden, von wem Roffel wußte, wo er dieses Fischerboot abfangen konnte.«

»Vielleicht hat er bloß Glück gehabt«, meinte Cranston.

»Wir glauben nicht an Glück!« schnappte der Revisor. »Einen Verräter muß Roffel dafür bezahlt haben, daß er das Boot abfing und unsere Agenten ermordete.« Peter beugte sich über den Tisch. »Mit anderen Worten, Sir John: Es geht um Hochverrat!«

»Bei unseren Ermittlungen sind wir auf nichts dergleichen gestoßen«, sagte Cranston.

Die beiden Revisoren lächelten gleichzeitig.

»Oh, aber das könnte noch kommen«, schnurrte Paul wie ein geschmeidiger Kater. »Das könnte durchaus noch kommen, Sir John, und wenn es geschieht, dann möchten wir es wissen.«

»Wie können wir Euch Bescheid sagen?« fragte Athelstan.

Die beiden Revisoren leerten gleichzeitig ihre Humpen und stellten sie in einer einzigen Bewegung wieder auf den Tisch.

»Ihr kennt die Statue Unserer Lieben Frau mit dem Jesuskinde in der St.-Paul's-Kathedrale?« fragte der größere der beiden.

Athelstan nickte.

»Davor steht eine große, eisenbeschlagene Kiste für die Bittschriften der Gläubigen.« Peter erhob sich, und Paul tat es im selben Augenblick. »Wenn Ihr mit uns sprechen wollt, legt eine Bittschrift in diese Kiste – *Ihr Heiligen Peter und Paul, bittet für uns.* Noch am selben Tag werdet Ihr von uns hören. Gute Nacht, Sir John, Bruder Athelstan.«

Die beiden Revisoren schlüpften zur Tür hinaus. Sir John stieß einen leisen Pfiff aus, trank seinen Humpen leer und brüllte nach einem neuen.

»Und einen Teller Zwiebelsuppe!« schrie er. »Bruder?«

»Für mich nur Ale, Sir John.«

»So, so, so«, sagte Cranston. »Was hältst du davon, hm, Bruder? Piraterie, Mord, verschwundene Seeleute – und jetzt auch noch Hochverrat.«

»Ich sehe keinen Zusammenhang«, sagte Athelstan. »Wieso soll Roffel den Hals riskieren, wenn er mit der Piraterie so gut verdient?«

Cranston schnippte mit den Fingern und befahl einem Schankknecht, den Tisch abzuräumen.

»Heraus mit Pergament und Feder, Mönch!«

Athelstan stöhnte, aber er gehorchte; er holte eine Rolle Pergament hervor und strich sie auf dem Tisch glatt.

Leif, der einbeinige Bettler, hatte sie aus der gegenüberliegenden Ecke beobachtet. Jetzt kam er herübergehumpelt. Seine lange, ungelenke Gestalt balancierte halsbrecherisch auf einer behelfsmäßigen Krücke.

»Was ist mit Euch, Sir John? Bruder Athelstan? Warum schreibt Ihr hier?« rief Leif. »Sir John, Lady Maude sagt, Ihr sollt nach Hause kommen. Sie hat zwei große Pasteten und ein paar Kuchen gebacken. Die Kerlchen schlafen, und Lady Maude will Euch sehen. Hattet Ihr einen angenehmen Tag, Sir John?«

»Verschwinde, du nichtsnutziger Halunke!« schrie Cranston. »Verschwinde und laß mich in Ruhe!«

Leif berührte seine Stirnlocke und grinste.

»Man wird schrecklich durstig, Sir John, wenn man Nachrichten überbringt. Jetzt muß ich zurück und Lady Maude sagen, wo Ihr seid, was Ihr treibt und was Ihr gerade gesagt habt.«

Cranston machte schmale Augen und warf dem Bettler einen halben Penny zu.

»Was du nicht gesehen hast, kannst du auch nicht erzählen, oder, Leif?«

»Das stimmt, Sir John. Aber auch das Lügen macht durstig.«

Noch ein halber Penny flog durch die Luft.

»Trink dein Ale!« befahl Cranston. »Du fauler, verschlagener Hund. Hältst du dein Maul, kannst du mit mir zu Abend essen. Tust du es nicht, wirst du selbst gefressen.«

Leif grinste Athelstan an und hüpfte krähend vor Entzücken davon. Sir John nahm einen Schluck aus seinem Humpen, stellte ihn ab, klatschte in die Hände und schaute seinen geduldigen Schreiber an.

»Also, du fauler Pfaffe, was wissen wir?« Er hielt einen fetten Daumen hoch. »Item: Am 27. September segelten William Roffel und sein Schiff *God's Bright Light* auf Kaperfahrt aus der Themse in den Kanal. Roffel war höchst unbeliebt und skrupellos, aber ein guter Kapitän. Der junge Ashby, der sich jetzt in deiner Kirche verborgen hält, fuhr mit ihm. Er gab dem Kapitän einen versiegelten Umschlag von Sir Henry Ospring.«

Sir John sah zu, wie Athelstans Feder über das Pergament glitt, und er bewunderte die klare, präzise Schrift. Der Ordensbruder benutzte eine Geheimschrift, die nur er selbst kannte, eine Mischung aus Abkürzungen und Zeichen, für deren Entschlüsselung ein kundiger Schreiber Monate gebraucht hätte.

»Item«, fuhr Cranston fort. »Roffel kapert etliche Schiffe, darunter eines vor der französischen Küste. Vielleicht war es das nämliche, von dem die beiden Hübschen vorhin gesprochen haben, vielleicht auch nicht. Item: War Roffel ein Verräter? Kaperte er dieses Schiff mit Absicht? Wußte er, daß Engländer an Bord waren? Wurde er dafür bezahlt, sie zu töten? Jedenfalls war er danach sehr fröhlich; er hat tatsächlich gegrinst und gesungen. Item: Roffel wird krank. Item: Das Schiff macht in Dover fest, und Ashby geht an Land. Was noch, Mönch?«

»Ordensbruder, Sir John, Ordensbruder.«

»Ganz, wie du willst – Ordensbruder!«

»Item«, sagte Athelstan beim Schreiben. »Kapitän Roffels Krankheit verschlimmert sich. Er bekommt heftige Leibschmerzen, die, wie wir glauben, auf Arsen zurückzuführen sind. Aber wie und warum er vergiftet wurde, bleibt ein Geheimnis.« Athelstan schwieg und schaute Cranston an.

»Ja, ja, du hast recht«, fuhr der Coroner fort. »Wir dachten zunächst, das Gift sei in der Flasche gewesen, aber Roffel, der verschlagene Bastard, hat sie überall mit hingenommen. Er füllte sie selbst, und er trank in der Schenke davon, ohne daß eine unangenehme Wirkung eingetreten wäre. Überdies hat seine Frau, wie wir gesehen haben, das gleiche getan. Die Flasche scheint also nicht vergiftet worden zu sein.« Cranston nahm einen Schluck Ale. »Item, mein guter Ordensbruder: Die *God's Bright Light* kehrt in den Hafen zurück. Roffels Leichnam wird an Land geschafft, seine persönliche Habe ebenfalls, aber das ist nicht viel. Ein Stundenbuch ist dabei, in dem Roffel wahrscheinlich seine verbrecherischen Gewinne vermerkt hat. Die Stimmung auf dem Schiff ist schlecht, aber die Mannschaft entspannt sich. Am Nachmittag kommen Huren an Bord. Als der Abend dämmert, gehen sie wieder an Land, und der größte Teil der Mannschaft mit ihnen. Nur der Erste Maat und zwei Matrosen bleiben als Nachtwache zurück. Item: Das eigentliche Geheimnis beginnt. Nach allem, was wir wissen, werden Parole und Lichtsignal vom Schiff des Admirals, der *Holy Trinity*, zur Wache der *God's Bright Light* und von dort zum nächsten Schiff, der *Saint Margaret*, weitergegeben – jene zur vollen Stunde, dieses zur halben Stunde. Nach dem, was man uns berichtet hat, wurde das letzte Signal um halb sechs gegeben. Kurz vor Morgengrauen kehrte ein Matrose zurück und stellt fest, daß der Maat und die beiden Matrosen spurlos verschwunden sind; man findet keinerlei Anzeichen von Gewalt oder Unordnung. Die *God's Bright Light* gleicht einem Geisterschiff. Alles an Bord ist in Ordnung. Item ...« Cranston kratzte sich am Kopf. »Was noch, Bruder?«

»Crawley sagt, niemand habe sich dem Schiff genähert, aber vom Menschenfischer wissen wir jetzt, daß zwischen dem Schiff und jemandem auf dem Kai Signale hin und her gingen. Wer da allerdings wem Zeichen gegeben hat, ist ein Geheimnis.«

»Wir wissen außerdem«, ergänzte Cranston, »daß das seltsame Geschöpf Bernicia gegen Mitternacht zum Kai herunterkam. Sie – oder er – erinnert sich deutlich, daß der Erste Maat zu dieser Zeit noch quicklebendig war. Außerdem bemerkte sie, daß jemand im Schatten lauerte. Item«, fuhr Cranston fort und wischte sich den Mund ab, »im Gegensatz zu dem, was man uns erzählt hat, näherte sich sehr wohl ein Boot dem Schiff, und zwar nicht vom Ufer, sondern vom Schiff des Admirals. Wir wissen zudem, daß der gute Crawley eine tiefe Abneigung gegen Roffel hatte und einen Groll gegen ihn hegte. Was wissen wir noch, Bruder?«

»Nun«, sagte Athelstan und kratzte sich ebenfalls am Kopf, »am nächsten Morgen wurde der Geschäftspartner und Finanzier des Kapitäns, Sir Henry Ospring, der nach London gekommen war, um ein Wörtchen mit Roffel zu reden, in seiner Kammer in der Herberge ›Zum Abt von Hyde‹ von seiner eigenen Tochter erstochen. Unterdessen wurde Roffels vergifteter Leichnam in der Kirche St. Mary Magdalene aus dem Sarg gezerrt und auf den Apsisstuhl geworfen.«

»Bei den Zitzen der Hölle!« Cranston stützte die Ellbogen auf den Tisch. »Wir haben ein paar Lügen aufgedeckt, Bruder, aber nicht den Fetzen eines Hinweises darauf gefunden, wer die lenkende Kraft hinter all diesen Ereignissen ist.«

»Es könnte Crawley sein«, sagte Athelstan. »Er hatte ein Motiv und die Gelegenheit, sich dem Schiff zu nähern. Und was wäre mit Ospring? Wo war unser braver Kaufmann in der Nacht, als sich diese Merkwürdigkeiten abspielten?« Der Ordensbruder seufzte. »Wir haben gehört, daß alle Mann an Land waren und sich dort vergnügten, aber sie könnten auch lügen. Einer oder mehrere könnten an Bord geblieben oder später zurückgekommen sein.« Athelstan warf den Federkiel hin. »Andererseits, niemand hat ein Boot vom Kai zum Schiff kommen sehen. Wäre eins gekommen, so wäre es angerufen worden, und wie hätte man drei gesunde, starke Seeleute so lautlos beseitigen sollen? Bernicia könnte lügen; sie könnte bei der Sache die Hand im Spiel haben. Und schließlich Mistress Roffel: Sie konnte ihren Gemahl zwar nicht ausstehen, aber Pfarrer Stephen sagt, sie war in der

Kirche St. Mary Magdalene und betete an seinem Leichnam.« Athelstan rieb sich müde die Augen. »Ihr habt gut fluchen, Sir John: Ich kann mir nicht vorstellen, wie eine der Frauen nachts an Bord des Schiffes klettert, die Mannschaft umbringt und wieder verschwindet, ohne daß jemand sie sieht.«

Cranston leerte seinen Humpen. »Und das bringt uns nicht näher zur Lösung des Rätsels, wer Kapitän Roffel ermordet und warum er es getan hat.« Er strich mit dem Finger um den Rand des Humpens herum. »Hast du dir schon einmal überlegt, ob diese beiden Turteltauben in deiner Kirche, Lady Aveline und Nicholas Ashby, in die Sache verwickelt sein könnten?«

Athelstan lachte. »In Gottes Namen, Sir John, jedermann könnte darin verwickelt sein.« Er überflog das, was er geschrieben hatte. »Wir haben eine ganze Reihe von Rätseln zu lösen. Wie wurde Roffel vergiftet? Was geschah während der letzten Reise? Und was begab sich in jener ersten Nacht, als die *God's Bright Light* bei Queen's Hithe vor Anker lag? Bis jetzt haben wir noch keinen Hinweis, nicht die geringste Spur und keinen losen Faden – bis auf einen: Unser lieber Admiral Sir Jacob Crawley muß noch einmal vernommen werden.«

»Sir John, ich habe mein Ale ausgetrunken«, schrie Leif aus der anderen Ecke des Schankraumes.

Sie John spähte über die Schulter zu dem Bettler hinüber, der auf einem Schemel hockte und ihm zuwinkte.

»Ich gehe jetzt wohl besser, Bruder. Lady Maude wartet. Willst du mitkommen?«

Athelstan schüttelte den Kopf. Er rollte sein Pergament zusammen und schob es mit seinen Schreibgeräten in die Ledertasche.

»Nein, Sir John, ich gehe lieber nach Hause.« Sein Gesicht hellte sich auf. »Benedicta kommt bald zurück, und ich habe ein paar Fragen an Master Ashby. Außerdem mache ich mir Sorgen wegen Marston, der sich vor der Kirche herumtreibt. Dieses Problem müssen wir auch noch lösen, Sir John.«

Cranston stand auf und drehte seinen Biberhut in den Händen. »Aye«, knurrte er, »und Shawditch wird wegen dieses verfluchten Einbrechers auch schon an meine Tür hämmern. Wirst du gefahrlos heimkehren können, Bruder?«

Athelstan erhob sich. »Wer«, fragte er mit großer Feierlichkeit, »würde es wagen, dem Secretarius des Coroners der Stadt London ein Haar zu krümmen?«

Sir John grinste und entfernte sich.

»Und vergeßt nicht, Sir John«, rief Athelstan ihm nach, ohne auf die überraschten Blicke der anderen Gäste zu achten, »Ihr habt versprochen, in unserem Stück die Rolle des Satans zu spielen!«

»Keine Sorge!« rief Cranston zurück. »Sogar Lord Beelzebub wird kochen vor Neid, wenn er mich in all meiner fürstlichen Pracht auf der Bühne sieht.«

Cranston rauschte hinaus, und Leif hüpfte schnatternd wie ein Eichhörnchen hinter ihm her.

Athelstan seufzte. Er holte sein Pferd aus dem Stall und ritt durch die stille, dunkle Cheapside. Das alte Pferd fand seinen Weg allein; er saß halb dösend im Sattel, und die Ereignisse des Tages schwirrten noch einmal durch seine Gedanken. Um ihn herum waren die Laute der Nacht – Geschrei und Gesang aus den Schenken, Kindergeheul aus einem hohen Fenster, Hundegebell. Katzen schlichen zwischen den Schatten umher und durchstreiften die Kloaken, stets wachsam auf der Suche nach den Mäusen und Ratten, die dort stöberten. Athelstan bekreuzigte sich und intonierte leise in der Dunkelheit: »*Veni Sancte Spiritus* – komm, Heiliger Geist, und sende vom Himmel herab Dein Licht ...«

Als er an der London Bridge ankam, zeigte er den Ausweis vor, den Sir John ihm gegeben hatte, und die Wache ließ ihn passieren. Auf halbem Wege hielt er an; zwischen den zusammengedrängten Gebäuden auf der Brücke schimmerte die Themse herauf. Der Nachtnebel riß auf und offenbarte die Schlachtschiffe, die dort vor Anker lagen.

»Oh Herr«, betete Athelstan, »löse diese Rätsel und kläre die schrecklichen Morde, die Geheimnisse des Meeres.«

Und er dachte an all die Leute, denen er an diesem Tag begegnet war: Emma Roffel, der Menschenfischer, die arme, unglückliche ermordete Magd, die Revisoren, rätselhaft und bedrohlich.

»Wir sind wie scharfe unverhüllte Messerklingen«, murmelte er. »Wenn wir uns drehen, schneiden wir.«

Er trieb Philomel voran und trabte von der Brücke hinunter in das Gewirr der Gassen von Southwark.

Acht

Und während Athelstan nach St. Erconwald ritt, begannen andere, die ebenfalls in die Geheimnisse um die *God's Bright Light* verwickelt waren, zu handeln. Der Mann, der in einer Schenke bei Queen's Hithe saß, starrte durch das offene Fenster hinaus und sah zu, wie der Nebel über dem Fluß immer dichter wurde. Er bemühte sich, die mörderische Wut im Zaum zu halten, die heiß in seinen Adern kochte und ihm das Blut durch Kopf und Herz hämmern ließ. Seine Hand lag auf dem Dolch an seinem Gürtel.

»So weit weg«, murmelte er. »So verdammt weit weg, und doch so nah!«

Er holte tief Luft, schloß die Augen und lehnte sich zurück. Er dachte an Roffel, wie er über das Deck stapfte; der Wind blähte das Großsegel, und das Schiff zerteilte die Wellen, wie ein Messer durch Sahne schneidet – mit Kurs auf das Fischerboot. Die Mannschaft dort war dem Untergang geweiht! Roffel führte die Entermannschaft selbst an; er verschloß die Ohren vor den um Gnade flehenden Schreien, vor allem vor den Schreien dieser Engländer. Und später dann, in der Kapitänskajüte ...

Der Mann öffnete die Augen und beugte sich vor. Alles hatte sich so gut angelassen, und dann wurde Roffel auf mysteriöse Weise krank und starb. Jetzt war alles verloren. Der Mann senkte den Blick auf das Pergament, das ihm in die Hand gedrückt worden war, als er in der Vintry gesessen und getrunken hatte. Er las es noch einmal.

»Das verdammte Luder!« fluchte er.

Er warf das Pergament ins Feuer, stand auf und verließ die Schenke.

In einem anderen Teil der Stadt machte sich Bernicia für den Abend zurecht. Sie saß vor der polierten Stahlscheibe, die ihr als Spiegel diente, und betrachtete sich lächelnd.

»Er ... sie ...«, murmelte sie.

Sie würde allen falschen Anschein fallenlassen; schließlich war ihr Geheimnis bei Cranston sicher. Bernicia sah sich als Frau; sie dachte wie eine und fühlte wie eine. Sie betrachtete die billigen Ringe an ihren Fingern und war froh, daß Roffel tot war. Keine abgehackten Gliedmaßen, keine blutigen Geschenke, keine Grausamkeiten mehr! Bernicia war entschlossen, ein neues Leben zu beginnen. Sie beendete ihre Toilette, raffte ihren pelzgefütterten Kapuzenumhang an sich, löschte die Kerzen und schlüpfte hinaus auf die schattendunkle Straße, nachdem sie die Haustür hinter sich verschlossen hatte. Weit hatte sie es nicht; bald war sie an einer kleinen Schenke an der Ecke der Pigsnout Alley angekommen, einer schäbigen, schmutzigen Saufhöhle, wo die Männer auf wackligen Schemeln saßen und Fässer als Tische dienten. Bernicia ging auf den wohlhabend aussehenden Wirt zu, der ein ledernes Wams trug, eine braune Wollhose und eine fleckenlose weiße Schürze. Sie sah ihm an, daß er sie erkannte, aber das Ritual war immer das gleiche.

»Mistress, was möchtet Ihr?«

»Einen Becher Wein.«

»Roten oder weißen?«

»Beides hätte ich gern.«

»Und welche Sorte darf es sein?«

Bernicia erinnerte sich an die Parole für diese Woche. »Es heißt, der Saft von Bastogne sei frisch.«

Der Mann winkte sie durch in die kleine Küche und über einen gepflasterten Hof in eine Hütte, die wie eine Latrine aussah, doch in dem kleinen Raum waren Tische und Kornsäcke gelagert. Büschel von gelbem Heu und Stroh bedeckten den Boden wie ein dicker Teppich. Der Wirt schob einen Handkarren beiseite, befreite eine Stelle des Bodens mit dem Fuß vom Stroh und legte eine Falltür frei. Er zog sie auf – sie machte kaum ein Geräusch. Bernicia lächelte, als sie den Lichtschein sah und leises Geplauder hörte, den Klang einer Gambe und gedämpftes Lachen. Sie raffte ihren Rock hoch und stieg vorsichtig die Treppe hinunter. Der Raum dort unten war riesig, ein ausgedehnter, unterirdischer Lagerraum, dessen Wände und Säulen sauber geschrubbt und weiß gestrichen waren. Überall waren Fackeln angebracht, die Licht und ein wenig Wärme spendeten. Bernicia blieb im Schatten am Fuße der Treppe stehen und schaute mit kajalgeschwärzten Augen in die Runde. Ein paar der Gäste kannte sie; es waren Geschöpfe wie sie, die ein heimliches Leben unter denen führten, deren Gelüste sie befriedigten – Geistlichen, Kaufleuten, gelegentlich sogar Adligen. Jeder Tisch mit seinen beiden Stühlen war sorgsam so aufgestellt, daß man möglichst intim und unbelauscht beieinander saß; so konnten die Gäste sich unterhalten und zugleich aufmerksam beobachten, wer da kam und ging, ob über die Treppe oder durch den geheimen Gang am hinteren Ende des Raumes. Die Luft duftete süß; Kerzen und Kohlenbecken verströmten den Geruch von Kräutern, der sich mit dem schweren Parfüm mischte, mit dem einige der Gäste ihre Leiber wuschen. Gleichwohl spürte Bernicia unterschwellige Erregung, ja, Gefahr. Jeder hier war wachsam und auf der Hut vor Verrätern und Spitzeln. Wenn die königliche Wache in einen solchen Ort eindrang, würden die Anwesenden entweder auf das Schafott geschickt oder, schlimmer noch, in Smithfield gepfählt werden.

Ein Page in einer hautengen Hose und einem offenen Leinenhemd kam federnd und hüftenschwenkend auf sie zu.

»Einen Tisch, Mistress?«

Bernicia lächelte und küßte den Knaben auf die Wangen.

»Natürlich.«

Der Page tänzelte vor ihr her und führte sie zu einem Tisch zwischen zwei Pfeilern. Er stellte eine kleine, umschirmte Kerze auf und brachte auf Bernicias Bitte hin einen Krug mit kühlem Weißwein und zwei Becher.

»Kapitän Roffel kommt nicht?« fragte der Page.

»Ich glaube nicht«, antwortete Bernicia hämisch. »Es sei denn, er könnte aus dem Sarg klettern.«

Der Junge zog einen mädchenhaften Schmollmund und ging davon. Bernicia goß sich einen Becher Wein ein und wartete. Vielleicht hatte sie heute abend das Glück, einen neuen Patron zu finden, jemanden, der ihre Fähigkeiten als Kurtisane zu schätzen wußte. Sie schrak zusammen, als eine vermummte Gestalt neben ihr auftauchte.

»Bernicia, wie reizend, dich hier zu sehen.«

Der Mann wartete nicht auf eine Einladung, sondern setzte sich ihr gegenüber auf den Stuhl. Wie viele Gäste hier weigerte er sich, seine Kapuze abzustreifen, aber Bernicia sah das Funkeln der Augen in einem harten, sonnenverbrannten Gesicht. Ihr Blick fiel auf die Hände des Fremden, wettergegerbt, aber sauber und mit kurzgeschnittenen Nägeln. Bernicia lächelte; ein Seemann, dachte sie, vielleicht ein Kapitän wie Roffel? Sie rückte ihren Stuhl näher an den Tisch.

»Möchtest du Wein?«

Der Fremde legte ein Silberstück auf den Tisch. Bernicias Augen weiteten sich, und hastig füllte sie den Becher für den unerwarteten Gast.

»Wer bist du?«

»Wir hatten einen gemeinsamen Bekannten«, sagte der Fremde.

»Wen denn?«

»Kapitän William Roffel, den ehemaligen Herrn über das Schiff *God's Bright Light*. Der Mistkerl verschimmelt jetzt in seinem Grab auf dem Friedhof von St. Mary Magdalene. Du warst seine Dirne?«

»Ich war seine Freundin«, verbesserte Bernicia verärgert.

»Nun, ich möchte, daß du auch meine Freundin bist«, sagte der Mann. »Nimm dieses Silberstück als Unterpfand meiner Freundschaft.«

Die Silbermünze verschwand. Bernicia erhob keine Einwände, als die Hand des Fremden unter den Tisch glitt und ihr Bein zu liebkosen begann.

»Woher kanntest du Kapitän Roffel?« fragte sie. Als sie sich umschaute, sah sie den Pagen dastehen. »Geh weg!« rief sie mit einem Schmollmund. »Geh und bring uns noch Weißwein und einen Teller mit Zuckerwerk für meinen Freund!«

Sie wartete, bis der Page sich hinternwackelnd außer Hörweite begeben hatte.

»Also? Wer bist du?«

»Ich habe einmal bei Roffel auf der *God's Bright Light* gedient.«

Bernicia verbarg das Gesicht hinter den Fingern und kicherte.

»Was erheitert dich so?«

»Bist du einer von der Wache?«

Der Fremde lachte leise. »Vielleicht. Ein Mann, der für tot gehalten wird, ist für niemanden mehr eine Gefahr, vor allem nicht, wenn er ein Vermögen in Silber besitzt.«

Bernicia fuhr sich mit der Zunge über karmesinrot geschminkte Lippen; sie beugte sich vor und berührte sanft die Wange des Mannes.

»Mochtest du Roffel?« fistelte die Hure.

»Er war ein Schwein«, antwortete der Fremde, »und er hat bekommen, was er verdient hat. Genau wie ich. Kanntest du jemanden von seiner Mannschaft?«

Bernicia schüttelte den Kopf. »Kapitän Roffel hat mich immer ferngehalten von dem, was er seinen ›Beruf‹ nannte. Aber einige seiner Männer«, fügte sie in nörgelndem Ton hinzu, »wußten wohl von mir.« Bernicia schob sich noch ein bißchen näher. »Ich glaube, ich habe dich schon einmal gesehen. Bist du nicht Bracklebury, der Erste Maat?«

Der Seemann lachte. »Was bedeutet das schon? Ich glaube, du wirst noch mehr von mir zu sehen bekommen, wer immer ich sein mag.«

»Wieviel mehr?« neckte Bernicia.

Der Page brachte einen neuen Krug Wein, und der Abend nahm seinen Fortgang. Irgendwann brachen Bernicia und ihr neugefundener Patron auf.

»Komm«, wisperte sie, während sie durch die Gassen eilten. »Sei heute nacht mein Gast.«

Sie erreichten Bernicias Haus, und sie führte ihren

Gast zu dem Erker, in dem auch Athelstan und Cranston gesessen hatten. Das Feuer war entfacht, Kerzen angezündet und Wein aufgetischt. Der Seemann nahm Mantel und Kapuze ab und genoß die wohlige Wärme, während Bernicia ihn unauffällig musterte; sie sah wohl die guten Stiefel mit den hohen Absätzen, die lederne Jacke und das weiße Leinenhemd, das am Hals offen stand. Sie berührte ihren Gürtel, in dem das Silberstück steckte, und lächelte verstohlen.

»Wieviel hat Roffel dir erzählt?« fragte der Seemann plötzlich.

Bernicia lachte nur. Der Mann beugte sich vor, und seine Augen waren hart.

»Über seine letzte Reise und das Silber?«

Bernicia klapperte mit den Wimpern und schaute den Seemann kokett an.

»Ich verrate keine Geheimnisse«, flüsterte die Hure. »Roffel ist tot. Er kann mit seinem Silber zur Hölle fahren. Na, komm! Ich will darüber nicht weiter reden. Noch etwas Wein?«

Bernicia erhob sich, nahm den Becher des Seemanns und ging hinüber zu einem kleinen Tisch, um ihm nachzuschenken. Dabei lächelte sie, fuhr aber erschrocken herum, als sie einen Schritt hörte. Der Mann kam mit dem Dolch in der Hand auf sie zu. Bernicia kreischte auf und rannte zur Tür. Der Seemann packte die Hure bei den Haaren – und fluchte, als er die Perücke in der Hand hielt. Schluchzend und jammernd griff Bernicia nach dem Riegel, wollte ihn aufschieben, aber der Kopf wurde ihr in den Nacken gerissen, und das Messer durchtrennte ihre zarte Kehle von einem Ohr zum anderen.

Athelstan, frisch und ausgeschlafen, sah am nächsten Morgen in der Messe eine größere Gemeinde als sonst vor sich. Ashby, der bei Athelstans Rückkehr am Abend zuvor in tiefem Schlummer gelegen hatte, half Crim wiederum beim Altardienst. Rasiert und gewaschen sah er schon ansehnlicher aus. Er hatte sich am Tag zuvor eifrig betätigt, hatte den Gemeindemitgliedern geholfen, den großen Karren ins Querschiff zu fahren, und von den Altarstufen aus Anweisungen beim Aufspannen der großen rückwärtigen Plane gegeben.

Athelstan lächelte leise, als er die letzten Worte der Messe sprach. *Ite missa est* – geht, ihr seid entlassen. Er verneigte sich, küßte den Altar und sah sich dann kurz unter den Leuten um, die sich hinter dem Lettner zusammenkauerten. Aveline war da, das Gesicht halb hinter einem Schleier verborgen. Sie saß auf einem Schemel in einer Ecke des Chors und ließ ihren Geliebten nicht aus den Augen. Und dort hockte Watkin, der Mistsammler, und funkelte Pike, den Grabenbauer, wütend an. Athelstan stöhnte; ihre Feindseligkeit hatte auf ihre Ehefrauen übergegriffen, die einander jetzt auch mit schmalen Augen anblitzten. Der Maler Huddle saß auf seinen Fersen und schaute verträumt zur Decke hinauf. Mugwort, der schwachsinnige, bucklige Glöckner, zappelte wild; er brannte darauf, durch das Kirchenschiff zu laufen und die Glocke zu läuten, um anzuzeigen, daß die Messe vorüber war. Ursula, die Schweinebäuerin, war ebenfalls da, und neben ihr hingestreckt lag ihre mächtige Lieblingssau. Neben Ursula saß Pemel, die Flämin; sie hatte versucht, sich die Haare zu färben, und jetzt hingen sie in einem Gemisch aus Schwarz und Flachsgelb herunter und sahen neben dem weiß geschminkten Gesicht um so scheußlicher aus.

Athelstan verbarg seine Enttäuschung. Er hatte sich während der Messe von dem Gedanken ablenken lassen, daß Benedicta vielleicht kommen würde. Die Witwe mit der glatten, olivfarbenen Haut, den entzückenden Augen und dem kohlschwarzen Haar ging ihm ab. Oft erzählte er ihr, womit er und Cranston gerade beschäftigt waren, und fragte sie um Rat. Benedicta hatte einen klugen Verstand, einen scharfen Witz und einen sarkastischen Humor, der sich als wertvoll erwies, wenn es darum ging, die verschiedenen Streitparteien im Gemeinderat miteinander zu versöhnen.

Athelstan seufzte und ging mit wehenden Gewändern in die Sakristei. Crim half ihm, sie abzulegen, während die Gemeinde pfeilschnell zu dem großen Wagen hinüberrannte und weiter über die Frage debattierte, wer was wann wo und wie tun sollte. Athelstan trat wieder hinaus und half Crim, den Altar abzuräumen und Buch, Glocke und Wein- und Wasserkännchen zu verstauen; dabei sah er, daß Lady Aveline und Master Ashby tief ins Gespräch versunken waren. Er bot ihnen ein Frühstück an, aber sie lehnten höflich ab; Ashby deutete auf die Provianttasche, die Lady Aveline mitgebracht hatte. Als Athelstan sah, daß seine Pfarrkinder in Wortgefechte verwickelt waren, verließ er unauffällig die Kirche und ging hinüber, um nach Philomel zu sehen. Dann ging er weiter ins Pfarrhaus.

Erstaunt sah er sich um. Die Küche war gefegt, frische Binsen bedeckten den Boden, und das Feuer war angefacht. Neben einem Teller mit dampfender Hafergrütze und dem Hornlöffel lag eine Scheibe Brot mit Butter und Käse. Ein Krug Ale stand auch auf dem Tisch. Athelstan hörte ein Geräusch aus der Speisekammer und grinste, als Benedicta herauskam.

»Lady, ich dachte, Ihr wärt noch nicht wieder da«, sagte er.

Er ergriff die warmen Hände der Witwe und gab ihr einen sanften Kuß auf die Wange. Benedicta trat errötend zurück, aber in ihren Augen funkelte die Fröhlichkeit.

»Ich wollte Euch überraschen, Pater. Nun, gefällt es Euch?« Sie deutete mit gespieltem Ernst in die Küche. »Im Herd war nur noch Asche, die Binsen waren nicht ausgewechselt worden, der Tisch war nicht geschrubbt, und ich glaube, ordentlich gegessen habt Ihr auch nicht.«

»Ich war bei John Cranston«, murmelte Athelstan.

Aber bevor er erzählen konnte, was sich ereignet hatte, schob Benedicta ihn sanft durch die Küche und forderte ihn auf, zu essen, bevor die süße Grütze kalt wurde. Athelstan gehorchte; er bemühte sich, seine heimliche Freude über das Wiedersehen mit der Freundin zu verbergen. Bonaventura, der die Nacht mit Jagd und Liebeswerben verbracht hatte, kam durch das offene Fenster herein und forderte mit klagendem Maunzen sein Schälchen Milch. Dann schleckte er gierig und streckte sich vor dem lodernden Feuer aus, während Benedicta von ihrer Besuchsreise berichtete. Danach saß sie geduldig da und hörte zu, wie Athelstan ihr von den Geheimnissen um die *God's Bright Light* erzählte, vom Tod William Roffels und dem Mord an Sir Henry Ospring.

»Ein Rätsel«, bestätigte Benedicta. »Lady Aveline habe ich gestern abend kennengelernt. Sie war bei Ashby. Außerdem habe ich diesem gedungenen Raufbold Marston befohlen, die Kirche zu verlassen. Aveline ist keine Mörderin«, fuhr sie fort. »Aber wie wollt Ihr beweisen, daß sie ihren Stiefvater in Notwehr erstochen hat? Und was die andere Sache angeht – Sir John würde wohl sagen: ›Bei den Zähnen der Hölle: Komplott und Gegenkomplott!‹« Sie stützte die Arme auf den Tisch. »Aber es kommt noch Schlimmeres«, fügte sie düster hinzu.

Athelstan legte seinen Löffel aus der Hand und starrte sie an. »Wieso?«

Benedicta verbarg ein Lächeln. »Ihr wißt von dem Streit zwischen Pike und Watkin?«

Athelstan nickte müde.

»Nun, Watkins Frau sagt jetzt, die Gattin Gott Vaters stehe höher als die Gattin des Heiligen Geistes.«

Athelstan schlug die Hände vors Gesicht.

»Nie wieder«, schwor er, »nie wieder werde ich erlauben, daß in dieser Gemeinde ein Mysterienspiel aufgeführt wird.« Er hob den Kopf, als es klopfte. »Herein!« rief er.

Aveline trat ein und lächelte Benedicta schüchtern zu. Athelstan erhob sich.

»Mylady, was gibt's?«

»Pater, gestern abend habe ich Sir Henrys Papiere durchgesehen . . . «

Athelstan führte sie zu einem Stuhl.

» . . . und dabei habe ich dies hier gefunden.«

Sie gab ihm ein Stück Pergament, verschmiert und voller Daumenabdrücke. Athelstan strich es auf dem Tisch glatt. Es war eine Zeichnung darauf – zwei parallel verlaufene Linien, von Kreuzen umgeben. Athelstan starrte sie an.

»Mylady, was ist denn daran so außergewöhnlich?«

»Ich weiß es nicht, Pater. An sich bedeutet es vielleicht wenig, aber ich habe es in der Panzerschatulle meines Stiefvaters versteckt gefunden. Sie hatte einen doppelten Boden. Als ich ihn aufhob, lag die Zeichnung darunter.«

Athelstan starrte auf das Pergament.

»Warum versteckt Sir Henry ein scheinbar unauffälliges Blatt, wenn es nicht wirklich etwas sehr Kostbares oder Gefährliches ist?« Er trommelte mit den Fingern auf dem Tisch. »Ich habe so etwas schon einmal gesehen«, sagte er. »In Kapitän Roffels Stundenbuch. Die gleiche Zeichnung, die gleichen Kreuzmarkierungen.«

»Darf ich es sehen?« fragte Benedicta.

Athelstan reichte ihr das Pergament. Benedicta betrachtete es lange; dann blickte sie auf und lächelte Aveline an.

»Mein Mann, Gott schenke ihm die ewige Ruhe, war Kapitän zur See. Athelstan, habt Ihr Euch überlegt, daß diese Linien eine Karte darstellen könnten? Die obere zeigt die Küste von Frankreich – genauer gesagt, den Abschnitt von Calais« –, sie deutete auf eines der Kreuze – »bis zum Hafen von Dieppe. Die untere Linie ist die englische Küste. Die Kreuze könnten Schiffe sein.«

Athelstan konnte seine Erregung kaum im Zaum halten. »Zum erstenmal ergibt die Sache einen Sinn«, flüsterte er und schaute Aveline an. »Mylady, Euer Stiefvater war nicht nur Grundbesitzer und Kaufmann. Was war er noch?«

Aveline verzog das Gesicht. »Er war dafür verantwortlich, in der Grafschaft Truppen auszuheben, sollten die Franzosen einfallen.«

»Und was hat er noch getan?«

»Er hat der Krone Geld geliehen.«

»Ach, kommt, Aveline – was noch?«

Die junge Frau fuhr sich nervös mit der Zunge über die Lippen. »Nachts kamen oft Besucher in unser

Haus, vermummte Männer, die lautlos wie Schatten auftauchten und wieder verschwanden. Ich glaube, es waren Spione. Manchmal half mein Stiefvater ihnen, nach Frankreich überzusetzen, aber nicht nach Calais, sondern in andere Häfen, die sich in französischem Besitz befinden.«

»Woher wißt Ihr das?«

»Mein Stiefvater traf sich immer nachts mit ihnen. Zuweilen ging ich noch nach unten und kam an seinem Zimmer vorbei, und dann saßen die Männer da, stets mit dem Rücken zur Tür. Es wurden Briefe ausgetauscht, und ich hörte auch Geld klimpern.« Sie schüttelte den Kopf. »Aber ich weiß so wenig. Mein Stiefvater behielt solche Geschäfte für sich. Er hatte mächtige Freunde bei Hofe, und sie entlohnten ihm seine Arbeit mit Gefälligkeiten.«

Athelstan stützte den Kopf auf beide Hände und starrte ins Feuer.

»War Ashby dann auch dabei?«

»Nein, nie.«

»Aber wer könnte außer Eurem Stiefvater noch davon wissen?«

Aveline lächelte. »Marston vielleicht. Manchmal hat er die Leute zur Küste gebracht.«

»Darf ich diese Zeichnung behalten?« fragte Athelstan.

Aveline nickte und wollte etwas sagen.

Der Ordensbruder hob die Hand. »Bevor Ihr sprecht, Lady Aveline: Ich habe Euch und Master Ashby nicht vergessen.«

Aveline lächelte, stand auf und ging.

Athelstan starrte weiter ins Feuer.

»Was meint Ihr, Bruder?« fragte Benedicta.

»Meiner Ansicht nach war Sir Henry Ospring ein

viel zu mächtiger Edelmann, der viel zu viele Finger in viel zu vielen Töpfen hatte. Wir wissen, daß Roffel zwischen Calais und Dieppe ein Fischerboot aufgebracht und versenkt hat. Wir wissen, daß ihm der junge Ashby einen versiegelten Umschlag überbrachte. Ich vermute nun, daß der Umschlag eine Kopie dieser Karte enthielt, und darüber hinaus genaue Anweisungen, wo und wann das Boot aufzubringen war. Aber zunächst einmal ist daran ja nichts Besonderes. Ospring könnte Gerüchte von einer kostbaren Fracht gehört haben.« Er klopfte mit dem Finger auf die rohe Zeichnung. »Doch in diesem Fall befanden sich wichtige Botschaften und englische Spione an Bord des Schiffes.« Athelstan stand auf und hielt die Hände ans Feuer, um sie zu wärmen. »Am liebsten würde ich Marston zur Rede stellen, um festzustellen, ob er etwas weiß, aber das könnte diese Leute aufmerksam machen.« Er sah sich um und lächelte. »Benedicta, wollt Ihr mir einen Gefallen tun?«

»Was Ihr wollt, Pater.«

»Vergeßt den Streit zwischen Pike und Watkin. Ich möchte, daß Ihr eine kurze Nachricht in die eisenbeschlagene Truhe vor der Statue Unserer Lieben Frau mit dem Kinde in der St. Paul's-Kathedrale legt.« Sein Lächeln wurde breiter, als er den Ausdruck der Verwunderung in Benedictas Gesicht sah.

»Eine ganz einfache Nachricht. Schreibt nur: ›Ihr Heiligen Peter und Paul, bittet für uns.‹ Unterschreibt mit Bruder Athelstan. Keine Sorge«, fügte er trocken hinzu, »die heiligen Apostel werden nicht einschreiten, aber zwei Herren vom Schatzamt werden sehr erfreut sein, ihre Bekanntschaft mit mir zu erneuern.«

Er durchquerte die Küche und nahm seinen Mantel von einem Haken an der Wand.

»Aber jetzt muß ich mir eine Baustelle anschauen.«

Er verabschiedete sich von der ratlosen Benedicta und ging um das Haus herum, um den wie stets widerstrebenden Philomel zu satteln. Wenig später ritt er durch die engen Gassen von Southwark. Er sah Marston und die anderen Kerle vor einer Schenke stehen; von dort aus konnten sie die Kirchentür im Auge behalten. Athelstan machte ein Kreuzzeichen in ihre Richtung und lächelte leise. Wenn sein Verdacht sich als richtig erwies, würde Marston sich bald nicht mehr nur um den armen Ashby Sorgen machen müssen.

Es war ein kalter, aber klarer Tag; starker Reif hatte Pfützen und Wagenspuren überfrieren lassen. Philomel, den Athelstan für das schlaueste Pferd der Welt hielt, ging dem Eis geschickt aus dem Weg, aber auch den Läden und Marktständen. Endlich kam Athelstan zu einem Platz, an dem Bauleute ein dreistöckiges Haus für einen Kaufmann errichteten, der den Zöllen, Abgaben und Steuern entgehen wollte, mit denen die Häuser am anderen Ufer belegt wurden. Athelstan beobachtete, wie die schimpfenden und fluchenden Männer, deren Atem schwer in der frostigen Morgenluft hing, ihre Steine auf wackligen Leitern nach oben schleppten. Zimmerleute sägten Holz, und Lehrjungen sprangen umher wie Äffchen. Athelstan sah den Bauleuten gern bei der Arbeit zu, und als sie ihm Grüße zuriefen, winkte er zur Antwort. Seine besondere Aufmerksamkeit galt dem Dachdecker; er bewunderte seine Geschicklichkeit und Sicherheit. Schließlich machte er kehrt und ritt zurück in Richtung London Bridge. Als er an seiner Kirche vorbeikam, stürzte Crim, der Altarjunge, heraus.

»Pater! Pater!«

Athelstan zügelte Philomel. Er befürchtete schon,

Marston und seine Kerle hätten irgendwelche Bosheiten versucht; besorgt schaute er zur Kirche, aber alles schien ruhig zu sein.

»Was gibt's denn, Crim?«

»Pater«, stotterte der Junge, »der Lord Roßzermalmer!«

»Du meinst Sir John Cranston, den Coroner der Stadt London?«

»Aye, Pater, den alten Fettarsch.«

»Crim!«

»Verzeihung, Pater, aber er hat einen Boten herübergeschickt. Ihr wißt doch, Pater – den mit dem verkniffenen Hintern, der wie eine Ente watschelt und immer das Gesicht verzieht, als ob er etwas Faules gerochen hätte.«

»Und was hat dieser Bote gesagt?« fragte Athelstan geduldig.

»Sir John will Euch dringend in der Cheapside sehen. Lady Benedicta ist schon losgegangen«, fügte er atemlos hinzu. »Sie wollte dort vorbeigehen und Sir John sagen, daß Ihr unterwegs seid.«

Athelstan warf dem Jungen eine Münze zu und setzte seinen Weg fort. Zum erstenmal seit Wochen trieb er Philomel zum schnellen Trab und machte sich kaum noch die Mühe, die Grüße und Zurufe zu beantworten. Er trappelte auf die Brücke und schaute nicht nach rechts oder links. Weshalb mochte Sir John wohl so ungeduldig nach seiner Anwesenheit verlangen? Aus Höflichkeit klopfte er am Haus des Coroners in der Cheapside, aber Lady Maude teilte ihm mit schmalen Lippen lediglich mit, »der Vogel« sei »längst ausgeflogen«.

»In seine Kanzlei im Rathaus – sagt er wenigstens«, ergänzte sie düster. »Und Ihr wißt ja, wo das ist, Pater?«

Athelstan lächelte taktvoll. Als die Tür sich geschlossen hatte, führte er den schnaubenden, wiehernden Philomel, der immer noch gegen die ungewohnt rauhe Beanspruchung protestierte, über den geschäftigen Marktplatz. Dann gab er die Zügel einem Pferdeknecht und betrat die Schankstube vom »Heiligen Lamm Gottes«. Sir John saß bereits da; vor sich hatte er zwei große leere Weinbecher und ein paar Krumen von einer Pastete.

»Guten Morgen, Sir John.«

Cranston rülpste leise.

»In bester Verfassung wie immer, sehe ich«, sagte Athelstan und setzte sich zu ihm.

»Es hat schon wieder einen verdammten Mord gegeben«, verkündete Cranston. »Erinnerst du dich an Bernicia, Roffels kleines Flittchen? Na, sie – oder er – ist tot. Kehle durchgeschnitten, von einem Ohr zum anderen, und das ganze Haus auf den Kopf gestellt.« Cranston schlug mit der flachen Hand auf den Tisch. »Weiß der Himmel – sagt man nun er oder sie? Jedenfalls, Bernicia ist tot.«

»Bernicia führte ein Schattenleben«, antwortete Athelstan.

»Was kümmert es mich, wie die Kreatur lebte?« blaffte Cranston. »Gott schenke dem armen Hund die ewige Ruhe. Aber hör dir das an, Bruder.« Er verlagerte seine Körpermassen. »Es gibt nicht viele Orte in London, wo jemand wie Bernicia hingehen kann. Vier oder fünf Spelunken, alles in allem, und alle nur ein paar Schritte voneinander entfernt.« Cranston unterbrach sich und brüllte nach einem vollen Becher. »Für gewöhnlich kümmere ich mich nicht um diese Häuser. Mich dauern die armen Menschen, die dort verkehren. Aber heute morgen, nachdem ich Bernicias Leiche gesehen hatte, war ich dort. Anfangs leugnete er, wie erwartet, aber dann förderte der silberzüngige Wirt einen Pagen zutage, der eine Reihe von Tatsachen auf seinen Eid nahm. Erstens: Bernicia war am Abend zuvor dort gewesen. Zweitens: Die Hure hatte sich mit jemandem getroffen und war mit ihm fortgegangen.«

»Und?«

»Der Junge sagt, der Fremde könnte Bracklebury gewesen sein. Jedenfalls war es ein Seemann, der Roffel und die *God's Bright Light* kannte.«

Athelstan lehnte sich zurück und pfiff durch die Zähne.

»Seltsam«, murmelte er. »Ein logischer Irrtum, Sir John. Ich hatte immer angenommen, die Schiffswache sei entweder tot oder geflohen.«

»Wenn es jemand von der Wache war«, sagte Sir John, »dann ändert sich das Bild, und es wird so einfach, daß man sich verwundert fragen kann, warum wir nicht schon eher darauf gekommen sind. Der Erste Maat hat die beiden Matrosen umgebracht und ist dann vom Schiff gesprungen. Warum oder womit er die Tat begangen hat, wissen wir noch nicht.«

»Doch, ich glaube, wir wissen zumindest ersteres«, antwortete Athelstan.

Er zog die roh gezeichnete Seekarte hervor, die Aveline ihm am Morgen gegeben hatte, und trug Cranston in knappen Worten seine eigenen Schlußfolgerungen vor.

Cranston nahm einen Schluck aus dem Becher, den der Wirt ihm hingestellt hatte. »Demnach hätte Ospring Roffel also angewiesen, das Fischerboot aufzubringen und zu versenken. Aber warum? Soll das heißen, Ospring und Roffel waren Verräter?«

»Das hängt davon ab«, sagte Athelstan, »was sich auf diesem Fischerboot befand. Um das herauszufinden, habe ich Benedicta mit einer Bittschrift in die St.-Paul's-Kathedrale geschickt. Nur unsere Freunde, die Revisoren, können uns diese Frage beantworten.«

»Es gibt aber noch andere, die wir befragen müssen«, sagte Cranston. »Deshalb habe ich alle Beteiligten – Admiral Sir Jacob Crawley, die anderen Offiziere und Mistress Roffel selbstverständlich – aufgefordert, gleich nach Mittag zu uns ins Rathaus zu kommen. Dem Zahlmeister Coffrey habe ich aufgetragen, das Logbuch des Schiffes mitzubringen.« Cranston schmatzte und streckte sich. »Bis dahin sollten wir es uns hier gemütlich machen. Was können wir sonst tun?«

Athelstan schaute verzweifelt auf die geleerten Weinbecher.

»Da wäre schon noch was, Sir John: dieser Einbrecher. Ich glaube, wir können ihm eine Falle stellen.«

Cranston ließ seinen Becher dröhnend auf den Tisch niederfahren.

»Fragt mich jetzt nicht, wie.« Athelstan lächelte. »Ich kenne Euch, Sir John – Ihr habt ein großes Herz, aber eine lose Zunge. Ich möchte, daß einer Eurer mächtigen Kaufmannsfreunde für zwei, drei Tage verreist. Er soll seine Familie mitnehmen und dafür sorgen, daß es öffentlich bekannt wird.«

Cranston starrte zu den Deckenbalken hinauf. »Da gibt es keinen«, sagte er. »Oh, doch – mein guter Arzt Theobald de Troyes; der hat ein Anwesen in Suffolk, da könnte er hin. Vielleicht kann ich ihn überreden.«

»Tut es gleich«, drängte Athelstan; er wollte einen möglichst großen Abstand zwischen Cranston und den nächsten Weinbecher bringen. »Aber sagt ihm, er soll erst in zwei oder drei Tagen abreisen.«

»Und wenn er nicht will?«

Athelstan zuckte die Achseln. »Dann müssen wir jemand anderen suchen.«

Maulend stapfte Cranston zur Tür hinaus. Athelstan lehnte sich seufzend zurück, schloß die Augen und fragte sich, ob Benedicta die Nachricht inzwischen überbracht hatte.

»Pater, wollt Ihr etwas essen oder trinken?«

Athelstan fuhr hoch und schaute in das besorgte Gesicht der Wirtin.

»Nein, danke.« Er lächelte. »Ich glaube, Sir John hat sich für uns beide bereits wacker geschlagen.«

Es machte den Ordensbruder befangen, allein in der Schenke zu sitzen, und so ging er hinaus in die Cheapside und zur Kirche von St. Mary Le Bow. Eine Zeitlang kniete er vor dem Altar und sprach ein paar Gebete; dann bewunderte er die schönen bunten Glasfenster im Kirchenschiff. Die leuchtenden Farben des kunstvoll zusammengefügten Glases erfüllten ihn immer wieder mit neuem Staunen. In seiner Darstellung des auferstandenen, verklärten Christus, der die Hölle bekämpfte und die Seelen befreite, die seines Kommens geharrt hatten, war es dem Künstler gelungen, die Verzückung in den Gesichtern der Heiligen und die Wut der schwarzen Dämonen, die hinter der Feuerwand hervorglotzten, auf das kundigste einzufangen. Cranston hatte versprochen, daß er für St. Erconwald ein ähnliches Fenster stiften würde, sobald es das Wetter gestattete.

Die Turmuhr schlug die Stunde, und Athelstan machte sich langsam auf den Rückweg. Er hatte gehofft, Sir John dort anzutreffen, doch statt dessen saßen da die beiden Revisoren und lächelten in schöner Eintracht, fast als säßen sie seit dem vergangenen Abend so da.

»Wir haben Euer Ersuchen bekommen, Bruder Athelstan.«

»Ich wünschte, alle meine Gebete würden so schnell erhört«, antwortete der Ordensbruder.

»Und wo steckt der vortreffliche Coroner?«

»Er hat etwas anderes zu erledigen.«

»Und was, guter Priester, habt Ihr uns zu sagen?«

Athelstan wiederholte die Schlußfolgerungen, die er nach seinem Gespräch mit Lady Aveline gezogen hatte, und zeigte den beiden Revisoren die rohe Zeichnung. Deren Lächeln verflog sofort.

»Sehr klug«, stellte Peter, der größere der beiden, fest. »Wirklich sehr klug. Ihr glaubt also, Bruder, Sir Henry hat Roffel von dem Schiff erzählt, und unser Pirat hat es versenkt.«

»Kurz gesagt, ja. Was Sir John und mich nur ratlos macht, ist die Frage nach dem Grund.«

»Nun, das ist einfach genug«, sagte der Revisor. »Sir Henry war vielleicht kein Verräter, aber ein Dieb und ein Mörder war er auf alle Fälle. Seht Ihr, Bruder, wir dachten, das Schiff sei wegen unserer Agenten und der Nachrichten, die sie bei sich hatten, versenkt worden. Aber jetzt muß ich gestehen, der Grund war ein Gürtel voller Silber, den einer von ihnen trug.« Der Revisor winkte Athelstan näher zu sich heran. »Ich will es Euch erklären. Ihr wißt, daß der Kronschatz leer ist. Daher leihen wir uns bei Männern wie Sir Henry zu hohen Zinsen Geld; wir dachten, man könne ihm vertrauen. Er hat oft für uns Agenten nach Frankreich übergesetzt. Eine Woche, bevor Roffel in See stach, schickten wir einen unserer Agenten, einen jungen

Schreiber, zu Sir Henry, der ihm Ausweise und Papiere und einen breiten Ledergürtel mit einem veritablen Vermögen an eingenähten Silbermünzen übergab. Unser Agent und ein Begleiter sollten nach Calais fahren und an einem vereinbarten Tag weiter nach Dieppe segeln. Ospring aber, dieser Schweinehund ...« Der Revisor brach ab und holte tief Luft. »Entschuldigt«, murmelte er. »Ich verliere die Beherrschung.«

»Das darf nicht geschehen«, warnte der andere.

»Nein, nein, es darf nicht geschehen. Aber es ist klar, daß Sir Henry der Krone das Silber geliehen und für die Beförderung des Agenten gesorgt hat. Dann hat er seinen Piratenfreund Roffel davon in Kenntnis gesetzt und ihm mitgeteilt, wann der Mann von unserer Garnison in Calais nach Dieppe fahren würde.«

»Eine schlaue und gerissene Betrügerei«, warf Paul ein. »Sir Henry verleiht sein Geld zu hohen Zinsen. Das Schatzamt ist gezwungen, das Darlehen zurückzuzahlen, aber gleichzeitig stiehlt sich Sir Henry das soeben von ihm überlassene Geld zurück.«

»Roffel und Ospring haben den Tod verdient«, erklärte sein Kollege. »Diebe und Mörder, Ospring vor allem. Er hat unseren jungen Agenten empfangen und seinen Tod schon bei der Übergabe des Silbers geplant. Glaubt mir, Bruder, wer immer Sir Henry Ospring ermordet hat, verdient Pardon.« Er sah das Lächeln in Athelstans Gesicht. »Das erheitert Euch, Bruder?«

»Nein, Sir, überhaupt nicht. Aber schon manch wahres Wort wurde im Scherz ausgesprochen. Sir John und ich werden Euch in dieser Sache vielleicht noch beim Wort nehmen.«

»Wichtig ist jetzt«, erklärte Peter, »herauszufinden,

ob Roffel Komplizen hatte, und das Silber wiederzubeschaffen.«

Die beiden Revisoren standen auf.

»Wir legen das alles vertrauensvoll in Eure fähigen Hände, Bruder Athelstan«, erklärte der größere. »Wenn das Spiel aus und die Wahrheit bekannt ist, kommt wieder zu uns.«

Neun

Sir John und Bruder Athelstan saßen am Kopfende eines verstaubten Tisches in einem schäbigen Zimmer im obersten Stock des Rathauses. Ihre Gäste waren um den Tisch verteilt und machten feindselige Gesichter. Emma Roffel, blaß und besorgt, konnte es anscheinend kaum erwarten zu verschwinden. Ihre Zofe Tabitha hockte zusammengekauert neben ihr wie ein verängstigtes Schoßhündchen. Sir Jacob Crawley, der am anderen Ende saß, weigerte sich, ihnen in die Augen zu sehen; er trommelte gedankenverloren mit den Fingern auf dem Tisch. Die Männer von der *God's Bright Light* – Philip Cabe, Dido Coffrey, Vincent Minter und der Schiffsprofoß Tostig Peverill – schauten unbehaglich. Sie hatten dagegen protestiert, daß man sie so herrisch herbeizitierte, aber Cranston hatte sie donnernd zum Schweigen gebracht; jetzt trank er zu Athelstans Verzweiflung in tiefen Zügen aus dem Weinschlauch. Schließlich drückte der Coroner den Stopfen wieder in den Schlauch und strahlte tückisch in die Runde.

»Alles, was man uns erzählt hat, war ein Haufen Lügen«, begann er honigsüß. »Nur, daß Kapitän William Roffel, Gott vergebe ihm, ein Pirat und Dieb und außerdem ein Mörder war.«

Emma Roffel wollte Einspruch erheben, aber dann klappte sie den Mund wieder zu und lächelte nur matt vor sich hin.

»Ich protestiere«, erklärte Cabe. »Roffel kann zum Teufel gehen, und er hat es wahrscheinlich schon getan. Aber das ist kein Grund, uns zu beleidigen, Sir John.«

Cranston schnippte mit den Fingern zu Coffrey, dem Zahlmeister, hinüber.

»Habt Ihr das Logbuch mitgebracht?«

»Sir John«, winselte der Mann, »Ihr habt es Euch doch angesehen, als Ihr das erste Mal bei uns wart.«

»Nun, dann will ich es noch einmal ansehen. Und ich habe Fragen an Euch alle.«

Coffrey schob ihm das in Kalbsleder gebundene Buch herüber. Cranston, der unter buschigen Brauen hervor mit halbem Auge den Admiral beobachtete, klappte das Buch auf und blätterte die wasserfleckigen Pergamentseiten um. Die Eintragungen waren durchaus unauffällig – die tägliche Position des Schiffes, die ergatterte Beute, gelegentliche Alarme oder sonstige Zwischenfälle an Bord. Cranston klappte das Buch zu, ließ aber seinen dicken Zeigefinger als Lesezeichen darin stecken und starrte Sir Jacob an.

»Kapitän Roffel stand unter Eurem Kommando?«

»Theoretisch ja«, antwortete der Admiral. »Aber er hatte eindeutige Befehle. Er sollte den Englischen Kanal befahren, feindliche Schiffe angreifen und englischen Unterstützung geben, wenn sie sie brauchten. Doch stand es ihm frei, zu kapern und als Prise zu nehmen, soviel er konnte.«

Cranston lächelte. »Wenn das so ist, warum findet sich dann hier keine Erwähnung von einem Fischerboot, anscheinend französisch, das vor Calais gekapert wurde? Das Schiff wurde versenkt, die Besatzung umgebracht. Ich glaube, es wollte nach Dieppe.«

»Roffel hat viele Schiffe gekapert«, winselte Coffrey.

»Ja«, sagte Cranston, »aber solltet Ihr die nicht alle ins Log eintragen? Warum habt Ihr dieses ausgelassen?«

»Es war doch nur ein Fischerboot«, sagte Cabe. »Kaum mehr als ein schwimmendes Stück Holz mit einem Segelfetzen.«

Cranston funkelte ihn wutschnaubend über den Tisch hinweg an.

»Ihr seid ein verdammter Lügner!« brüllte er. »Es waren Männer an Bord, die keine Franzosen waren! Zumindest nicht alle!«

»Es geht hier um Hochverrat«, erklärte Athelstan sanft. »Wenn man uns nicht die Wahrheit sagt, sind wir zu der Schlußfolgerung gezwungen, daß Ihr an Roffels frevelhaftem Treiben als Komplizen beteiligt wart.«

Emma Roffel wollte sich erheben.

»Das alles geht mich nichts an«, erklärte sie und raffte ihren Mantelsaum hoch. »Sir John, ich bitte Euch – ich habe genug durchgemacht.«

»Mylady«, sagte Athelstan taktvoll, »es geht Euch sehr wohl etwas an. Wollt Ihr nicht wissen, wer Euren Mann ermordet hat?« Er lächelte, und Emma Roffel setzte sich wieder.

»Es stimmt schon«, erklärte jetzt Tostig Peverill, »wir haben vor Calais ein Fischerboot aufgebracht.« Er blinzelte und rieb sich die Augen. »Calais ist in englischer Hand, aber wir dachten, es sei ein französisches Schiff – die pendeln manchmal zwischen den Küstenstädtchen hin und her.« Er deutete auf das Logbuch. »Bei genauerem Hinsehen war es jedoch offenkundig, daß Roffel das Boot erwartet hatte. Seht Ihr, wir hatten mit starkem Gegenwind zu kämpfen, mit einem böigen Nordwest, und wir hätten vor dem

Wind laufen sollen. Aber Roffel bestand darauf, auf das Festland zuzuhalten, und hielt die französische Küste immer dicht über dem Horizont. Und an dem Tag, als wir das Fischerboot kaperten, ließen wir größere Schiffe unbehelligt davonsegeln. Erst als das Boot erschien, nahm Roffel Kurs darauf.« Peverill sah sich unter seinen Kameraden um. »Gebt's doch zu«, drängte er, »wir alle fanden es verdächtig. Es war nur ein Fischerboot, aber als wir längsseits gekommen waren, befahl Roffel meinen Bogenschützen, zu schießen, als wäre es eine gottverdammte Kriegskogge. Und dann setzte er sich selbst an die Spitze des Entertrupps.«

»Wie groß war die Besatzung?« fragte Athelstan.

»Nicht mehr als sechs, sieben Mann«, antwortete Peverill. »Als wir an Deck kamen, waren sie alle schon verwundet oder tot. Roffel wütete wie ein Stier und stürmte auf die Kajüte zu.« Der Schiffsprofoß schwieg.

»Was weiter?« fragte Cranston.

»Wir anderen haben das Boot nicht geentert«, warf Cabe ein. »Nur Peverill, der Kapitän und fünfzehn Bogenschützen.«

»Aber es ist etwas geschehen«, drängte Athelstan. »Master Peverill?«

Peverill schloß die Augen, bevor er weitersprach. »Ich sagte schon, die Besatzung war entweder verwundet oder tot. Ich dachte, es wären Franzosen – aber als ich einen umdrehte, verfluchte er mich auf Englisch. Dann hörte ich, wie Roffel in der Kajüte mit jemandem redete. Ich bin sicher, daß der andere auch englisch sprach. Jemand schrie, und dann kam Roffel heraus; er grinste von einem Ohr zum anderen und hatte ein Bündel Papiere in der Hand, womöglich das Logbuch und die Frachtpapiere. Wir nahmen ein Faß

Wein, das wir unter Deck fanden. Roffel befahl, das Boot anzuzünden. Dann warf er die Papiere ins Feuer, und wir segelten weiter.«

»Ist das alles?« fragte Athelstan.

Peverill spreizte die Hände. »Was sollte da sonst noch sein, Pater? Oh, ich gebe zu, im Rückblick schien da schon etwas Verdächtiges im Gange zu sein, aber Roffel war ein verschlagener, skrupelloser Hund, der nach seinem eigenen Gesetz handelte.«

»Die Besatzung bestand aus Franzosen«, überlegte Athelstan, »aber es waren Engländer an Bord. Es muß also aus unserer Garnison in Calais gekommen sein.«

»Ja, ja«, räumte Coffrey ein und schaute betreten in die Runde. »Aber Roffel war ein Mann, der sich um solche Feinheiten nicht weiter kümmerte.«

»Und wie hat ...?« Athelstan brach ab, als Cranston auf seinem Stuhl nach hinten kippte und laut aufschnarchte. Entsetzt starrte er seinen fetten Freund an, und dann wurde er rot, als weiter unten am Tisch jemand kicherte.

»Der Kerl ist besoffen!« flüsterte Cabe.

»Sir John ist nicht besoffen!« fauchte Athelstan. »Nur müde, erschöpft nach harter Arbeit. Also stelle ich Euch meine Frage, Master Cabe, und ich stelle sie rundheraus: Wißt Ihr, ob von diesem Boot mehr als nur ein Faß Wein und ein paar Papiere geraubt wurde?«

Cabe schüttelte den Kopf.

»Nicht mehr?«

Cabe hob die rechte Hand. »Ich nehme es auf meinen Eid. Peverill sagte es schon: Die ganze Sache war verdächtig. Roffel war vergnügt wie ein Ferkel im Mist, aber der Teufel weiß, warum.«

»Wer unter den Anwesenden hatte denn Zugang zu

Roffels Kajüte?« fragte Athelstan. »Oder, einfacher gefragt: Wer hatte Gelegenheit, in die Flasche, die er bei sich trug, Arsen zu schütten?«

»Nur Bracklebury«, antwortete Cabe. »Der Kapitän hat seine Flasche eifersüchtig bewacht. Wenn er sie nicht bei sich trug, versteckte er sie.« Er lächelte schmal. »Vielleicht sollten wir Bracklebury fragen?«

»Oh, das werde ich tun.« Cranston klappte die Augen auf und schmatzte. »Bracklebury wird ab jetzt gejagt, Master Cabe.« Der Coroner lächelte, als er die erstaunten Gesichter sah. »Ach, das habe ich zu erwähnen vergessen: Gestern nacht wurde Roffels Hure Bernicia in ihrem Haus brutal ermordet – oder sollte ich sagen, in seinem Haus? Jedenfalls hat der Mörder alles auf den Kopf gestellt, als suche er etwas. Wir glauben, daß Bernicia sich am Abend in einer geheimen Wirtschaft mit einem Seemann getroffen hat und daß sie zusammen dort weggegangen sind.«

»Bracklebury lebt noch?« flüsterte Emma Roffel.

Crawley rührte sich am anderen Ende des Tisches. »Aber, Sir John, ich dachte, er ist entweder tot oder desertiert? Wieso springt er vom Schiff und versteckt sich dann in London?«

»Vielleicht könnt Ihr uns da helfen, Sir Jacob«, schlug Cranston vor; seine Miene zeigte keinerlei Mitgefühl für seinen ehemaligen Freund.

»Wie meint Ihr das?« stotterte Crawley.

»Ihr habt doch behauptet, Ihr seid in der Nacht, als Bracklebury verschwand, an Bord Eures Flaggschiffes, der *Holy Trinity*, geblieben?«

Crawley stand jäh auf. »Sir John, Bruder Athelstan – ein Wort unter uns!«

Athelstan sah Cranston an, und der zuckte die Achseln.

»Vielleicht draußen«, murmelte Cranston.

Er und Athelstan standen auf und gingen hinaus in den zugigen Korridor. Sir Jacob kam zu ihnen und schloß die Tür hinter sich.

»Ich weiß, was Ihr sagen werdet«, stammelte Crawley. »Aber, Sir John, Ihr müßt mir glauben. Ich bin ein ehrlicher Mann, doch ich lehne es ab, mich vor meinen Leuten verhören zu lassen.« Er scharrte mit den Füßen. »Um Gottes willen, ich habe meine Ehre. Vielleicht möchtet Ihr und Bruder Athelstan heute abend an Bord meines Schiffes mit mir speisen?«

»Wenn Ihr gutes Essen serviert«, antwortete Cranston, »kommen wir – und um die Wahrheit zu hören. Aber jetzt kommt; ich habe den anderen noch ein paar Fragen zu stellen.«

Sie kehrten in das Sitzungszimmer zurück, wo ihre unfreiwilligen Gäste in mürrischem Schweigen warteten. Athelstan verstand, warum Emma Roffel so verschlossen war, aber er spürte, daß auch die Seeleute eine Menge zu verbergen hatten.

»Wir wissen«, begann Athelstan, als Sir Jacob und Cranston ihre Plätze wieder eingenommen hatten, »daß sich an Bord der *God's Bright Light* etwas Geheimnisvolles zugetragen hat. Peverills Geschichte von der Gespensterfurcht der Mannschaft hat sicher einen wahren Kern – Bracklebury wollte aus eigenen Gründen, daß alle Mann das Schiff verließen. Mit einer Laterne gab er jemandem, der sich am Kai versteckt hielt, irgendwelche Zeichen. Und wer könnte das gewesen sein?«

»Das ist ja ungeheuerlich!« erregte sich Cabe. »Bracklebury war der Erste Maat! Er befahl uns, das Schiff zu verlassen, und wir gingen von Bord. Da könnt Ihr meine Kameraden fragen. Wir haben die

Nacht hindurch zusammen gefeiert. Ich sage es ehrlich: Wir haben auf Roffels Tod angestoßen. Aber keiner von uns ist zum Kai zurückgegangen.«

»Ja, ja, ja«, unterbrach Cranston gereizt. »Doch das Rätsel bleibt bestehen, Master Cabe. Ich glaube, daß Bracklebury an Bord blieb, um etwas zu suchen.«

»Was denn, zum Beispiel?« Vincent Minter, der Schiffsarzt, der die ganze Zeit über mit schmalen Lippen dagesessen hatte, meldete sich jetzt zu Wort. »Was denn, Sir John? Anscheinend wißt Ihr etwas, das wir nicht wissen; warum also sagt Ihr uns nicht, was es ist, statt zu versuchen, uns eine Falle zu stellen?«

Cranstons weißer Bart schien zu einem eigenen Leben zu erwachen. Athelstan legte die Feder hin und berührte sanft das Handgelenk des Coroners.

»Laßt es mich erklären«, sagte er und schaute in die Runde. »Wir wissen aus einer anderen Quelle, daß Kapitän Roffel auf dem Fischerboot eine große Summe Silber raubte, die vom Schatzamt an die Agenten des Königs in Calais geschickt worden war, als Bestechungsgeld oder als Entlohnung für Spione, die in den französischen Städten operieren. Roffel wußte, daß das Geld unterwegs war. Deshalb überfiel er das Schiff und ermordete die Besatzung, einschließlich zwei treuer Diener des Königs.«

Athelstan beobachtete die Gesichter seiner Zuhörer aufmerksam. Er spürte, daß er sich Stück für Stück der Wahrheit näherte.

»Roffel war glücklich über dieses Verbrechen«, fuhr Athelstan fort. »Er brachte das Silber an Bord der *God's Bright Light* und versteckte es dort. Wir nehmen an, daß Bracklebury es nach Roffels Tod suchen wollte.« Athelstan nahm seine Feder und klopfte damit auf das Pergament. »Nun, ich dachte mir angesichts all dieser Fakten – und Fakten sind es –, daß Bracklebury das Silber vielleicht gefunden hat und damit geflohen ist. Aber das ist anscheinend nicht der Fall. Offenbar hat er nichts gefunden und ist vom Schiff geflohen, nachdem er die beiden Matrosen ermordet hatte. Vermutlich glaubte er sich betrogen, und sein Verdacht fiel auf die Hure Bernicia; deshalb brachte er sie um und durchsuchte ihr Haus.« Athelstan spreizte die Hände und lächelte. »Es sind vielleicht nur Mutmaßungen, aber ich bin sicher, daß Roffel dieses Silber gestohlen hat.« Er zuckte die Achseln. »Und danach kommen die Fragen. Wer hat Roffel ermordet? Wo ist das Silber jetzt? Warum ist Bracklebury geflohen? Warum hat er Bernicia ermordet?« Er starrte Emma Roffel über den Tisch hinweg an. »Mistress Roffel, jetzt begreift Ihr wohl, warum man Euch hergebeten hat.«

Die Frau betrachtete die Schiffskameraden ihres toten Mannes verachtungsvoll. »Bruder Athelstan, ich kann Euch nicht helfen«, sagte sie dann. »Ich weiß von diesen Dingen nichts. Mein Mann war sehr geheimniskrämerisch, was seine Geschäfte betraf. Was weiß ich – er kann seine Reichtümer überall in der Stadt versteckt haben.«

Cranston beugte sich vor. »Sagt, Bracklebury war es doch, der den Leichnam Eures Gatten und seine Habe zu Euch nach Hause brachte. Ist es nicht so?«

Sie nickte.

»Hat Bracklebury dabei etwas zu Euch gesagt?«

»Nein, er war ziemlich schweigsam und verschlossen und hat mich nicht sehr respektvoll behandelt. Wenn Tabitha nicht eingeschritten wäre, hätte er den Leichnam und die Tasche auf der Straße liegengelassen.« Sie senkte den Kopf. »Ja, ich habe sogar gesehen, wie er auf den Toten gespuckt hat.« Finster sah sie Cranston an. »Vielleicht war es ja Bracklebury, der in die Kirche St. Mary Magdalene eingebrochen ist.«

Cranston lehnte sich zurück. »Trübes Wasser«, brummte er. »Und je mehr wir darin rühren, desto mehr Schlamm kommt an die Oberfläche.« Er wackelte mit dem Finger. »Aber eines versichere ich Euch: Bracklebury hält sich in der Stadt verborgen. Aus irgendeinem Grund glaubt er, man habe ihn betrogen.« Er ließ seine Worte wie eine Henkersschlinge in der Luft hängen. »Ich halte es für möglich«, fügte er leise hinzu, »daß Bracklebury noch einmal mordet. Mistress Roffel, meine Herren, wir sind fertig mit Euch. Sir Jacob – Bruder Athelstan und ich werden heute abend Eure Gäste sein.«

Der Coroner nahm demonstrativ noch einen Schluck aus seinem Weinschlauch, um seine Verachtung für die Seeleute zu zeigen; er hielt sie allesamt für Lügner. Dann drückte er den Stopfen wieder in den Schlauch, ohne Crawley eines Blickes zu würdigen, und rührte sich erst wieder, als die Tür sich hinter seinen widerstrebenden Gästen geschlossen hatte.

»Nun, was meinst du, Bruder?«

»Ein Gewirr von Lügen.« Athelstan erhob sich. »Wir sollten Sir Jacob Crawleys Einladung annehmen. Ach, Sir John, habt Ihr Euch um die andere Sache gekümmert?«

»Ja.« Cranston klopfte sich auf den Bauch. »Morgen macht Theobald de Troyes eine kurze Reise aufs Land. Sein Haus läßt er in der Obhut seines Verwalters und der Bediensteten zurück.«

»Gut.« Athelstan nagte verdrossen an der Unterlippe. »Diese Lügen und Geheimnisse fangen an, mich zu ärgern, Sir John. Ich schlage vor, wir gehen jetzt zum Hafen hinunter. Dieses zu Unrecht *God's Bright Light* genannte Schiff birgt den Schlüssel zu diesem Rätsel.«

»Was schlägst du denn vor, Bruder? Daß wir an Bord gehen und Roffels Kajüte durchsuchen?«

»Aye, und daß wir sie, wenn nötig, ganz auseinandernehmen.«

»Du denkst an das Silber?«

»Ja, Sir John, ich denke an das Silber.«

Cranston hatte keine Einwände. »Aber wir wissen doch, daß die Kajüte an dem Morgen, als Bracklebury und die Matrosen vermißt wurden, nicht in Unordnung gebracht worden war.«

»Nein, Sir John, das hat man uns nur *erzählt.* Doch von jetzt an müssen wir nach dem Grundsatz handeln, daß alles, was man uns erzählt hat, möglicherweise gelogen war.«

Sie verließen das Rathaus. Der Himmel hatte sich bewölkt, und ein kalter Nieselregen setzte ein. Sie gingen die Bread Street hinunter, stets auf der Hut vor dem Wasser aus löchrigen Regenrinnen und vor den schlüpfrigen Schlammpfützen auf der Straße. Es war eine ungemütliche Wanderung durch Trinity, die Vintry und zum Dock hinunter. Zu ihrer Überraschung trafen sie dort ein reges Treiben an. Boote mit Bogenschützen und Soldaten fuhren zu den Schiffen, die in der Strommitte ankerten. Von Crawleys Flaggschiff, der *Holy Trinity,* hörte man eine Trompete. Cranston nahm einen Hauptmann beim Arm, der seine Bogenschützen anbrüllte, während sie in Kapuzenmänteln gehüllt auf die wartenden Barken hinunterkletterten.

»Was ist denn Mann? Warum diese Aufregung?«

Der Offizier drehte sich um. Athelstan sah kurzgeschnittenes Haar, graue Augen und ein hartgesottenes, regennasses Gesicht. Der Mann musterte Cranston von Kopf bis Fuß.

»Was geht Euch das an, Sir?«

»Ich bin John Cranston, der Coroner der Stadt!«

Der Mann zwang sich zu einem respektvollen Lächeln. »Dann werdet Ihr die Neuigkeit bald erfahren, Sir John. Französische Galeeren sind in der Themsemündung aufgekreuzt. Sie haben bereits ein Schiff gekapert und auf der Insel Thanet ein Dorf abgebrannt.«

Cranston pfiff durch die Zähne und spähte zu den Kriegskoggen hinaus. Durch den Regen sah er, daß alle Schiffe ihre Waffen bereitmachten.

»Sind die Franzosen denn eine ernsthafte Bedrohung?« fragte Athelstan.

Cranston gab keine Antwort. Er starrte auf den Fluß hinaus und dachte an die flach gestreckten, wolfsähnlichen Galeeren des Feindes. Sie konnten sich in einen kleinen Hafen oder einen Fluß hinauf schleichen – bemannt mit den besten französischen Seeleuten und Söldnern, hatten sie in den Küstenstädten Rye und Winchelsea schon schrecklichen Schaden angerichtet. Die Besatzungen hatten geplündert und gebrandschatzt und jeden Bewohner getötet, der ihnen in die Hände gefallen war.

»Wie viele Galeeren sind es?« fragte Cranston den Offizier.

»Das weiß Gott, Sir John. Aber sicher mehr als ein Dutzend, und der Befehlshaber ist Eustace, der Mönch.«

Athelstan schloß die Augen und murmelte ein Stoßgebet. »Oh Gott, Sir John«, flüsterte er dann, »als ob wir nicht schon genug Ärger hätten.«

Cranston nickte. Der französische Piratenkapitän Eustace war Benediktiner gewesen, bis er aus dem

Kloster geflohen und zur See gegangen war. Er hatte sich zur Geißel der englischen Seefahrt entwickelt. Die Legende berichtete, in Frankreich marschierende englische Freischärler hätten das Bauernhaus seiner Eltern niedergebrannt und Eustaces Familie mit Kind und Kegel ermordet. Eustace hatte den »vom Teufel besessenen Engländern« Rache geschworen. Von der Kirche exkommuniziert und öffentlich als Pirat verurteilt, wurde Eustace insgeheim von der französischen Krone ermutigt und gefördert.

Athelstan spähte durch den Nieselregen. Die Schiffe machten sich zwar kampfbereit, aber wenig deutete darauf hin, daß sie binnen kurzem in See stechen würden.

»Was wird denn geschehen, Sir John?«

»Nun ja ...« Cranston unterbrach sich, dankte dem Hauptmann der Bogenschützen und trat an die Kaitreppe, um zuzuschauen, wie eine weitere Barke anlegte. »Unser guter Admiral hat zwei Möglichkeiten. Er kann den Fluß hinuntersegeln und kämpfen, aber da ist er im Nachteil: Er wird nicht manövrieren können, und es kann leicht passieren, daß die Galeeren vorbeischlüpfen und ihre Soldaten am East Watergate oder sogar hier landen lassen, wo sie dann schreckliche Verwüstungen anrichten und gleich wieder verschwinden werden.«

»Kann man die Themse nicht sperren?« fragte Athelstan.

Cranston schüttelte grinsend den Kopf. »Dabei liefe man Gefahr, daß unser lieber Eustace hier wüten und sich dann doch durch die Sperre hinauskämpfen könnte.«

»Und welche ist die zweite Möglichkeit für den Admiral?«

»Er kann seine Schiffe in schwimmende Kastelle verwandeln und abwarten. Crawley ist ein vernünftiger Befehlshaber; ich denke, daß er es so machen wird. Wenn Eustace dann weiter die Themse heraufkommt, findet er unsere Flotille empfangsbereit.«

Cranston nahm Athelstans Arm, und sie stiegen die schlüpfrigen Stufen zum Wasser hinunter; dabei drängten sie sich an den Bogenschützen vorbei. »Aber wir können nicht warten, Bruder!« sagte er. »Die *God's Bright Light* muß durchsucht werden, und ich werde hier nicht einfach ehrfürchtig und untätig herumstehen.«

Beinahe wäre er kopfüber in die wartende Barke gepurzelt; die vier Ruderer machten sich über sein Gewicht lustig. Der Coroner reagierte gelassen auf ihre gutmütigen Hänseleien und befahl ihnen, ihn und Athelstan zur *God's Bright Light* überzusetzen; die Bogenschützen forderte er auf, sich zu verpissen und auf die nächste gottverdammte Barke zu warten.

Die Barke legte ab. Die Ruderer schienen den heftigen Regen kaum zu spüren; sie flogen über das schwarze, aufgerauhte Wasser der Themse und prallten dann mit dumpfem Schlag gegen die Seitenwand der *God's Bright Light.* Athelstan hangelte sich als erster die Jakobsleiter hinauf und bemühte sich, Cranstons aufmunterndes Gebrüll zu überhören. Langsam zog er sich hinauf, bis ein Paar starke Arme ihm über die Reling halfen. Keuchend sank er dagegen und bedankte sich bei dem Matrosen, der von einem Ohr zum anderen grinste. Cranston landete neben ihm, schwer wie ein dickes Bierfaß; er fluchte und verdammte jeden Matrosen unter der Sonne. Athelstan schaute sich um. Seit ihrem letzten Besuch war das Schiff gesäubert und aufgeräumt worden; überall wimmelte es von Seeleuten und Bogenschützen, die von ihren Offizieren hin und her kommandiert wurden. Man hatte verdeckte Kohlenbecken angezündet und zwei kleine Katapulte an Deck aufgebaut. Ein ziemlich junger, aschblonder Mann kam aus der Kajüte auf dem Achterkastell und näherte sich ihnen. Er war lässig gekleidet; schwarze Hosenbeine steckten in Seestiefeln, und ein flaschengrüner Umhang bedeckte eine lederne Jacke. Er sprach Sir John an.

»Wer seid Ihr? Was sucht Ihr hier?«

»Sir John, Coroner der Stadt London, und Bruder Athelstan. Und wer, Sir, seid Ihr?«

»David Southchurch, eben zum Kapitän der *God's Bright Light* ernannt.« Der junge Mann strich sich den Bart. »Sir John, ich habe viel zu tun. Ihr kennt die Neuigkeiten?«

»Aye, Master Southchurch, aber Ihr sicher auch die meinen?«

Der Kapitän zuckte die Achseln. »Sir John, ich würde Euch gern helfen, doch das ist nicht meine Sache. Roffel ist fort, und sein Erster Maat und zwei Matrosen ebenfalls.«

Athelstan meldete sich zu Wort; er sprach leise, denn ihm war ein wenig übel, weil das Deck unter seinen Füßen schwankte. »Wir wollen nichts weiter als die Erlaubnis, Roffels – oder besser gesagt, Eure – Kajüte zu durchsuchen, Master Southchurch. Es ist wichtig, daß wir es tun, bevor das Schiff wieder in See geht.«

Der junge Kapitän lächelte. »Natürlich«, willigte er gleich ein. »Ihr werdet die Kajüte leer finden. Meine Sachen sind nämlich noch nicht an Bord. Sir John, Bruder Athelstan, seid meine Gäste.« Er wedelte mit der Hand, winkte sie in die Kabine und schloß die Tür hinter ihnen.

Die kleine Kammer war sauber gefegt. Athelstan sah sich verzweifelt um. Über sich hörten sie Fußgetrappel und das unaufhörliche Befehlsgeschrei der Offiziere, während das Schiff kampfbereit gemacht wurde. Hin und wieder neigte die Kajüte sich ein wenig zur Seite, wenn die rauhe Themse die Kogge packte und schaukelte, daß sie an der Ankerkette zerrte. Athelstan ließ sich auf die schmale Koje fallen und hielt sich mit beiden Händen den Magen. Cranston grinste ihn an, nahm einen großen Schluck aus seinem Weinschlauch, rülpste und setzte sich neben ihn.

»Gibt nicht viel, was man hier drin verstecken könnte«, sagte er. »Komm schon, Bruder, benutze deine Seemannsbeine.«

Athelstan stand seufzend auf und ging in der Kajüte umher.

»Wenn ich der Kapitän wäre«, sagte er leise und halb zu sich selbst, »und wenn ich etwas Klobiges wie einen Gürtel voller Silber verstecken wollte, was würde ich dann tun?«

Er sah, daß diese Kajüte kaum der Rede wert war. Unter den Bodenplanken war nichts als die Höhle des Laderaums – dies war kein Haus, unter dem sich geheime Gänge graben ließen. Es gab keine dicken Wände, wo man Schränke hinter der Täfelung verbergen konnte. »Es tut mir leid«, sagte Athelstan. »Sir John, wir haben diesen Weg umsonst gemacht. Bonaventura könnte hier nicht einmal eine Maus verstecken. Die Koje ist nichts, Tisch und Stühle sind überaus simpel, es gibt keine richtige Wand, keine Decke, keinen Boden.«

Ein lautes Schnarchen antwortete ihm. Er drehte sich um und wäre beinahe gefallen, als das Schiff sich wieder auf die Seite legte.

»Oh, gütiger Himmel, nein!« stöhnte er. »Sir John, nicht jetzt.«

Aber Cranston lag flach auf der Koje, Arme und Beine von sich gestreckt, den Kopf zurückgelegt, den Mund weit offen, und schnarchte wie eines seiner Kerlchen.

Athelstan setzte sich auf einen Schemel. Allmählich gewöhnte er sich an die Bewegungen des Schiffes und merkte, daß ihm die Augen schwer wurden. Am liebsten hätte er das alles hinter sich gelassen. Er gehörte nach St. Erconwald und zu seiner Pfarrgemeinde – zu Watkin mit seinem kleinlichen Ehrgeiz, zu Pike mit seinen dreisten Spötteleien, zu Pemel, der Flämin, mit ihren verzweifelten Versuchen, sich das Haar zu färben, und zu der sarkastischen Fröhlichkeit und jenem anderen, das er in Benedictas hübschen Augen las. Wie es wohl Ashby mit Aveline erging? Bei dem Gedanken an sie war ihm jetzt wohler – wenn Cranston diese Sache erledigt hätte, würde Sir Henry Ospring beim König nicht mehr in so hohem Ansehen stehen. Er fing an, über das Mysterienspiel nachzudenken und sich zu überlegen, wo die Gemeinde sitzen sollte . . .

Seine Augen schlossen sich, und er döste ein. Als jemand an Deck über ihm krachend etwas fallen ließ, schrak er hoch. Es wurde schon dunkel in der Kajüte. Ob Sir John wohl einen Feuerstein bei sich hatte, um die Laterne anzuzünden, die an einem der dicken Stützbalken des Decks herabhing? Er stand auf, klappte die Vorderseite der Laterne auf und betrachtete dann den dicken Haken aus Bronze oder Kupfer, an dem sie hing. Der Haken saß auf einer Platte, die ihrerseits an den Balken geschraubt war. Athelstan verspürte leise Erregung. Warum solch ein schwerer Haken für eine Laterne, die sich viel leichter anfühlte als die, mit denen brave Bürger abends ihre Haustüren beleuchteten? Die Platte maß mindestens neun Zoll im Durchmesser. Athelstan nahm die Laterne herunter und zog am Haken. Nichts geschah. Er versuchte, den Haken rechtsherum zu drehen, aber er rührte sich nicht. Dann versuchte er es in die andere Richtung, und diesmal merkte er, daß sich die Platte ein Stückchen bewegte. Er drehte den Haken weiter, wie um ihn abzuschrauben, und die Platte lockerte sich und löste sich schließlich ganz. Dahinter war eine Höhlung im Balken. Athelstan schob die Hand hinein. Seine Finger berührten weiche Holzspäne und dann einen kalten, harten Gegenstand. Er bekam ihn mit zwei Fingern zu fassen und zog ihn heraus. Eine Silbermünze lag auf seiner Handfläche.

Er hörte, wie ein Boot längsseits kam; hastig schraubte er den Haken wieder an den Pfosten und ging dann zu Cranston, um ihn zu wecken.

»Sir John!« zischte er. »Um Gottes willen, wacht auf, Sir John.«

Der Coroner öffnete die Augen und schmatzte.

»Einen Becher Roten«, hauchte er. »Eine Pastete mit Rindfleisch und Zwiebeln, und ich will sofort die Kerlchen sehen.«

»Um Himmels willen, Sir John!« Athelstan schüttelte ihn. »Wir sind noch auf dem Schiff.«

Cranston rieb sich das Gesicht und kam mühsam auf die Beine.

»Was zum Teufel . . . ?« Er sprach nicht weiter, als Athelstan ihm das Silberstück vor die Augen hielt.

»Du Frettchen von einem Ordensbruder! Du kleines Frettchen!« Cranston gluckste, packte Athelstan fest bei den Schultern und küßte ihn auf beide Wangen.

Athelstan wußte nicht, ob er sich die schmerzenden Schultern reiben oder sich das Gesicht abwischen sollte. Er zeigte auf die Laterne. Cranston ging breitbeinig hinüber; er sah immer noch schlaftrunken aus.

»Da drin? Das ist ein blöder Ort!«

»Nein, Sir John. Hinter der Befestigungsplatte des Hakens befindet sich ein kleiner Hohlraum. Was immer Roffel von dem Fischerboot geraubt hat, hat er dort aufbewahrt, aber jetzt ist es weg.«

»Aha!« hauchte Cranston. »Das paßt alles zusammen.«

Athelstan steckte die Silbermünze ein, als es an der Tür klopfte. Southchurch trat ein.

»Ich habe Sir Jacob mitgeteilt, daß Ihr hier seid«, sagte er, »und er hat einen Boten geschickt. Er möchte Euch trotz des Alarms heute abend als Gäste auf der *Holy Trinity* begrüßen.«

Cranston schaute an sich herunter. »Ich würde mich ja gern umziehen«, sagte er und grinste dann, »doch ich sehe wohl in jeder Kleidung stattlich aus.« Er strich mit dem Finger über die Stoppeln an Athelstans Kinn. »Was man von dir nicht gerade sagen kann, Brüderchen. Aber komm – ich sterbe vor Hunger, und Crawley kann ein guter Gastgeber sein.«

Dichter Nebel legte sich über den Fluß, und das hektische Treiben des Nachmittags erstarb. Die Kunde von den französischen Galeeren hatte die Stadt erreicht, und die Kirchenglocken läuteten bereits Alarm. Viele Schenken wurden geschlossen. Sogar die Huren verzogen sich auf die Ostseite der Southwark Bridge; sie vertrauten darauf, daß die Brücke eine natürliche Barriere sein würde, sollten die Galeeren die Themse heraufkommen. Eine Abordnung von Händlern begab sich nach Westminster, um vor dem Kronrat gegen dieses neuerliche Anzeichen für den Niedergang englischen Geschicks zu protestieren. Die Selbstsüchtigeren begannen, ihre Habe zu verstecken und kostbare Gegenstände in eiserne Kassetten zu legen. Es wurde dunkel. Der Kai lag verlassen da; nur der Menschenfischer und seine Phantome spähten jetzt aus finsteren Gassen und schmutzigen Gängen, die zur Themse hinunterführten. Die seltsamen Augen des Menschenfischers funkelten bei der Aussicht auf Gewinn. Wenn auf dem Fluß gekämpft wurde, dann konnte man Leichen aus dem Wasser fischen; man konnte ihnen die Geldbörsen abschneiden und bei den Behörden der Stadt hohe Gebühren kassieren. Er und seine vermummte Schar schlichen sich am Steelyard vorbei nach Queen's Hithe. Dort standen sie am Kai und spähten zu den Schiffen hinaus. Der Menschenfischer drehte sich um.

»Gut! Gut!« wisperte er heiser. »Wir müssen uns bereithalten. Bleibt an der Uferböschung und behaltet das Wasser im Auge.« Er gluckste. »Wie heißt es in der Schrift? Die Tiefe wird ausspeien ihre Reichtümer.« Seine Miene wurde wieder ernst. »Oh ja, meine Schönen. Mutter Themse hat viele Geheimnisse.«

Er verbarg den aufflackernden Ärger, als er die Lichter der *God's Bright Light* erkannte. Der Menschenfischer fühlte sich betrogen. Drei Seeleute waren von dieser Kogge verschwunden. Er hatte von dem Mord an Bernicia und vom Verschwinden Brackleburys gehört, aber was war mit den beiden Matrosen geschehen? Warum wollte der Fluß ihm dieses Geheimnis nicht anvertrauen?

Zehn

Sir Jacob Crawley begrüßte Cranston und Athelstan freundlich. Dem Bruder war Sir Johns leises Schwanken peinlich, doch Sir Jacob beachtete es überhaupt nicht, als er sie in seiner Kajüte willkommen hieß. Man hatte eine kleine Tafel auf zwei Böcken aufgestellt und mit Leintüchern, silbernen Bechern, Besteck und den allerbesten Zinntellern gedeckt. Laternen brannten, und Kerzenleuchter, die sorgfältig auf dem Tisch befestigt waren, tauchten die Kajüte in ein sanftes, warmes Licht. Wie ihre kleineren Schwesterschiffe war auch die *Holy Trinity* kampfbereit. Athelstan hatte die Vorbereitungen gesehen, als er und Cranston an Bord gekommen waren. An Deck der *Holy Trinity* standen Eimer mit Salzwasser zum Feuerlöschen; die Bogenschützen schleppten Bündel von Pfeilen heran und stellten sie in kleine, eisenbeschlagene Tonnen rings um den Mast. Als der Admiral die Kajütentür hinter ihnen schloß, hatte Athelstan das Gefühl, eine andere Welt zu betreten. Crawley geleitete sie zu ihren Stühlen. Man servierte ihnen Gerichte, die aus den Garküchen und Bäckereien der Vintry geholt worden waren. Es war nicht das Allerbeste, aber es war heiß und würzig – Hirsch- und Rindspasteten, heiße Brühe, Quittentorte und Krüge mit verschiedenen Weinen. Anfangs bestand das Gespräch aus dem bloßen Austausch von Artigkeiten, hin und wieder unterbrochen von einem Klopfen an der Tür, wenn ein Offizier um Rat fragen und sich Anweisungen holen wollte.

»Glaubt Ihr, Eustace, der Mönch, wird seine Galeeren so weit die Themse hinaufbringen?« fragte Athelstan.

Crawley nickte. »Binnen einer Stunde wird der Nebel so dicht sein, daß er ihm besten Schutz bietet.« Der Admiral trank aus seinem Becher und lehnte sich zurück. »Man muß damit rechnen. Seit Wochen brandschatzen wir die Städte an der normannischen Küste, und Eustace ist unverschämt genug, einen so waghalsigen Versuch zu unternehmen. Schon seine bloße Anwesenheit hier ist gefährlich.« Crawley beugte sich wieder vor. »Warum, Bruder? Wollt Ihr zurück an Land? Es steht Euch frei.«

»Nein.« Cranston rülpste, schmatzte und betrachtete den samtenen Damast, der die eine Kajütenwand bedeckte. »Sir Jacob, Bruder Athelstan hat mit dem Heer des Königs in Frankreich gekämpft.« Cranston machte keine weiteren Ausführungen zu Athelstans kurzer Militärlaufbahn, bei der sein jüngerer Bruder ums Leben gekommen war. »Und der alte John Cranston hat keine Angst vor einem Piraten.« Der Coroner trommelte mit fetten Fingern auf dem Tisch. »Außerdem, Sir Jacob, haben wir ja noch Dienstliches zu erledigen.« Er drehte sich zu Athelstan um und zwinkerte kurz, um ihm zu verstehen zu geben, daß er Sir Jacob nichts von ihrer Entdeckung an Bord der *God's Bright Light* erzählen sollte.

Der Admiral spreizte die Hände. »Sir John, stellt nur Eure Fragen. Diesmal werde ich Euch die Wahrheit sagen.«

»Gut. Ihr konntet Roffel nicht leiden?«

»Stimmt, Sir John, ich haßte ihn mit jeder Faser

meines Wesens, denn er war ein Pirat und ein verkommener Mörder. In meinen Augen hat Roffel bekommen, was er verdiente.«

»Hattet Ihr etwas mit seinem Tod zu tun?«

»Bei den heiligen Sakramenten, nein!«

»Wußtet Ihr etwas von seinem Überfall auf ein Fischerboot zwischen Calais und Dieppe?«

»Nein, Sir John, davon wußte ich nichts. Wenn meine Kapitäne auf See sind, können sie tun, was sie wollen. Ihre Aufgabe ist einfach: Sie müssen möglichst viele Feinde aufbringen und vernichten. Da werden keine Fragen gestellt, und wenn doch, so bekommt man selten eine ehrliche Antwort.«

»Und wie war es, als die *God's Bright Light* hier vor Anker ging?«

Crawley zuckte die Achseln. »Ich ging an Bord, sah Roffels stinkenden Leichnam, redete ein paar Worte mit Bracklebury und kam wieder hierher.«

»Ihr hattet nicht das Gefühl, daß da etwas nicht stimmte?« fragte Athelstan.

»Doch, man spürte ein gewisses Unbehagen. Bracklebury wollte mir nicht in die Augen schauen, und es schien ihn zu stören, daß ich an Bord war.«

Cranston räusperte sich und nahm einen großen Schluck aus seinem Becher. Athelstan beobachtete ihn wachsam. Sir John hatte bereits einen stattlichen Rausch; sein rotes Gesicht glühte jetzt, und sein Schnurrbart sträubte sich.

»Sir Jacob«, dröhnte Cranston, »es gibt zwei Dinge, über die Ihr uns belogen habt.« Er hob die Hand, als Crawley ob der Beleidigung zusammenzuckte. »Jawohl, Sir, belogen, und ich sage Euch das als Euer Freund, nicht als Coroner. Ihr habt uns gesagt, Ihr wärt in dieser Nacht nicht auf der *God's Bright Light* gewesen. Wir wissen aber, daß Ihr irgendwann nach Mitternacht zu dem Schiff hinübergefahren und einige Zeit dort geblieben seid.«

Crawley nagte an der Unterlippe, spielte mit einer Kruste auf seinem Teller. »Ich bin der Admiral dieser Flotille. Roffels Tod hat mich beunruhigt, und Bracklebury verdächtiges Benehmen hat mein Mißtrauen nur noch vertieft. Ich sah, daß die Besatzung von Bord ging, und es machte mir Sorgen, daß nur Bracklebury und jene beiden anderen auf dem Schiff blieben.« Er hob die Schultern. »Zunächst nahm ich es hin. Die Parole wurde weitergegeben, die Lichtsignale ebenfalls, und auf den Schiffen schien alles ruhig zu sein. Aber als ich über das Deck ging, sah ich, daß der *God's Bright Light* vom Kai her Lichtzeichen gegeben wurden.« Crawley zögerte. »Ihr habt von zwei Dingen gesprochen?«

»Aye!« blaffte Cranston. »Die Hure Bernicia kam zum Kai und rief die *God's Bright Light* an. Bracklebury trieb sie mit einem Schwall von Flüchen davon. Den Wortwechsel habt Ihr doch sicher gehört?«

»Ja, ja, natürlich«, sagte Crawley müde. »Ich habe es gehört, und ich habe auch eine Laterne durch den Dunst vom Kai herüberblinken sehen. Ich wurde mißtrauisch, und deshalb fuhr ich hinüber. Doch an Bord war alles in Ordnung. Die beiden Matrosen standen auf Wache. Bracklebury saß in der Kajüte; er aß Schiffszwieback und trank ziemlich heftig, aber betrunken war er nicht. Ich fragte ihn nach dem Lichtsignal, aber da grinste er und sagte, daß sei eine Hure, mit der er sich angefreundet habe; sie tue das oft, wenn er Wache habe. Er war auf eine ziemlich unverschämte Weise höflich und griente, als ob er etwas zu verbergen hätte.«

»Wie sah es in der Kajüte aus?« fragte Athelstan. »Ist Euch da etwas aufgefallen?«

»Nein. Ich ging wieder an Deck und sprach mit den beiden Matrosen.« Crawley zuckte die Achseln. »Ihr wißt ja, wie Seeleute sind, Sir John. Sie waren wach und auf dem Posten, aber sie hatten es sich bequem gemacht. Der eine würfelte mit sich selbst, und der andere machte seine Späße über die verschiedenen Arten, wie er die erstbeste Dirne nehmen würde, der er an Land begegnete.«

»Es war also alles in Ordnung?« fragte Athelstan.

»Nein. Aber ich weiß nicht, was es war. Irgend etwas stimmte nicht. Irgend etwas war nicht, wie es sein sollte. Ich ging unter Deck. Es war dunkel und still; ich fand nichts Ungewöhnliches und kam wieder herauf.« Der Admiral trank einen Schluck Wein. »Den Rest wißt Ihr selbst.« Er lächelte vergebungsheischend. »Als der Matrose im Morgengrauen an Bord zurückkam und feststellte, daß Bracklebury und die Wache verschwunden waren, bekam ich es mit der Angst zu tun. Hier war irgend etwas Schreckliches im Gange, und ich wollte nicht, daß man mir die Schuld daran gab; also log ich.«

Athelstan lehnte sich zurück und umfaßte den Becher mit beiden Händen. Er dachte an die Eintragungen auf den letzten Blättern in Roffels Stundenbuch.

»Sir Jacob, sagen Euch die Buchstaben SL etwas?«

Der Admiral schüttelte den Kopf. »Nein. Ich habe Euch die Wahrheit gesagt. Ich habe kein Verbrechen begangen.«

»Oh doch«, widersprach Athelstan. Sogar Cranston sah ihn erstaunt an.

Sir Jacob erbleichte. »Was wollt Ihr damit sagen?« stotterte er.

»Nun, gewissermaßen ein Verbrechen«, erklärte Athelstan. »Ihr seid in die Kirche von St. Mary Magdalene eingedrungen, habt Roffels Leiche aus dem Sarg gerissen, ihr die Kehle durchgeschnitten und ein Schild mit der Aufschrift MÖRDER an die Brust geheftet.«

Athelstan beobachtete den Admiral genau. Er war zu dieser Schlußfolgerung erst gekommen, als Crawley seinen Gefühlen Roffel gegenüber Luft gemacht hatte.

»Das könnt Ihr nicht beweisen«, sagte Crawley.

»Ach, kommt, Sir Jacob, wir brauchen es nur logisch zu betrachten. Erstens: Wenn jemand von der Besatzung der *God's Bright Light* das Verlangen gehabt hätte, die Überreste ihres Kapitäns zu schänden, dann hätte er es auf der Heimreise tun können. Aber als man Roffels Leiche vom Schiff gebracht hatte, waren sie alle froh, nichts mehr davon sehen zu müssen. Zweitens: Wer da in die Kirche eingebrochen ist, war stark und kräftig. Wo könnten wir einen solchen Menschen finden?« Athelstan schaute Crawley in die Augen. »Emma Roffel hat ihren Mann gehaßt, aber sie ist weder gewandt noch stark genug, um an einer Kirchenmauer hinaufzuklettern, einen Fensterladen aufzubrechen, eine Männerleiche aus dem Sarg zu zerren und sie auf den Apsisstuhl zu setzen. Und warum sollte sie es auch tun? Drittens: Ihr, Sir Jacob, hattet ein Motiv. Ihr seid der einzige, der Roffel ein besonderes Verbrechen vorzuwerfen hatte – den Mord an einem Verwandten.« Athelstan lächelte und entspannte sich. »Ihr seid ohne Zweifel unschuldig an der Ermordung Roffels. Aber Ihr fühltet Euch betrogen. Also habt Ihr Euch selbst zum Richter gemacht und Euer Urteil gesprochen.«

»Es könnte auch Bracklebury gewesen sein.« Cranston schmatzte und starrte den Ordensbruder mit glasigen Augen an.

Athelstan runzelte die Stirn. »Sir John, Master Bracklebury hat sich die meiste Zeit über vor allen Leuten versteckt. Warum soll er mit einem solchen Verbrechen alles aufs Spiel setzen? Ich habe doch recht, nicht wahr, Sir Jacob?«

Der Admiral griff nach seinem Becher und schaute Athelstan trotzig an.

»Ja, Bruder, Ihr habt recht. Ich war froh, daß Roffel tot war. Er war ein Mörder. An dem Tag, als man seine Leiche an Land schaffte, beauftragte ich einen Matrosen, festzustellen, wohin man sie brachte. Er kam zurück und berichtete, der Tote sei vor dem Hochaltar in der Kirche von St. Mary Magdalene aufgebahrt, aber die Witwe wache davor.« Crawley knallte den Becher auf den Tisch. »Also beschloß ich abzuwarten.« Er wischte sich mit dem Handrücken über den Mund. »Was ich getan habe, war unrecht, aber Roffel hat es verdient.«

Cranston schnalzte mißbilligend und legte seine Hand auf die seines ehemaligen Kameraden. »Sir Jacob, habt Ihr die Wahrheit gesagt?«

»Ja, John. Das schwöre ich!«

Das Gespräch wurde durch ein dumpfes Aufprallen längsseits und lautes Stimmengewirr unterbrochen. Männer rannten über das Deck, dann wurde die Tür aufgerissen, und ein Offizier stürzte herein.

»Sir Jacob, entschuldigt.«

»Was ist denn, Mann?«

»Am besten kommt Ihr an Deck, Sir.«

Sir Jacob folgte ihm mit Cranston und Athelstan im Schlepptau. Es war dunkel geworden, und die Worte des Admirals erwiesen sich als prophetisch: Der Flußnebel brodelte und wirbelte wie Dampf aus einem Kochkessel, so daß man den Bug des Schiffes schon nicht mehr sah. Auch der Fluß selbst lag darunter verborgen, als habe sich eine schwere Wolke herabgesenkt und das Schiff mit einer dichten Wand aus Schweigen und Geheimnis umgeben. Athelstan spähte durch die Düsternis. Ab und zu sah er die Lichter der anderen Schiffe aufblinken. Dann hörte er das seltsame Geräusch, das die Aufregung hervorgerufen hatte.

»Was zum Teufel ist das?« fragte Cranston mit schwerer Zunge.

Athelstan schob sich vorsichtig bis an die Reling.

»Das sind Glocken, Sir John. Kirchenglocken, die Alarm läuten.«

»Da ist noch etwas«, rief der Offizier, der ihr Mahl gestört hatte, von der anderen Seite des Decks herüber. »Sir Jacob, hier ist ein Bootsmann. Er sagt, er heißt Moleskin.«

Athelstan überquerte das schlüpfrige Deck und spähte auf der anderen Seite über die Reling. Im Licht der Laterne, die der Bootsmann hochhielt, konnte er gerade noch Moleskins vergnügtes Gesicht erkennen.

»Moleskin, was machst du hier?« rief Athelstan.

»Pater, ich wußte, daß Ihr hier seid. Ich bin zur Stadt hinübergefahren, und da hat man mir gesagt, daß Ihr an Bord der *Holy Trinity* seid.«

»Herr des Himmels, Mann!« rief Sir Jacob, der neben Athelstan getreten war, hinunter. »Was gibt es denn so Dringendes? Hast du die Nachricht nicht gehört?«

»Ich gehöre zu Bruder Athelstans Pfarrgemeinde«, antwortete Moleskin. »Er sorgt für mich. Ist sogar gekommen, um meine alte Mutter zu besuchen, jawohl.«

»Gütiger Gott«, sagte Crawley leise. »Der Kerl ist ja verrückt.«

»Was willst du, Moleskin?« fragte Athelstan.

»Ach, eigentlich gar nichts, Pater. Ich habe mir bloß Sorgen gemacht. Wißt Ihr, die schlauen Hunde da oben bei Euch an Bord glauben, die französischen Galeeren würden den Fluß herauf auf sie zu kommen. Na, ich habe sie aber am anderen Ufer gesehen, auf der Seite von Southwark. Was aus den anderen Kerlen wird, kratzt mich nicht, aber ich habe mir Sorgen um Euch und den Lord Roßzermalmer gemacht!«

»Verpiß dich, du!« brüllte Cranston.

»Und auch Euch einen schönen guten Abend, Sir John«, gab Moleskin zurück.

»Fahr lieber zurück«, rief Athelstan hinunter.

»Macht Euch keine Sorgen um mich, Bruder, mich fängt kein Drecksfranzose. Ich war schon auf diesem Fluß, als die noch kleine Kaulquappen waren.«

Moleskins Stimme hallte aus den Tiefen des Nebels. Athelstan spähte hinunter, die Schleier verwehten für ein paar Augenblicke, aber Moleskin und sein Boot waren nicht mehr da. Cranston lehnte betrunken an der Reling und schaute Crawley an. Sir Jacob spähte durch den Nebel und fuhr sich mit den Fingern durch den kleinen Spitzbart. »Was wißt Ihr über Moleskin, Pater?« fragte er.

»Einer der besten Bootsführer auf der Themse«, antwortete Athelstan. »Gerissen, ehrlich und nüchtern. Er kennt die Themse wie seine Hosentasche.«

»Gütiger Gott«, knurrte Cranston. Die kalte Nachtluft vertrieb allmählich den Weindunst aus seinem Schädel. »Franzosenfürze!« zischte er erbost.

»Was ist denn?« fragte Athelstan.

Sir Jacob wandte sich um und befahl seinen Offizieren, den anderen Schiffen Nachricht zu geben.

Athelstan packte Cranstons Arm. »Sir John, was ist los?«

Cranston zog ihn in eine Ecke. »Bruder, der Franzose ist ein raffinierter Seemann. Wahrscheinlich ist er im Schatten des Nordufers die Themse heraufgekommen, an Westminster vorbei, und in Sichtweite von Temple, Whitefriars und sogar der Fleet Street. Das hat er getan, um Verwirrung zu stiften, damit jetzt alle auf der Hut sind. Wir erwarten einen Feind, der hinter uns den Fluß heraufkommt, von Westen her. Unterdessen aber hat der Schlaufuchs Eustace seine Galeeren über den Fluß auf die Seite von Southwark gesteuert. Kurz vor der London Bridge wird er wenden und, anders als Sir Jacob erwartet, aus der entgegengesetzten Richtung herabgleiten.«

»Und?« fragte Athelstan.

»Herrgott noch mal, Bruder! Das Element der Überraschung!« Cranstons Schnurrbart sträubte sich bei der Aussicht auf ein Gefecht. »Es ist, als ob ich einen Messerstecher von links erwarten würde und er sich unversehens von rechts auf mich stürzt. Folgendes wird geschehen. Eustace hat seine Galeeren gewendet. Er wird zurückkommen, hier mit Hilfe des Überraschungsmoments soviel Schaden wie möglich anrichten und dann weiter zur Flußmündung vordringen. Er wird die Stadt lächerlich machen, vom Admiral des Königs ganz zu schweigen. Aber nicht Sir John Cranston!« brüllte er in die neblige Dunkelheit hinaus und schlug Athelstan auf die Schulter. »Dank dir, du liebster unter den Ordensbrüdern, und diesem frechen Hund Moleskin werden wir gut vorbereitet sein.«

Athelstan sah, daß sich das Schiff bereits kampfbereit machte. Die Decks wimmelten von Matrosen. Die Kohlenbecken glühten rot unter metallenen Hauben.

Bogenschützen spannten die Sehnen ihrer Bögen, und Jungen liefen herum und füllten ihnen die Köcher. Crawley ging in seine Kajüte und kam mit einem Kampfgurt, einem Panzerhemd und einer kegelförmigen Sturmhaube mit Nasenschurz heraus. Andere Offiziere taten es ihm nach. Ein Trommelwirbel setzte ein, aber Crawley brachte ihn rasch zum Verstummen. Kleine Katapulte wurden unter schützenden Planen hervorgerollt. Das Beiboot des Schiffes brachte eine letzte Nachricht zu den anderen Koggen: Die Änderung der Pläne wurde bestätigt, und die übrigen Kapitäne wurden gewarnt, mit einem Angriff aus östlicher Richtung zu rechnen, da die französischen Galeeren an der London Bridge gewendet hätten. Crawley rief zu den Ausguckposten hinauf.

»Ein Stück Silber für den, der den Feind als erster sichtet!«

»Dick wie Suppe!« schrie eine Stimme herunter. »Nichts zu sehen, Sir Jacob!«

Athelstan spürte die bange Erwartung. Lange Stangen und Enterhaken wurden von unten heraufgebracht, Schwerter und Dolche in ihren Scheiden gelockert. Ein Mann kam zu Athelstan und bat ihn, ihm die Beichte abzunehmen. Athelstan kniete nieder und hörte das hastig geflüsterte Bekenntnis des Mannes, der nicht mehr als achtzehn oder neunzehn Sommer alt war. »Schon bald«, flüsterte er, während sie in einer Ecke zwischen Reling und Achterkastell an Deck knieten, »könnte ich Menschen töten.«

»Gott wird dein Richter sein, mein Sohn«, antwortete Athelstan. »Ich kann nur sagen: Tu, was du für richtig hältst, wenn der Augenblick es dir gebietet.«

Auch andere wollten jetzt beichten. Am Ende erteilte Athelstan ihnen Generalabsolution. Unterdessen war Cranston ungeduldig auf und ab gestapft und hatte in den Nebel hinausgespäht.

»Sir John«, rief Crawley, »Ihr könnt unter Deck gehen oder wir bringen Euch an Land, wenn Ihr wollt.«

»Packt Euch!« brüllte Cranston. »Nie wird man sagen können, John Cranston hätte den Schwanz eingekniffen!«

»Aber was ist mit Bruder Athelstan?«

Cranston schaute den Ordensbruder an. »Bruder, du mußt an Land.«

Athelstan schüttelte den Kopf. »Ich bin hier. Das bedeutet, Gott wollte mich hier haben. Und irgend jemand, Sir John, muß Euch ja Rückendeckung geben.«

Cranston kam näher. »Pack dich, kleiner Bruder!«

»Sir John«, antwortete Athelstan gleichmütig, »was ist, wenn Euch etwas zustößt? Euer Gesicht glüht wie ein Leuchtfeuer – ein gewaltiges Ziel. Was soll ich Lady Maude oder den Kerlchen sagen?«

Cranston sah sich nach Crawley um. »Wir bleiben«, rief er. »Sir Jacob? Einen Schwertgurt, Dolch und Schild. Ach ja, und einen Helm.«

»Wenn Ihr einen habt, der groß genug ist«, murmelte Athelstan bei sich.

Sir John wappnete sich geschäftig und löste durch seine Flüche und seinen schwarzen Humor die Anspannung um ihn herum. Als er fertig war, sah er aus wie eine veritable Kampftonne; der zu kleine Helm, der auf seinem Kopf thronte, ließ ihn um so lächerlicher aussehen.

Geschwätz und Gelächter erstarben, als der Ausguck im Vorderkastell rief: »Ich sehe was! Nein, es ist weg! Es ist weg!«

Die ganze Besatzung hatte sich umgedreht und

spähte flußaufwärts. Athelstan trat an die Reling. Was hörte er da? Ein Knarren?«

»Gott im Himmel!« schrie Cranston, als Brandpfeile durch den Nebel herangezischt kamen. Einer traf das Deck, ein zweiter bohrte sich einem Bogenschützen in die Schulter, so daß er schreiend vor Schmerzen wie eine Puppe zurückgeschleudert wurde.

»Teufelsdreck!« schrie Cranston. »Die Hunde sind da!«

Weitere Brandpfeile fielen, gefolgt von einem Schwall brennenden Pechs, das krachend aufs Deck prasselte, aber rasch mit Wasser gelöscht wurde. Athelstan fühlte, wie sich sein Magen zusammenzog und sein Mund trocken wurde. Er spähte in den Nebel hinaus. Langgestreckte Umrisse tauchten dort auf, geduckt und mit prachtvollen Aufbauten, die wie zähnefletschende Wolfsköpfe aussahen. Athelstan wich erschrocken zurück. Es waren drei oder vier – nein, fünf Galeeren, die mit aufgerichteten Rudern auf die *Holy Trinity* zujagten wie Windhunde auf der Hatz. Die lautlose Geschwindigkeit, mit der sie herankamen, war unheimlich.

»Wieso feuert Ihr nicht?« schrie er Crawley zu.

Der Admiral stand mit erhobener Hand da. Eine Galeere krachte an Steuerbord gegen die *Holy Trinity*. Eine zweite schwenkte mit eingezogenen Rudern in einer ausgreifenden Bewegung unter ihrem Heck hindurch. Eine dritte drehte schäumend vor ihrem Bug bei. Ein Enterhaken schoß vor und faßte die Reling.

»Für den Hl. Georg!« schrie Crawley, und seine Hand fuhr herab.

Die Langbogen sangen ihr Lied, ein dumpfes, musikalisches Dröhnen, und gänsefederbewehrte Pfeile schwirrten in die Dunkelheit. Geschrei und Geheul zerrissen die Nachtluft.

»Und noch einmal! Schießt!«

Ein Franzose mit dunklem, bärtigem Gesicht, der einzige, der bisher das Deck der *Holy Trinity* erreicht hatte, starrte Athelstan verdattert an. Ein Pfeil traf ihn zwischen die Augen. Er kippte zurück.

»Und noch einmal!« brüllte Crawley. »Schießt!«

Athelstan sah sich von Cranston zurückgerissen, während er die Bogenschützen anstarrte. Es waren handverlesene Meisterschützen; wenn sie einen Pfeil abschossen, hielten sie einen zweiten zwischen den Zähnen. Athelstan schätzte, daß jeder mindestens drei Pfeile in der Minute abschoß. Sie arbeiteten kalt und lautlos. Ab und zu schoß ein französischer Arquebusier zurück, und ein Bogenschütze flog schreiend aufs Deck. Er wurde weggezogen, und ein anderer nahm seinen Platz ein. Andere, unternehmungslustigere Schützen, enterten die Wanten. Athelstan eilte zu den Verwundeten. Der erste, ein etwa sechzehnjähriger Junge, hustete bereits Blut, und sein Blick wurde glasig. Athelstan machte ein Kreuzzeichen über seinem Gesicht und vertraute darauf, daß Christus ihn verstehen würde. Crawley führte jetzt die Brandschützen heran und setzte sie großer Gefahr aus, denn sie mußten sich über die Reling beugen und in die Galeeren hinunter schießen. Die Franzosen schossen mit Armbrüsten zurück. Ein Bogenschütze verschwand schreiend über die Reling; das halbe Gesicht war ihm weggerissen. Athelstan stand mit Crawley und einer kleinen Gruppe von Offizieren am Fuße des Mastes und lauschte dem Schlachtgetöse. Er begriff, welches Glück sie gehabt hatten – ohne Moleskins Warnung hätte die ganze Besatzung unvorbereitet in die falsche Richtung Ausschau gehalten, als Eustace und seine Freibeuter zuschlugen.

»Nach Steuerbord!« schrie jemand.

Crawley drehte sich um. Auf der Landseite war eine Galeere herangekommen und hatte die Umzingelung der *Holy Trinity* vollständig gemacht. Athelstan schaute zur Mastspitze hinauf; als Wimpel flatterte dort eine Mönchskapuze. Jetzt befanden sie sich in akuter Gefahr. Bogenschützen stürzten hinüber, aber schon schlängelten sich Entertrossen herüber, und Haken verhedderten sich in Takelage und Reling. In wildem Ansturm gelang es bewaffneten Franzosen, die über ihren Brustpanzern die Livree mit dem Wappen der Mönchskapuze trugen, an Bord Fuß zu fassen. Sie drängten die leichtgepanzerten Bogenschützen zurück, die mit ihren Langbogen so gewandt umgehen konnten, gegen diese geharnischten Schwertträger aber schutzlos waren.

»Los!« brüllte Cranston, und ohne auf Crawleys Befehl zu warten, führte der fette Coroner die Schiffssoldaten gegen die Entermannschaft. Auch Athelstan hätte sich ins Getümmel gestürzt, aber Crawley hielt ihn zurück. Cranston stürmte den Franzosen entgegen wie ein wütender Bulle.

Der Ordensbruder schaute schreckensstarr zu. Cranston schwang sein großes Schwert wie eine Sense. Athelstan roch Feuer. Er drehte sich um und sah, daß von der Galeere auf der anderen Seite des Schiffes Rauch aufwallte. Die Brandpfeile zeigten endlich Wirkung. Crawley zog sich mit rauchgeschwärztem Gesicht aus dem Handgemenge zurück, lief auf die andere Seite und rief seinen Männern zu: »Wegschieben! Schiebt sie weg!«

Die vom Bug bis zum Heck in lodernden Flammen

stehende Galeere wurde in den Nebel hinausgestoßen. Die Schreie der Männer an Bord waren furchtbar. Athelstan sah mindestens drei, die sich mit brennenden Kleidern in die eiskalte Themse stürzten. Als diese Seite frei war, eilten weitere Bogenschützen Cranston zu Hilfe. Athelstan zog sich in den Schutz des Achterkastells zurück. Da löste sich ein Franzose aus dem Kampfgewühl und rannte auf ihn zu. Athelstan wollte ihm seitwärts ausweichen. Das Schiff schwankte. Das Deck war schlüpfrig vom blutgetränkten Löschwasser. Athelstan stürzte krachend auf die Planken und verrenkte sich den Arm. Der Franzose hob das Schwert, um zuzuschlagen, mußte aber wohl in dem Moment erkannt haben, daß Athelstan ein Priester war, denn er grinste, trat zurück und verschwand wieder im Gedränge. Der Bruder hielt sich den verrenkten Arm und humpelte auf die Kajüte zu. Hinter sich hörte er Cranstons Gebrüll. Er schloß die Augen und betete, daß Christus den dicken Coroner beschützen möge. Dann hörte er eine Trompete gellen, ein-, zwei-, dreimal, und gleich darauf ließ der Kampf nach. Die Pfeile flogen nicht mehr, das Befehlsgebrüll erstarb. Athelstan lehnte sich an die Kajüte, schaute über das Schiff nach vorn und erlebte jene gespenstische Stille, die sich am Ende einer Schlacht immer herabsenkte. Selbst die Verwundeten und Sterbenden verstummten.

»Alles in Ordnung, Bruder?« Cranston kam großspurig über das Deck heran. Der Coroner war blutbespritzt, und sein Schwert war naß und klebrig. Von ein paar Kratzern an der Hand und einer kleinen Fleischwunde unterhalb des Ellbogens abgesehen, war er anscheinend unverletzt. Er packte Athelstan bei den Schultern und schob das Gesicht dicht an ihn heran; seine eisblauen Augen blickten voller Sorge.

»Athelstan, bist du wohlauf?«

»Dem Himmel sei Dank, jawohl.«

»Gut.« Cranston grinste. »Die Furzfranzosen sind weg.« Breitbeinig drehte er sich um, den fetten Bauch und die Brust vorgewölbt, und reckte sein Schwert in die Luft. »Wir haben die Hunde besiegt, Leute!«

Jubel erhob sich, und Athelstan hörte, wie er von den anderen Koggen aufgenommen wurde. Er trat an die Reling. Mehrere französische Galeeren brannten und lagen jetzt sehr tief im Wasser; die tosenden Flammen verwandelten sie in schwimmende Asche. Von Eustace, dem Mönch, und seiner Galeere sowie vom Rest der kleinen Piratenflotte war nichts mehr zu sehen.

»Wie wird es jetzt weitergehen, Sir John?« fragte Athelstan.

»Die Kerle werden schleunigst ins offene Meer hinaus fliehen«, antwortete der Coroner. »Sie müssen vor dem Morgengrauen, ehe sich der Nebel hebt, draußen sein.«

Cranston warf sein Schwert aufs Deck; eine Gruppe rufender Männer unter dem Mast hatte seine Aufmerksamkeit auf sich gezogen. Cranston und Athelstan gingen hinüber. Da lag Sir Jacob. Ein Arzt kauerte neben ihm und versorgte eine Wunde in der Schulter. Der Admiral verzog vor Schmerzen das Gesicht, als er Cranstons Hand packte.

»Wir haben es geschafft, John.« Sein Gesicht, weiß wie ein Laken, erstrahlte in einem schmalen Lächeln. »Wir haben es wieder einmal geschafft, John, wie in alten Zeiten.«

Cranston sah den Arzt an. »Ist er in Gefahr?«

»Nein«, antwortete der Mann. »Es ist nichts, was ein frischer Breiumschlag und ein guter Verband nicht heilen könnten.«

Crawley hatte Mühe, sich zu konzentrieren. Er spähte zu Athelstan hinauf.

»Jetzt weiß ich's«, flüsterte er. »Ich erinnere mich. Alles war so ordentlich, so sehr ordentlich!« Dann fiel er in Ohnmacht.

Athelstan und Cranston zogen sich zurück. Auf dem Schiff herrschte ein Treiben wie in einem Bienenkorb, und der Ordensbruder verzog das Gesicht, als die Bogenschützen mit ihren Hirschfängern den verwundeten Feinden die Kehlen durchschnitten und die Toten ohne weitere Umstände ins Wasser warfen. Man ließ Boote hinunter und teilte den anderen Schiffen mit, was mit den englischen Verwundeten, den Toten beider Seiten und den feindlichen Gefangenen zu geschehen habe.

Athelstan hielt sich den Arm und saß in der Kajüte, während Cranston, unterbrochen von tiefen Zügen aus seinem Weinschlauch, eine anschauliche Schilderung des Kampfes gab. Crawley, der inzwischen unterwegs zum Hospital von St. Bartholomew war, hatte einen bemerkenswerten Sieg errungen. Vier Galeeren waren versenkt und etliche Gefangene gemacht worden, wovon die meisten, vielleicht die Glückspilze, bereits unterwegs zum Flaggschiff waren, um an der Rah aufgeknüpft zu werden.

Die Neuigkeit hatte die Stadt schon erreicht. Durch den Nebel hörte man Glockengeläut, und Matrosen berichteten, daß die Menge trotz Dunkelheit und Nebel am Kai zusammenströmte.

»Sir John«, sagte Athelstan leise, »wir sollten an Land gehen. Hier haben wir getan, was wir konnten.«

Cranston, der sich eben zur dritten Schilderung seiner meisterlichen Großtaten aufschwingen wollte, rieb sich die Augen und grinste. »Du hast recht.«

Der Coroner ging zur Kajütentür und sah, wie ein französischer Gefangener mit einer Schlinge um den Hals über die Reling gestoßen wurde, um so eines langsamen Erstickungstodes zu sterben.

»Du hast recht, Bruder; wir sollten wirklich gehen. Keine anstürmenden Ritter, keine Schlachtrösser mit seidenen Schabracken – nur blutiges Gewimmel und gewaltsamer Tod.«

Unter Geschrei und Hochrufen von Soldaten und Bogenschützen überquerten sie das Deck. Athelstan schaute zu den baumelnden Leichen hinüber.

»Sir John, kann man dem kein Ende machen?«

»Die Regeln des Krieges«, antwortete Cranston. »Die Regeln des Krieges. Eustace, der Mönch, ist ein Pirat. Piraten werden ohne Federlesen aufgehängt.«

Crawleys Adjutant hatte ein Boot für sie bereithalten lassen. Vorsichtig kletterten die beiden die Strickleiter hinunter; das Zujubeln der Mannschaft gellte ihnen noch in den Ohren.

»Wohin, Sir John?« fragte der Ruderer.

Cranston sah Athelstan an. »Du bist herzlich willkommen, in der Cheapside zu übernachten.«

Athelstan schüttelte den Kopf. Er hielt den Blick gesenkt, denn er wollte die gräßlichen Hinrichtungen nicht sehen, die auf dem Flaggschiff im Gange waren. Die Leichen baumelten jetzt wie tote Ratten an der Seitenwand des Schiffes.

»Nein, Sir John, ich danke Euch, aber bittet den Bootsmann, mich nach Southwark zu bringen.« Lächelnd tätschelte er Sir Johns Arm. »Ihr seid ein Held, Sir John. Ihr habt ein tapferes, mutiges Herz. Lady Maude wird stolz auf Euch sein.« Athelstan grinste. »Und ich werde den beiden Kerlchen erzählen, daß ihr Vater ein veritabler Hektor ist.«

Der Menschenfischer kauerte am Kai. Er sah, wie das Boot mit Athelstan die *Holy Trinity* verließ und nach Southwark fuhr. Er sah die Umrisse des Flaggschiffes und die grausig zuckenden Gestalten an den Enden der Stricke. Er lächelte, als die Phantome sich um ihn scharten.

»Erntezeit, meine Süßen.« Er wandte den Kopf und lauschte angestrengt in die Dunkelheit. »Es sind Lebende wie Tote im Fluß. Wenn sie ans Ufer kommen, sagt ihnen, ihr wolltet ihnen helfen. Wenn sie auf Französisch antworten, tötet sie. Sind es Engländer, so helft ihnen. Aber vergeßt nicht, nach den Leichen Ausschau zu halten.«

Eines der Phantome zupfte ihn am Ärmel und deutete auf den Fluß, wo eine Leiche im weißen Hemd und dunkler Hose, das Gesicht nach unten gewandt, auf sie zugedümpelt kam.

»Ja, ja.« Der Menschenfischer lächelte. »Endlich ist Erntezeit!«

Elf

Am nächsten Morgen schlief Athelstan lange. Im Morgengrauen wachte er das erste Mal auf, und jeder Knochen tat ihm weh; seinem Arm allerdings ging es schon besser. Noch immer waberte draußen der Nebel. Aus dem Fenster seiner Dachkammer konnte er nicht einmal die Kirche sehen.

»Gott verzeih mir«, murmelte er. »Aber ich fühle mich schrecklich.« Er ging die Treppe hinunter, fachte das Feuer an, trank einen Schluck Wein und ging wieder hinauf ins Bett. Er schlief mehrere Stunden und erwachte erst, als Watkin eine Stunde vor Mittag an seine Tür hämmerte. Athelstan zog sich eine dünne Decke um die Schultern und hastete hinunter. Er schob den Riegel beiseite und lächelte, als er das erstaunte Gesicht des Mistsammlers sah.

»Pater, habt Ihr geschlafen?«

Athelstan führte ihn in die Küche. Hinter Watkin sah er die anderen Gemeindemitglieder, die sich auf der Kirchentreppe versammelten. Sogar Marston war da und schaute mit banger Sorge zum Pfarrhaus herüber. Athelstan ließ sich am Tisch auf einen Schemel fallen.

»Pater, was habt Ihr denn? Sonst seid Ihr immer auf. Seid rasiert, gebadet, habt die Messe gelesen und die Kirche gefegt.« Watkin verbarg seine Liebe zu dem sanftmütigen Pfarrer hinter seiner üblichen Großmäuligkeit.

Athelstan lächelte schmal. »Watkin, ich war letzte Nacht mit Sir John auf dem Fluß.«

»Ihr wart dort, Pater?«

»Ich war, Gott helfe mir, auf der *Holy Trinity*, als die Franzosen angriffen.«

Watkin marschierte zur Tür und stieß sie auf.

»Der Pater ist ein Held!« brüllte er den anderen Pfarrkindern zu. »Er und der Fettarsch – ich meine, er und Sir John Cranston – haben letzte Nacht auf dem Fluß gegen die verdammten Franzosen gekämpft!«

Athelstan verbarg das Gesicht in den Händen.

»Unser Pfarrer ist ein richtiger Held!« blökte Watkin. »Es stimmt also doch, was Moleskin uns erzählt hat. Crim, lauf zum Fluß hinunter und sag Moleskin, es täte mir leid, daß ich ihn einen verlogenen Furz genannt habe.«

»Aber der Pater braucht mich hier!« maulte Crim.

»Wirst du wohl, du freche kleine Krabbe!« Watkin schlug die Tür hinter dem Jungen zu und watschelte zu Athelstan zurück. »Pater, Ihr seht blaß und erschüttert aus.«

»Ehrlich gesagt, Watkin, ich fühle mich schon viel besser. Und übrigens war ich kein Held, sondern ein sehr ängstlicher Pfaffe.«

»Bescheiden wie immer, bescheiden wie immer.« Herablassend klopfte Watkin ihm auf die Schulter. »Wir werden Huddle ein Bild malen lassen und es dann in der Kirche aufhängen; es soll Bruder Athelstan in der großen Seeschlacht darstellen. Ganz Southwark wird alles wissen wollen.« Er atmete geräuschvoll durch haarige Nasenlöcher. »Überall im Watt jagen sie Franzosen. Die Galgen hängen voll, und auf der London Bridge stecken sie Piratenköpfe auf Stangen.«

Die Tür ging auf. Athelstans Gemeindekinder drängten sich herein und reckten die Hälse, um einen Blick auf ihren heldenhaften Priester zu werfen.

»Geht weg! Geht weg!« befahl Watkin großartig. »Bruder Athelstan braucht jetzt Zuspruch und Trost. Ich, als Oberhaupt des Pfarrgemeinderates, werde euch die Neuigkeit später vortragen.« Er schlug die Tür zu. »Verpißt euch!« brüllte er, als sie gleich wieder aufging.

Benedicta kam herein. Watkin wich zurück, und seine Hände baumelten herunter. Er ließ den Kopf hängen wie ein ungezogener Junge.

»Mistress Benedicta ...« Er scharrte mit den großen, schlammigen Stiefeln. »Euch habe ich nicht gemeint.«

Die Witwe lächelte. Als sie Athelstans blasses, unrasiertes Gesicht sah, nahm sie einen Schlüssel vom Haken neben der Tür.

»Watkin, schließ die Kirche auf, damit ihr mit eurer Arbeit fortfahren und die Bühne für das Spiel bereitmachen könnt. Sag den Leuten, Bruder Athelstan wird gleich kommen. Geh schon.«

Der Mistsammler huschte an ihr vorbei. Als er draußen war, verkündete er gleich großartig, er habe nun das Kommando über die Kirche; er werde Pater Athelstans Geheimnisse bewahren, und alle sollten tun, was er sagte. Pike, der Grabenbauer, erhob sofort Einwände. Athelstan lächelte, als der übliche Streit ausbrach. Die Stimmen verhallten in der Ferne. Benedicta kam und hockte sich vor ihn.

»Für einen Helden seht Ihr gar nicht übel aus«, sagte sie leise.

»Ich bin kein Held, Benedicta. Ich hatte Angst. Ich bin auf dem Deck ausgerutscht, und mehr habe ich nicht getan. Ein Franzose wollte mich töten, doch dann grinste er und wandte sich ab.« Athelstan starrte in das verlöschende Feuer. »Hoffentlich ist er davongekommen. Hoffentlich kann er zu seinen Lieben heimkehren. Ich werde seiner in der Messe gedenken.«

»Und Sir John?«

Athelstan schüttelte den Kopf. »Der Mann ist ein Berg von Legenden. Er rülpst wie ein Schwein und säuft, als wäre morgen der letzte Tag, aber er hat das Herz eines Löwen.«

Und mit kurzen Worten erzählte Athelstan, was Cranston vollbracht hatte.

»Oh Gott«, sagte Benedicta, als er fertig war. »Da wird er platzen vor Angeberei.«

»Das hat er verdient«, sagte Athelstan. »Und erinnert mich daran, daß ich eines nicht vergesse: Moleskin muß belohnt werden. Wenn er nicht gewesen wäre, dann hätten die Franzosen uns überrascht.«

»Was habt Ihr jetzt vor, Pater?«

»Ich gehe nach oben. Ich muß mich waschen, rasieren, umziehen, und dann muß ich die Messe lesen. Ach, übrigens, wo ist Bonaventura?«

»Er ist bei Ashby«, sagte Benedicta. »Lady Aveline hat ihren Liebsten mit allen Behaglichkeiten des Lebens versorgt, auch mit einem Krug kalter Milch. Bonaventura kann sein Glück kaum fassen.«

»Cranston hat recht«, brummte Athelstan. »Dieser Kater ist ein verdammter kleiner Söldner.« Er sah Benedicta an. »Aber Ihr solltet nicht hier sein. Die Leute werden reden.«

»Über Euch?« Benedicta lächelte.

»Das würde mich nicht kratzen«, antwortete Athelstan. »Ich denke dabei an Euch.«

Benedicta wandte sich lächelnd ab und kauerte sich

vors Feuer. Sie streute ein paar Späne hinein, legte ein frisches Scheit auf und grinste ihn über die Schulter an.

»Sie können reden, was sie wollen, aber von Euch werden sie nichts Schlechtes glauben. Wie Pike, der Grabenbauer, es so wortgewandt ausdrückte: Man könnte Bruder Athelstan in ein Zimmer voller Huren sperren, und er wüßte nicht, was er tun soll.«

Athelstan errötete und stieg die Treppe hinauf. Benedicta ging, immer noch leise lachend, in die Speisekammer und bereitete das Frühstück zu.

Eine Stunde später begab sich Athelstan, rasiert und sehr viel frischer, hinüber in die Kirche, wo er die Messe las. Seine Gemeinde, angelockt von den Gerüchten über die Heldentaten des Pfarrers, drängte sich in das Gotteshaus. Aber Athelstan hatte sich gelobt, nichts zu sagen. Er wollte eben die Hand heben, um sie zu entlassen, als er Watkins gekränktes Gesicht sah. Er ließ die Hand sinken und lächelte.

»Es tut mir leid, daß ich verschlafen habe«, sagte er. »Ich war letzte Nacht in der Schlacht auf dem Fluß. Doch ein Held war ich nicht.«

»Unfug!« rief Tab, der Kesselflicker.

»Aber Sir John war einer«, fuhr Athelstan fort.

»Der gute alte Fettarsch!« schrie jemand.

»Gut gemacht, Roßzermalmer!« zwitscherte Crim.

Athelstan schaute sie stirnrunzelnd an. »Ihr seid hier im Haus Gottes«, tadelte er. »Sir John ist ein sehr tapferer Mann, und Moleskin ebenfalls; vielleicht bekommt er einen Brief vom Bürgermeister, von einer angemessenen Belohnung ganz zu schweigen.«

Athelstan schaute hinüber zu Ashby, der im Chor auf einem Sims saß. Der junge Mann war rasiert und trug saubere Kleider, und er war von Kissen und

Decken umgeben. Athelstan sah ein Buch, eine Schale Obst und einen großen Krug, den Bonaventura, der hinten in der Ecke hockte, aufmerksam beobachtete. Aveline war ebenfalls da; sie kniete fromm am Boden, die Hände im Schoß gefaltet, den Kopf gesenkt.

»Ich danke euch auch dafür«, fuhr Athelstan fort und bemühte sich dabei, die Heiterkeit in seiner Stimme zu unterdrücken, »daß ihr euch um unseren Bruder Ashby gekümmert habt, dessen Not vielleicht bald ein Ende haben wird. Jetzt aber« – er spähte durch den Lettner zu der behelfsmäßigen Bühne hinüber und hob die Hand – »ist die Messe zu Ende. Wir haben Arbeit vor uns.«

Der Ordensbruder ging in die Sakristei und legte die Gewänder ab. Er half Crim und Ashby, die Kerzen und Tücher vom Altar zu räumen, hängte ein neues Ewiges Licht über das Tabernakel und ging dann zu Ashby und Aveline. Wie immer saßen sie in einer Ecke des Altarraums und wisperten miteinander. Athelstan zog den Schemel heran, den Crim während der Messe benutzte.

»Lady Aveline«, begann er, »ich habe sehr traurige Neuigkeiten über Euren Stiefvater.«

Und er berichtete knapp, welche Schlußfolgerungen er über Sir Henry Osprings frevelhaftes Treiben gezogen hatte. Ashby schnappte nach Luft. Aveline wurde noch blasser als gewöhnlich, und Tränen traten ihr in die Augen.

»Damit sagt Ihr mir, Bruder«, flüsterte sie, als Athelstand geendet hatte, »daß mein Stiefvater ein Verräter und Mörder war.«

»Das sind Eure Worte, Mylady, aber – Gott verzeih mir – die Wahrheit ist so, wie ich es geschildert habe.«

»Wird die Krone sein Vermögen beschlagnahmen?« wollte Ashby wissen.

»Das bezweifle ich«, sagte Athelstan. »Sir Henry starb, bevor irgendwelche Anschuldigungen erhoben wurden, und er ist nicht mehr da, um sich dagegen zu verteidigen.« Er zuckte die Achseln. »Die Krone wird ganz sicher, vertreten durch das Schatzamt, ihr Silber zurückfordern.« Er lächelte schmal, als er an die harten Revisoren Peter und Paul dachte. »Ich empfehle mit Nachdruck, Lady Aveline, daß Ihr oder die Testamentsvollstrecker Eures Stiefvaters die Summe verdoppelt und sie als Schenkung abschreibt.« Er starrte den jungen Mann an. »Ihr aber, Ihr wart sein Knappe. Es kann leicht sein, daß man Euch Fragen stellt.«

»Ich werde beschwören«, sagte Ashby, »und ich habe Zeugen dafür, daß ich mit Sir Henrys Geschäften nichts zu tun hatte.« Er verzog das Gesicht. »Jedenfalls nicht mit den Männern, die ihn mitten in der Nacht zu besuchen pflegten.« Er nagte an seiner Lippe und grinste dann. »Ich bezweifle, daß Marston das gleiche sagen könnte.«

Athelstan nickte. »Nichtsdestoweniger, wie Sir John immer sagt, hat jede dunkle Wolke auch einen Silberstreif. Gott verzeih mir, Lady Aveline, aber ich glaube nicht, daß irgend jemand – und der König ganz bestimmt nicht – um Euren Stiefvater weinen wird. Infolgedessen glauben Sir John und ich, daß man Euch beide wegen Sir Henrys Tod großzügig begnadigen wird.« Er brachte ihr aufgeregtes Jauchzen mit erhobener Hand zum Schweigen. »Gleichwohl, Master Ashby, seid Ihr immer noch ein gesuchter Verbrecher.« Athelstan zupfte sich ein Stück Kerzenwachs vom Handrücken. »Aber keine Sorge. Ehe der Tag noch viel älter ist, werde ich Marston etwas zum Nachdenken geben.«

»Können wir noch etwas tun?« fragte Ashby.

»Kanntet Ihr eigentlich Bracklebury?«

Ashby schüttelte den Kopf. »Kaum. Ein düsterer, gewalttätiger Mann, Pater. Er konnte mit dem Messer umgehen. Wie sein Kapitän fürchtete er weder Gott noch die Menschen. Warum fragt Ihr?«

»Wir haben herausgefunden«, sagte Athelstan, »daß Roffel das Silber stahl und es auf der *God's Bright Light* versteckte. Um es kurz zu machen: Es kann sein, daß Bracklebury die Mannschaft entließ und nur die zwei zurückbehielt, damit er in Ruhe das Schiff durchsuchen konnte.« Athelstan machte eine Pause; er ignorierte die unbeantworteten Fragen, die immer noch an ihm nagten. »Gott weiß, was dann geschah. Vielleicht hat Bracklebury die beiden Matrosen ermordet und sich danach an Land geflüchtet. Das Problem ist nur, die *God's Bright Light* hat weiter Signale gegeben, und niemand hat gesehen, daß ein Boot vom Schiff wegfuhr.«

»Bracklebury könnte über Bord gesprungen sein«, erwog Lady Aveline. »Und dann ist er zum Kai geschwommen.«

»Nein, das ist unmöglich«, widersprach Ashby.

Athelstan sah ihn an. »Warum?«

»Pater, könnt Ihr schwimmen?«

Athelstan erinnerte sich an die goldenen Kindertage, als er und sein Bruder Francis, nackt, wie sie auf die Welt gekommen waren, im Fluß geschwommen waren.

»Nun, Pater?«

»Ja«, sagte Athelstan, ein bißchen verlegen. »Wie ein Fisch. Meine Eltern hatten einen Bauernhof, und ein Fluß zog sich dort durch das Weideland. Warum?«

»Seht Ihr, Pater, ein Mann wie Bracklebury ist wahrscheinlich in den Armenvierteln von London oder Bristol aufgewachsen. Viele Leute glauben, jeder Seemann könne schwimmen, aber dem ist nicht so. Sie kommen als Knaben aufs Schiff. Wenn sie das Mannesalter erreichen, fürchten sie die See, Pater – sehr viel mehr als wir. Sie haben ihre Macht gesehen.« Ashby zuckte die Achseln. »Kurz gesagt, Bracklebury konnte wie so viele seinesgleichen nicht schwimmen.«

»Woher wißt Ihr das?« fragte Athelstan. »Ist es eine Vermutung oder eine Tatsache?«

»Oh, eine Tatsache, Pater. Bracklebury hat es mir selbst gesagt. Ich vermute, das gleiche gilt für Cabe, für Coffrey und sogar für den armen alten Roffel selbst. Ihr könnt fast alle Seeleute fragen: Wenn sie von Bord springen müssen, nehmen sie immer etwas mit, woran sie sich festhalten können.«

Athelstan spähte in die Kirche hinunter, wo seine Pfarrkinder bienenfleißig um die behelfsmäßige Bühne herumwimmelten.

»Gott helfe uns«, flüsterte er. »Wie hat dann der verfluchte Bracklebury, um den berühmten Cranston zu zitieren, das verfluchte Schiff verlassen?«

»Angenommen, er hatte einen Komplizen«, meinte Ashby. »Jemanden, der mit einem kleinen Boot längsseits kam?«

»Ohne daß es jemand gesehen hat?« fragte Athelstan.

»Und wenn es von Southwark herüberkam?«

Athelstan nickte und stand auf. »Aye, und wenn Schweine fliegen könnten? Würdet Ihr Cabe vertrauen?«

»Ungefähr so weit, wie ich spucken kann. Vom gleichen Holz wie Bracklebury. Die beiden hielten zusammen wie Pech und Schwefel, und das galt für alle Offiziere. Das sind harte Männer, Pater. Sie haben alle eine dunkle Vergangenheit, die sie lieber verborgen halten.«

Athelstan dankte ihm, schärfte beiden ein, vorsichtig zu sein, und ging hinaus ins Kirchenschiff. Eine Zeitlang stand er da und schaute bewundernd zu, wie der Karren in eine Bühne verwandelt wurde. Ringsum waren Pfosten aufgestellt worden, an denen die große Leinwand festgebunden war, die als Hintergrund und Seitenkulisse dienen würde. Sie hing jämmerlich herunter. Huddle legte letzte Hand an sein Gemälde vom klaffenden Höllenschlund und ignorierte selig die Bemerkungen und Ratschläge der anderen. Lächelnd schlich Athelstan vorbei. Er war auf halbem Wege zu Philomels Stall, als ihm schuldbewußt einfiel, daß er das alte Schlachtroß im »Heiligen Lamm Gottes« vergessen hatte.

»Oh, es wird ihm schon gutgehen«, tröstete er sich. Er kannte den Wirt als warmherzigen Mann, und solange Philomel es warm und trocken hatte und genug Futter in Reichweite seines grauen Mauls fand, war es ihm gleichgültig, wo er stand.

Athelstan ging zum Haus zurück; Benedicta und die Kurtisane Cecily hatten es ausgekehrt und aufgeräumt. Er holte Brot und Käse aus der Speisekammer und setzte sich an den Tisch; düster dachte er an die Schlacht der vergangenen Nacht.

»Was«, fragte er das Feuer im Herd, »was hat Crawley gemeint, als er sagte, alles war so ordentlich?«

Er schüttelte den Kopf und steckte sich ein Stück Käse in den Mund. Was hatte Bracklebury mit den beiden Matrosen gemacht? Wie war er vom Schiff gekommen? Und wenn er das Silber schon hatte, warum hatte er dann Bernicia ermordet? Ein Klopfen an der Tür riß ihn aus seinen Gedanken. Der Bezirksbüttel Bladdersniff kam großspurig herein; sein fleischiges Gesicht bebte vor Wichtigtuerei.

»Pater, ich bringe Euch eine Nachricht von Sir John Cranston. Ein Rathausdiener hat sie mir gebracht.« Der Büttel schürzte affektiert die Lippen. »Sir John Cranston, Coroner der Stadt London, wünscht Euch im ›Heiligen Lamm Gottes‹ zu sehen.« Bladdersniff hüstelte. »Er hat auch etwas vom Haus eines Arztes erwähnt.«

Athelstan stöhnte. Bladdersniff sah ihn argwöhnisch an.

»Was hat das zu bedeuten, Pater?«

»Gar nichts, Master Bladdersniff.« Athelstan wartete, bis der Büttel gegangen war. »Gar nichts«, wiederholte er brummend, »außer, daß ich wieder eine Nacht fern von meiner Gemeinde zubringen werde.«

Seufzend ging er nach oben, streifte die Sandalen ab, zog eine Wollhose unter seine Kutte und stieg in ein Paar alte, verschlissene Stiefel. Dann bedeckte er das Feuer mit Asche, schloß die Fensterläden, nahm Mantel und Stock und ging hinaus auf den Kirchenvorplatz. Crim und ein paar andere hockten auf der Kirchentreppe und schoben Spielmarken hin und her.

»Crim! Komm her!«

Der Junge kam herbeigerannt, nicht ohne zuvor seinen Freunden zuzuschreien, daß er als nächster an der Reihe sei.

»Crim, sag Benedicta, daß ich heute abend vielleicht nicht zurückkomme.«

»Sind es wieder die französischen Piraten, Pater?«

»Nein, diesmal nicht. Aber sag deinem Vater, er soll die Kirche abschließen. Nur Lady Aveline darf hinein.«

»Die sind verliebt, nicht wahr, Pater? Ich habe gesehen, wie sie sich küßten! Das ist eine Sünde in der Kirche, oder?«

Athelstan lächelte das schmale, schmutzige Gesicht an. »Nein, das ist keine Sünde«, sagte er dann feierlich. »Doch es ist eine Sünde, in der Kirche zu spionieren, Crim.«

»Ich habe ja nicht spioniert, Pater. Ich habe mich vor meiner Schwester hinter einer Säule versteckt.«

Athelstan zauste dem Jungen das Haar und drückte ihm einen Farthing in die Hand. »Geh zu Merryleg und kauf ein bißchen Marzipan. Gib deiner Schwester auch etwas ab, und deinen Freunden«, fügte er düster hinzu, »obwohl sie gerade deine Marken verschieben.«

Crim fuhr herum und rannte schreiend zurück.

»Vergiß nicht, deinem Vater auszurichten, was ich gesagt habe, Crim«, rief Athelstan ihm nach.

Dann bog er in die Gasse. Marston saß mit zwei Kerlen in der Tür der Schenke »Zum Gescheckten«. Als er den Priester erblickte, räusperte er sich geräuschvoll und spuckte aus. Athelstan schwenkte seinen dicken Stab, ein Geschenk von Cranston, und ging auf ihn zu.

»Es ist besser, wenn du verschwindest, Marston«, sagte er.

»Ich kann mich verdammtnochmal aufhalten, wo ich will, Pater.« Marston grinste höhnisch. »Das hier ist nicht Eure Kirche.«

»Nein«, antwortete Athelstan. »Ich mache mir nur Sorgen um dein Wohlergehen.«

»Wieso?« Das Grinsen verflog.

»Nun«, sagte Athelstan leise, umfaßte seinen Stock und beugte sich vor, »wir wissen jetzt, daß Sir Henry Ospring nicht das war, was er zu sein behauptete.

Manche Leute sagen, er war ein Dieb. Einige nennen ihn einen Verräter. Man munkelt sogar, daß auch noch andere an seinen Verbrechen beteiligt waren und daß sie hängen sollten.«

Marston wurde blaß. »Was wollt Ihr damit sagen?«

Athelstan zuckte die Achseln. »Klatschgeschichten, weiter nichts. Aber vielleicht ist es doch besser, du kehrst nach Kent zurück, holst dir, was dein ist, und bringst dann einen möglichst großen Abstand zwischen dich und Sir John Cranstons Adlerauge.«

Athelstan ging weiter. Auf halber Strecke die Gasse hinunter blieb er bei Basil, dem Schmied, stehen. Basil arbeitete mit seinem braunhäutigen älteren Sohn in einem großen, offenen Schuppen neben seiner Hütte. Ein stumpfnasiger Lehrling mit schmutzverschmiertem Gesicht betätigte den Blasebalg und ließ das Schmiedefeuer lebhaft aufflackern. Basil schwang den Hammer, seine mächtige Gestalt war hinter einer Schürze aus Bullenleder verborgen, und seine behaarten Beine steckten zum Schutz vor den Funken in Lederschäften. Er drehte sich um und sah Athelstan.

»Guten Morgen, Pater. Was kann ich für Euch tun?«

»Wir brauchen dich in der Kirche, Basil«, sagte Athelstan. »Du mußt ein paar Eisenklammern machen, mit denen man die Leinwand hinter der Bühne unseres Mysterienspiels befestigen kann.«

Basil wischte sich mit dem Handrücken den Schweiß von der Stirn. »Ich habe diesem dickköpfigen Hund Watkin schon gesagt, daß sie für so lange Stangen ein paar Eisenklammern brauchen.« Er deutete mit dem Hammer auf Athelstan. »Was Ihr da auf dem Fluß gemacht habt, Pater, war heldenhaft. Dafür mache ich es umsonst. Ich mache Euch Eisenklammern für Eure Stangen.« Als Athelstan sich abgewandt hatte, fügte er mit gedämpfter Stimme hinzu: »Diesem dämlichen Ochsen Watkin hämmere ich sogar eine in den Kopf.«

Athelstan ging lächelnd weiter. Der graue Tag neigte sich bereits dem Ende zu, aber die schäbigen Stände und Marktbuden trieben immer noch munteren Handel, und in den Bierschenken drängten sich ausgelassene Gäste, die den Sieg der vergangenen Nacht feierten. Athelstan huschte still vorüber und weiter zur London Bridge. Am Torhaus sah er sich brutal an die Schlacht erinnert. Etliche der französischen Piraten waren enthauptet worden, und ihre Köpfe hatte man auf Stangen gespießt, die auf dem Torhaus aufgerichtet wurden. Robert Burdon, der kleinwüchsige Torhüter, tanzte umher und beaufsichtigte das grausige Spektakel. »Stellt den dorthin!« brüllte er einen Gehilfen an. »Nein, du Idiot – umdrehen sollst du ihn, damit er zu unseren Schiffen hinausschaut!« Er erblickte Athelstan. »Ein arbeitsreicher Tag, ein sehr arbeitsreicher Tag, Pater. Es heißt, es seien hundert Franzosen gefallen. Hundert, Pater, aber wie viele Köpfe habe ich? Nicht mehr als ein Dutzend. Schrecklich, was? Diese verfluchten Beamten! Köpfe sollten da sein, wo sie hingehören! Als Warnung für alle anderen!«

Athelstan schloß die Augen, machte ein Kreuzzeichen über den Mann und hastete weiter. Er war froh, Southwark hinter sich zu lassen, als er sich auf der anderen Seite durch die Menge drängte. Das »Heilige Lamm Gottes« in der Cheapside war gerammelt voll. Cranston saß an seinem Lieblingsplatz, prachtvoll gekleidet in seiner besten Seidenjacke, einem feinen, weißen Leinenhemd und einer bunten Hose. So hielt er Hof und gab eine anschauliche Schilderung der Schlacht auf der Themse.

»Und Ihr habt gegen Eustace, den Mönch, gekämpft?« schrie Leif, der den Stichwortgeber spielte.

»Oh ja – und was für ein Riese er ist«, antwortete Cranston. »Sechs Fuß und sechs Zoll groß, Augen wie glühende Kohlen, und ein Gesicht, so dunkel wie der Satan! Schwert gegen Schwert, so standen wir einander gegenüber.«

»Und dann?« fragte Leif atemlos.

»Die Wogen der Schlacht rissen uns auseinander.« Cranston, der bei seinem vierten Becher Rotwein war, behielt wachsam die Tür im Auge – für den Fall, daß Lady Maude erscheinen sollte. Jetzt gewahrte er Athelstan, der auf einem Schemel hinten in der Menge stand. »Ehre, wem Ehre gebührt«, dröhnte er. »Mein Secretarius und Schreiber, Bruder Athelstan, ein Mann von wunderbarer Tapferkeit!«

Alle Köpfe wandten sich um. Athelstan wurde puterrot.

»Er ging zu Boden«, fuhr Cranston fort, »und kämpfte immer noch wie ein Löwe. Da kommt ein Franzose herbeigestürzt, hebt sein Schwert . . . «

»Und?« drängte Leif.

»Der Mann taumelt zurück, außerstande, den tödlichen Streich zu führen!«

»Ein Wunder!« rief Leif.

»Aye.« Sir John senkte die Stimme zu einem dramatischen Flüstern. »Gottes Engel stieg herab und hielt seinen Arm fest, genau wie er Davids Arm festhielt, als dieser den Bastard Judas Iskariot erschlagen wollte.«

Athelstan biß sich auf die Lippe, um nicht zu lachen. Cranston warf wie üblich alle Bibelstellen durcheinander.

»Einen Trinkspruch!« schrie Leif. »Sir John, laßt uns auf Bruder Athelstan trinken!«

Cranston nickte bereitwillig und hielt dem Bettler eine Münze hin. Der ergriff sie und drückte sie gleich dem Schankwirt in die Hand.

»Ihr habt gehört, was Mylord Coroner gesagt hat. Feiern wir seinen Sieg!«

Cranston sah Athelstans warnenden Blick und klatschte in die Hände.

»Genug für heute! Genug ist genug. Los, trinkt nur, aber laßt mich jetzt in Ruhe.« Er raffte sich auf. »Dienstgeschäfte, Dienstgeschäfte erwarten mich.«

Die Menge wandte sich widerstrebend ab, und Athelstan schob sich neben Sir John auf die Bank.

»Ein großartiger Sieg, Sir John.«

Cranston schaute ihn durchtrieben an. »Aye, Bruder. Nur fünf Galeeren haben das offene Meer erreicht. Wir haben Eustace, dem Mönch, einen Klatsch auf den Arsch verpaßt, den er so bald nicht vergessen wird.«

»Aber jetzt haben wir einen Verbrecher zu fangen«, erinnerte Athelstan ihn.

»Aye«, brummte Cranston. »Unser glorreicher Medicus Theobald ist verreist, und das Gerücht wird verbreitet.« Er machte schmale Augen. »Glaubst du, der Gauner wird heute nacht zuschlagen, Bruder?«

Athelstan nickte. »Allerdings, Sir John. Seit seinem letzten mörderischen Verbrechen ist einige Zeit vergangen, und der Kampf auf dem Fluß hat die Stadt abgelenkt. Wie geht es Crawley?«

»Er ist in St. Bartholomew und säuft sich um den Verstand.«

»Und Lady Maude und die beiden Kerlchen?«

»Stolz wie die Pfauen! Stolz wie die Pfauen!« Cranston senkte die Nase in den Rotweinbecher. »Seltsam«, knurrte er dann und schmatzte.

»Was denn, Sir John?«

»Unser Untersheriff meldet, wie erwartet, daß niemand ein Boot zur *God's Bright Light* gemietet hat. Aber der Menschenfischer, dieser wahnsinnige Halunke, schickt mir da eine Nachricht ...«

»Was will er?«

»Er will mich sehen. Doch da wird er warten müssen.«

Athelstan dankte dem Schankwirt, der ihm einen Krug Ale vorsetzte.

»Sir John, seid Ihr sicher, daß sich in der Nacht, als Bracklebury verschwand, kein anderes Boot der *God's Bright Light* genähert hat?«

Cranston nickte. »Übrigens, bevor du fragst, Bruder: Ich habe dafür gesorgt, daß Moleskin von der Stadt eine Belohnung erhält. Aber um deine Frage zu beantworten: Es fuhr kein Boot zum Schiff.«

»Wie ist Bracklebury dann heruntergekommen?« fragte Athelstan. »Vergeßt nicht, er war schwer mit Silber beladen.«

»Wahrscheinlich ist er geschwommen.«

»Er konnte nicht schwimmen. Das hat Ashby mir erzählt.«

Cranston machte ein ernstes Gesicht. »Feentitten!« knurrte er. »Daran hatte ich nicht gedacht. Aber ich habe eine Proklamation herausgegeben und in der ganzen Stadt verbreiten lassen: Bracklebury soll dingfest gemacht werden, und zwar nach Möglichkeit lebend.«

So saßen sie eine Weile da und erörterten die Möglichkeiten und Pläne, während der Tag langsam zu Ende ging. Cranston bestellte eine Schüssel Gemüse und teilte sie mit Athelstan.

Dann verließen sie die Schenke. Sie überquerten die dunkle, kalte, menschenleere Cheapside und wanderten durch ein Labyrinth von Straßen zum Hause Theobald de Troyes'. Der Verwalter öffnete ihnen mit überraschter Miene die Tür.

»Sir John, Master Theobald ist verreist.«

»Das weiß ich«, sagte Cranston. »Und wenn die Katze aus dem Haus ist, tanzen die Mäuse, was?«

Der Verwalter sah ihn verwirrt an.

»Wo sind denn alle?« fragte Cranston.

Der Verwalter deutete durch den Korridor zur Küche. »Wir essen gerade zu Abend.«

Cranston hob die Stumpfnase und schnupperte die würzigen Düfte.

»Was ist das, Mann?«

»Kapaun, Sir John, in Weißwein und Kräutern eingelegt.«

»Davon will ich zwei Teller«, verlangte Cranston sofort. »Und zwei Brote außerdem. Bringt alles auf den Dachboden. Und jetzt verläßt niemand mehr das Haus, dich eingeschlossen! Und niemand kommt herauf, bis ich es sage. Sei brav, verpiß dich und tu, was ich dir gesagt habe.«

Der Verwalter eilte davon. Athelstan und Cranston begaben sich durch das verschwenderisch eingerichtete Haus auf den tristen Dachboden hinauf. Der Verwalter brachte das Essen, erfüllt von Ehrfurcht vor Sir John. Cranston befahl ihm, noch Kerzen zu bringen, und außerdem die dicksten Wolldecken, die er finden konnte. Der Verwalter gehorchte. Cranston und Athelstan machten es sich bequem.

Anfangs ließ der Coroner sich nicht davon abbringen, noch einmal eine Schilderung der Schlacht auf dem Fluß und jedes einzelnen Hiebes abzugeben, gewürzt mit anekdotischen Verweisen auf die glorreichen Tage, da er unter Prinz Edward gegen Philip von Frankreich zu Felde gezogen war. Als er sich schließlich den Bauch mit Kapaun vollgeschlagen und sich großzügig aus seinem Weinschlauch bedient hatte, döste er ein. Eine Zeitlang saß Athelstan im Dunkeln und dachte an die Zeit, die er selbst in Frankreich verbracht hatte, und an seinen Bruder Francis, der dort gefallen war. Dann schüttelte er den Kopf, um die immer noch schmerzhaften Erinnerungen zu vertreiben, und dachte statt dessen an seine Pfarrgemeinde. Er betete, daß Basil, der Schmied, und Watkin, der Mistsammler, keine Prügelei vom Zaun brechen würden. Die Augen wurden ihm schwer, und auch er schlief ein Weilchen. Jäh fühlte er sich von Cranston heftig geschüttelt; dicht vor sich sah er das fette Gesicht des Coroners, der einen Finger an den Mund hielt. Athelstan war durchfroren und verkrampft, und der Arm tat ihm ein bißchen weh. Er spitzte die Ohren, hörte vereinzelte Geräusche aus dem Haus unter ihnen, und dann ertönte der Ruf des Nachtwächters.

»Zwölf Uhr und Mitternacht! Kalt und rauh, doch alles wohl!«

»Das wird Trumpington sein«, flüsterte Cranston.

Athelstan war kurz davor, wieder einzudösen, als er eine Bewegung hörte, ein leises Scharren auf den Dachpfannen über ihnen. Cranston packte ihn beim Arm und zischelte: »Kerzen ausblasen! Nicht bewegen!«

Athelstan spähte zwischen den Dachbalken hindurch zu den Dachpfannen hinauf. Ob es nur eine Katze war? Doch dann krampfte sich sein Magen zusammen, als eine der Dachpfannen beiseitegeschoben wurde. Eine zweite wurde losgestemmt, und dann noch eine, und nach kurzer Zeit war ein viereckiges Loch geöffnet, durch das der Sternenhimmel hereinfunkelte. Athelstan sah den Abendstern und fragte sich unwillkürlich, warum er wohl da sei, als sich plötzlich eine dunkle Gestalt hereinbeugte und einen Sack herabließ. Man hörte ein Klirren, ein Seil schlängelte sich durch das Loch, und die Gestalt rutschte daran herunter, lautlos wie eine jagende Katze.

Cranston wartete. Der Mann kauerte auf dem Dachboden; seine Stiefel waren mit weichen Lappen umwickelt. Er bewegte sich auf die Tür zu, als Cranston sich mit einer Gewandtheit auf ihn stürzte, die sogar Ahtelstan überraschte.

Der Mann fiel unter der vollen Last des massigen Coroners krachend zu Boden, daß es ihm den Atem verschlug.

»Du bist verhaftet!« brüllte Cranston und packte den Mann beim Genick. »Ich, der Coroner John Cranston, habe dich erwischt!«

Der Mann wollte sich loswinden, aber Cranston riß ihm die Kapuze herunter und packte ihn bei den Haaren.

»Du sitzt in der Falle, mein Hübscher!« dröhnte er und schlug den Kopf des Einbrechers auf die Dielen. »Einmal für mich!« Er schlug ihn noch einmal aufs Holz. »Einmal für Bruder Athelstan!« Und noch einmal. »Und das ist für die arme Magd, die du ermordet hast, du herzloser Dreckskerl!«

Cranston zerrte den Mann auf die Beine. Mit einer geschickten Bewegung zog er ihm den Dolch aus dem Gürtel, stieß ihn dann durch die Bodenluke und schleifte ihn die Treppe hinunter in den darunterliegenden Korridor. Athelstan zündete eine Kerze an und folgte den beiden. Er hielt dem Verbrecher die Flamme vor das zerschundene, benommene Gesicht.

»Den habe ich noch nie gesehen.«

»Nein, und ich auch nicht«, sagte Cranston. »Aber ich wette, der Mistkerl ist ein Dachdecker.«

Türenschlagen und Geschrei in den unteren Stockwerken zeigten, daß der Haushalt geweckt war. Cranston trat an die Treppe und brüllte hinunter. »Ruhe!«

Er hielt den Einbrecher mit einer Hand fest und schüttelte ihn, wie eine Katze eine Ratte schüttelt. »Wir sind noch nicht fertig, nicht wahr?«

Der Mann konnte zur Antwort nur stöhnen. Cranston marschierte die Treppe hinunter und schleifte seinen Gefangenen mit sich. Athelstan folgte und flehte Sir John an, er möge doch vorsichtig sein.

»Ich bin ja vorsichtig, verdammt!« schrie der Coroner.

Die Dienerschaft war zusammengelaufen; ihre Gesichter schimmerten fahl im Kerzenlicht. Cranston schüttelte den Kerl noch einmal, legte den Finger an den Mund, damit alle still waren, und wartete in der Haustür. Nach einer Weile hörte Athelstan draußen das Knirschen von Stiefelschritten und die Stimme des Büttels Trumpington.

»Die Mitternacht ist vorüber. Kalt und rauh, doch alles wohl!«

Cranston riß die Tür auf und schleifte den Einbrecher hinter sich her.

»Oh nein, ganz und gar nicht, Freundchen!« schrie er. »Die Zeit ist verdammt reif, einmal zu sagen, daß längst nicht alles wohl ist!«

Zwölf

Sir John Cranston streckte die langen, bestrumpften Beine vor das Feuer und strahlte seine Gemahlin an. Lady Maude saß bewundernd neben ihm, die Hände im Schoß gefaltet, ein seliges Lächeln auf dem mädchenhaften Gesicht, das strohblonde Haar zu Zöpfen geflochten. Sie war bei der triumphierenden Heimkehr ihres Mannes aus dem Bett geholt worden. Cranston trank aus seinem Lieblingsbecher, streckte die mächtigen Beine, daß die Sehnen knackten, und drohte dem staunenden Untersheriff Shawditch, der ebenfalls herbefohlen worden war, mit dem Zeigefinger. Athelstan konnte nur ins Feuer starren und bei sich um Kraft beten, das Lachen zu unterdrücken.

»Denn, seht ihr«, erzählte Cranston zum drittenmal, »mein Sekretär und ich folgten dem gleichen Gedankengang.« Er deutete mit dem Finger auf Shawditch. »Merkt Euch Cranstons berühmtes Axiom: ›Wenn es ein Problem gibt, dann muß es auch eine Lösung dafür geben.‹« Cranston zwinkerte Lady Maude zu. »Und das Problem kannten wir. In ein Kaufmannshaus – leer bis auf die Dienerschaft, die im Erdgeschoß wohnt – wird ohne eine Spur von Gewalt eingebrochen, und es wird ausgeraubt. Der Einbrecher verschwindet.« Cranston trommelte mit den Fingern auf seinem fetten Knie. »Dies nun ist ein Problem, das jeden Beamten der Justiz auf eine harte Probe stellen würde. Aber als Athelstan und ich das letzte Haus besichtigten, wo das arme Mädchen ermordet worden war, bemerkten wir, daß das Stroh auf dem Boden unter dem Dach ziemlich feucht war. Nun« – Cranston beugte sich vor und drückte Athelstans Hand –, »normalerweise hätte ein durchschnittlicher Justizbeamter jetzt gedacht: ›Ah, ich weiß, wie der Spitzbub hineingekommen ist: durch die Dachpfannen. Er hat ein paar abgenommen, ist hereingeklettert, hat das Haus ausgeplündert, ist wieder auf das Dach hinaufgestiegen und hat die Dachpfannen an ihren Platz zurückgelegt. Kein Problem für einen gelernten Dachdecker.‹ Das Dumme an dieser Theorie ist nur, daß ein anderer Dachdecker leicht erkennen würde, daß so verfahren worden ist.« Er funkelte Shawditch an. »Ist das so weit klar?«

Der Mann nickte nachdrücklich.

»Also fragten wir Trumpington, ob man einen Dachdecker zu Rate gezogen habe, und als er bejahte, gaben wir uns damit zufrieden.« Cranston beugte sich zu Lady Maude hinüber, um sich den Becher noch einmal füllen zu lassen. »Und wenn der Büttel das Dach von einem Dachdecker hatte in Augenschein nehmen lassen, der dabei keinerlei Unregelmäßigkeit hatte finden können, dann mußte der Dieb eben auf andere Weise ins Haus gelangt sein.« Er wedelte leicht mit der Hand. »Aber hier kommt unsere Logik ins Spiel. Bruder Athelstan und ich bedachten die folgende Möglichkeit: Was wäre, wenn Trumpington, der Büttel, an den Einbrüchen beteiligt war, und der Dachdecker, der zur Überprüfung der Dächer herangezogen worden war, ebenfalls?« Cranston trank schlürfend aus seinem Becher. »Ein durchtriebenes kleines Betrugsmanöver, das uns hätte täuschen können, hätten wir nicht diese feuchte Streu auf dem Boden bemerkt.« Cranston leckte sich die Lippen. »Ist es nicht so, Bruder?«

»Sir John«, sagte Athelstan, »Eure Logik ist makellos. Trumpington und der Dachdecker arbeiteten Hand in Hand. Der Büttel stellte fest, welche Häuser leerstanden und wie sie geführt wurden. Und während er seine Runde durch die Straßen machte und ausrief, alles sei wohl, raubte sein Kumpan die Häuser aus.«

»Haben die beiden gestanden?« wollte Shawditch wissen.

»Oh ja, und ein Teil der Beute wurde in ihren Häusern gefunden«, sagte Cranston. »Jetzt sitzen sie in Newgate und warten auf ihren Prozeß. Wegen des Mordes an diesem Mädchen werden sie beide hängen.«

Er stand auf und wärmte seinen mächtigen Hintern am Feuer. »Master Shawditch«, sagte er großmütig, »Ihr dürft Euch diese Verhaftung an Eure Fahne heften.«

»Sir John, ich danke Euch.«

»Unsinn«, antwortete Cranston. »Aber jetzt ab mit Euch. Und sorgt dafür, daß alles Diebesgut den Eigentümern zurückgegeben wird.«

Als der Untersheriff gegangen war, wollte Cranston mit seinen triumphalen Erzählungen fortfahren und drohte sogar, zu seinem überwältigenden Sieg auf der Themse zurückzukehren. Aber Athelstan gähnte und streckte sich.

»Sir John, ich danke für Eure Gastfreundschaft, aber es ist spät geworden, und morgen haben wir andere Dinge zu erledigen.«

»Ich weiß, ich weiß«, erwiderte Cranston gereizt. »Der verfluchte Menschenfischer sendet mir unablässig Botschaften. Wahrscheinlich will er sein Geld für die Leichen, die er aus dem Wasser gezogen hat.«

Lady Maude stand auf und deutete in einen Winkel der Stube. »Bruder Athelstan, ich habe Euch ein behagliches Lager herrichten lassen.«

Athelstan dankte ihr, stand auf und reckte sich erneut.

»Jetzt kommt, Sir John.« Sie nahm ihren Gemahl beim Ellbogen. »Kommt. Die Kerlchen werden früh wach sein, und Ihr wißt, wie sie immer nach ihrem Daddy schreien.«

Besänftigt nahm Sir John Kurs auf die Tür und die Treppe zu seinem Schlafgemach. Dann drehte er sich noch einmal um und drohte Athelstan mit dem Finger. »Schlaf gut, Bruder, und keine Angst wegen Gog und Magog; die sind in der Küche eingesperrt. Sie werden nicht herauskommen, um dich zu fressen.«

Athelstan seufzte erleichtert. Cranstons Neuerwerb, die beiden großen Irischen Wolfshunde, waren durchaus harmlos, aber so überschwenglich in ihrer Begrüßung, daß es dem unvorbereiteten Besucher leicht den Atem verschlagen konnte.

Sir John und seine Frau verschwanden. Athelstan löschte die Kerzen und kniete vor seinem Bett, um sein Nachtgebet zu sprechen. Aber seine Gedanken kehrten immer wieder zu Crawley zurück, der verwundet auf dem Deck lag, und zu den Worten, die er gesprochen hatte, bevor er ohnmächtig geworden war.

Hinter ihm ging die Tür auf.

»Bruder?«

»Ja, Sir John?« antwortete Athelstan, ohne sich umzudrehen.

»Du weißt, daß ich ein schlimmer Geschichtenerzähler bin?«

Athelstan lächelte. »Ihr seid ein großer Mann, Sir John.«

»Nein, Bruder, du bist es, der den Ruhm verdient. Im Namen des ermordeten Mädchens danke ich dir. Du hast gesehen, daß der alte John Gerechtigkeit walten läßt.«

Die Tür schloß sich wieder. Athelstan beendete sein Gebet, bekreuzigte sich und legte sich ins Bett. Er hatte noch nachdenken wollen, aber sein Kopf hatte kaum das Kissen berührt, als er auch schon fest schlief.

Das Aufwachen am nächsten Morgen ging weniger friedlich vonstatten. Als er die Augen aufschlug, lag einer der beiden großen Wolfshunde quer über ihm. Die Kerlchen, die Athelstan als ihren Lieblingsonkel betrachteten, stolperten mit honigbeschmierten Brotbrocken um ihn herum und versuchten quiekend vor Lachen, ihm das Brot zwischen die Lippen zu schieben. In diesem Gewirr von zappelnden Ärmchen, zarten kleinen Körpern und klebrigem Honigbrot stand Athelstan schlaftrunken auf. Der andere Wolfshund, Magog, tauchte jetzt ebenfalls auf und leistete seinen Beitrag zum wachsenden Getöse. Wenn Athelstan das Honigbrot nicht wollte, die Hunde wollten es sehr wohl. Sie fingen an, die beiden kleinen Jungen mit der Nase in die dicken Bäuche zu stupsen.

Lady Maude erschien, und ein paar ruhige Worte von ihr hatten die gewünschte Wirkung. Die Wolfshunde verschwanden unter dem Tisch. Die Kerlchen wären ihnen nachgekrabbelt, aber die Mutter packte sie beide und schleifte sie zur morgendlichen Wäsche. Boscombe, Cranstons kleiner, dicker Verwalter, ein Vorbild an höfischer Artigkeit, erschien mit Seife, Handtuch und Rasiermesser.

Athelstan wusch und rasierte sich vor dem Feuer und setzte sich dann zu Sir John, der heute nüchterner gekleidet war, zum frühstücken in die Küche. Leif, der

Bettler, tauchte ebenfalls auf. Athelstan war immer wieder verblüfft über den Heißhunger des klapperdürren Bettlers – er sah aus, als stehe er ständig am Rande des Hungertodes. Leif hatte einen Kumpan mitgebracht; er hieß Picknose – der »Nasenbohrer« –, ein Name, den ihm eine eklige Angewohnheit eingetragen hatte. Die beiden hörten in hingerissener Bewunderung zu, als Sir John mit Hilfe von Messern und Brotstücken eine weitere Schilderung des französischen Überfalls auf der Themse lieferte. Athelstan kümmerte sich nicht darum; er frühstückte hastig und verabschiedete sich dann. Der Morgenhimmel war klar, und es war bitterkalt. Athelstan ging zur Kirche von St. Mary Le Bow, wo der freundliche Pfarrer ihm erlaubte, in der Seitenkapelle seine Messe zu lesen.

Cranston wartetet schon, als Athelstan aus der Kirche kam. Er reichte dem Ordensbruder Mantel und Stock.

»Ich habe gerade deinen alten Zossen besucht«, sagte er.

»Philomel ist kein alter Zosse, Sir John. Er ist ein bißchen wie Ihr: ein stämmiges Schlachtroß, das vielleicht einmal bessere Zeiten gesehen hat.«

Cranston brüllte vor Lachen, als sie die Bread Street hinuntergingen; sie überquerten die Fish Street und die Vintry und wanderten zum Kai. Die Stadt erwachte allmählich zum Leben. Fuhrwerke rumpelten vorüber, gezogen von mächtigen Karrenpferden mit kurz gestutzten Mähnen; ihre schweißnassen Flanken dampften in der kalten Morgenluft. Händler schoben ihre Karren vor sich her. Schlaftrunkene Lehrjungen, die noch nicht wach genug waren, um Dummheiten zu machen, bauten Verkaufsstände auf und löschten die Lampen an den Häusern ihrer Herren. Aus den oberen Fenstern wurden Nachttöpfe entleert, und ein vierschrötiger Straßenhändler, der mit nächtlicher Jauche überschüttet worden war, tobte vor Wut. Die Mistkarrren waren unterwegs; sie schabten den Kot aus den Kloaken und sammelten den Abfall des vergangenen Tages ein: Tote Katzen waren dabei, und ein Hund, dem ein Wagenrad das Rückgrat gebrochen hatte. Ein paar Benediktinermönche geleiteten einen Sarg zu einer Kirche. Ein Barde unterhielt die Frühaufsteher mit einer Geschichte von der Entrückung in eine sagenhafte Feenstadt unter einem Berg bei Dublin. Betrunkene, die ihre Strumpfbänder um den Hals trugen und denen die Hosen um die Knöchel schlotterten, wurden zum Wasserspeicher hinaufgeführt, wo sie den Vormittag schmachvoll in dem großen Käfig, der dort stand, verbringen sollten. Am Eingang zur Vintry steckten zwei Stangen im Boden; die Köpfe zweier hingerichteter französischen Piraten saßen darauf, unkenntlich unter all dem Dreck und Unrat, mit denen man sie beworfen hatte.

Cranston und Athelstan erreichten die Docks. Hier drängten sich die Kauffahrteischiffe; der Himmel war schwarz von einem Wald aus Masten, Spieren und Kränen. Sie sahen die *Aleppo*, die *George*, die *Christopher* und die *Black Cock*; die Laderäume waren offen und nahmen bündelweise englische Wolle, Eisen, Salz, Fleisch und Tuche aus den Städten der Midlands auf. Athelstan spähte zwischen den Schiffen hindurch und sah die Kriegskoggen, die draußen vor Anker lagen. Cranston führte ihn zu der Schenke hinunter, wo sie den Menschenfischer beim letzten Mal getroffen hatten. Mit leiser Stimme trug er dem Schankwirt auf, den Mann zu holen; dann bestellte er zwei Humpen Ale, und sie setzten sich wieder in dieselbe Ecke und warteten. Der Menschenfischer erschien bald. Sein schmaler Totenschädel glühte vor Befriedigung über den Gewinn, den es ihm gebracht hatte, die Leichen aus dem Fluß zu ziehen und auszuplündern. Seine Phantome drängten sich in der Tür und warteten. Der Menschenfischer lehnte den Trank ab, den Cranston ihm anbot; er klatschte in die Hände und verneigte sich spöttisch vor den beiden.

»Mylord, Eure Heiligkeit – endlich beehrt Ihr uns mit Eurer Anwesenheit!«

»Quatsch!« schnarrte Cranston. »Du verschwendest unsere Zeit.«

»Würde ich die Zeit des mächtigen Cranston verschwenden? Nein – kommt mit mir, Mylord Coroner. Ich zeige Euch ein großes Geheimnis.«

Cranston zuckte die Achseln. Er und Athelstan folgten der gespenstischen Gestalt und seiner buntgescheckten Horde hinaus und durch ein Gewirr nach Urin stinkender Gassen, bis sie vor einem großen, schäbigen Lagerhaus angekommen waren.

»Oh Gott!« hauchte Cranston. »Bei den Titten einer Meerjungfrau, er will uns seine Ware zeigen!«

Der Menschenfischer holte einen Schlüssel hervor, schloß die Tür auf und führte sie in den dunklen Speicher. Fischiger Brackwassergeruch, gemischt mit dem eklig süßen Gestank der Verwesung, ließ Athelstan gleich würgen. Die Phantome drängten sich um ihn.

»Licht!« rief der Menschenfischer. »Es werde Licht, denn die Dunkelheit begreift das Licht nicht!«

Athelstan streckte die Hand aus, um sich abzustützen, und griff in etwas Kaltes, Nasses, Schwammiges. Er schaute hin und schluckte einen Aufschrei herunter, als er sah, was es war: das graue, aufgedunsene Gesicht einer Leiche. Er rieb seine Hand an der Kutte und wartete, bis Fackeln und Kerzen angezündet worden waren.

»Oh, um der Liebe des Herrn willen!« flüsterte Cranston. »Bruder, sieh dich nur um!«

Der Speicher war wie eine große Scheune gebaut. In behelfsmäßigen Kisten, die der Menschenfischer überall zusammengestohlen haben mußte, lagen die Leichen, die er aus der Themse gefischt hatte – mindestens vierzig oder fünfzig an der Zahl. Athelstan sah eine schmalgesichtige junge Frau, einen Bogenschützen mit einer blutigen Wunde in der Brust, ein altes Weib, das auf einem nassen gelben Lumpen lag, und sogar einen kleinen Schoßhund, den jemand hatte fallenlassen.

»Hier entlang! Kommt hier entlang!«

Der Menschenfischer führte sie zum hinteren Ende der Scheune, wo eine Pfeilkiste aufrecht an der Wand lehnte. Eine Männerleiche lag darin. Athelstan hatte das Gefühl, er müsse sich übergeben, und wandte sich ab. Cranston aber nahm den Toten sorgfältig in Augenschein. Es war ein großer, kräftiger Mann mit schwarzem Haar; das schmale, augenlose Gesicht trug die Spuren von Fischbissen, und das Fleisch war aufgequollen und weiß wie alte Wolle, die in schmutzigem Wasser gelegen hat. Seine Stiefel waren verschwunden – wie seine übrige Habe gehörten sie nun dem Menschenfischer. Das dünne Leinenhemd stand offen, und Cranston sah einen purpurroten Bluterguß auf der Brust und Scheuermale am Hals. Der Menschenfischer tanzte neben dem Leichnam hin und her.

»Seht nur, seht nur, wer das ist!«

»Ich sehe einen Toten«, sagte Cranston trocken. »Wahrscheinlich ein Seemann.«

»Ganz recht! Ganz recht! Aber welcher Seemann?«

Cranston starrte den Mann finster an. »Einer von denen, die in der Schlacht gefallen sind?«

»Oh nein! Oh nein! Das ist Brackleburv!«

Athelstan öffnete erstaunt die Augen. Cranston schaute genauer hin.

»Eure Beschreibung paßt auf ihn, Mylord Coroner, auch wenn er nichts bei sich trug, woran man ihn hätte erkennen können.«

Cranston fluchte leise. »Beim Arsch einer Fee, aber das stimmt! Schwarzhaarig, eine Narbe unter dem linken Auge, jenseits des dreißigsten Sommers, aber sonst . . . «

»Er hat mindestens – oh, fünf oder sechs Tage im Wasser gelegen«, erklärte der Menschenfischer.

Athelstan schüttelte den Kopf. »Aber Bracklebury hat vor zwei Tagen noch gelebt. Er hat Bernicia ermordet.«

Die Phantome hinter ihm kicherten.

»Unmöglich!« rief der Menschenfischer und streckte Cranston die Hand entgegen. »Wie kann einer ertrinken und gleichzeitig herumlaufen und Leute ermorden?«

Athelstan vergaß seinen Abscheu und kam näher. »Hat er eine Wunde?«

»Nein«, sagte der Menschenfischer, »keinen Kratzer. Nur das hier.« Er zeigte auf den violetten Bluterguß an der Brust und die leichten Aufschürfungen zu beiden Seiten der Kehle. »Man hat ihm etwas um den Hals gebunden.«

Cranston trat kopfschüttelnd zurück.

»Das kann nicht sein«, murmelte er. »Bracklebury lebt.«

»Ich will meine Belohnung«, sagte der Menschenfischer.

»Sir John, laßt uns von hier verschwinden«, drängte Athelstan leise.

Sie traten hinaus in die Gasse, und der Menschenfischer und die Phantome drängten sich um sie.

»Hör zu«, sagte Cranston, »ich brauche einen Beweis!« Er stampfte mit dem Fuß auf. »Ich brauche einen Beweis! Einen Beweis dafür, daß es Bracklebury ist.« Er richtete seinen Zeigefinger auf den Menschenfischer. »Du hast deine Spitzel in der ganzen Stadt. Die folgenden Leute sollen zu mir in die Schenke kommen.« Er zählte die Personen auf, die er sehen wollte – die Offiziere des Schiffs und auch Emma Roffel. »Sie sollen innerhalb einer Stunde in die Schenke kommen. Und es kümmert mich einen Rattenarsch, was sie gerade tun.«

Der Menschenfischer schien entzückt über die Aussicht, soviel Macht ausüben zu dürfen. Es kam nicht oft vor, daß er den gesetzten Bürgern der Stadt, in der er sein Schattendasein führte, Befehle erteilen durfte. Er und seine Phantome zogen durch die Gasse davon, und Cranston brüllte ihnen immer noch nach, sie sollten nur ja jeden in die Schenke kommen lassen.

Der Coroner und Athelstan kehrten zurück in den Schankraum. Cranston ließ sich auf einen Schemel fallen, lehnte den breiten Rücken in die Ecke und brüllte dabei nach Erfrischungen, bis alle Schankdirnen umhersprangen wie Flöhe auf einem tollwütigen Hund.

»Das kann nicht Bracklebury sein«, sagte der Coroner. »Und doch, es muß Bracklebury sein.«

Athelstan dankte dem Wirt und schob den vollen Teller und den Becher Rotwein, den er gebracht hatte, zu Cranston hinüber.

»Wenn der Tote nicht Bracklebury ist«, stellte er fest,

»dann ist der immer noch unser Hauptverdächtiger. Aber wenn er es doch ist, dann – um einen berühmten Coroner zu zitieren, den ich kenne: Bei den Zähnen der Hölle!«

»Oder bei den Titten einer Seejungfrau.« Cranston grinste.

»Aye, auch bei denen, Sir John.« Athelstan nahm einen Schluck Bier. »Wenn es Bracklebury ist, wer hat dann Bernicia umgebracht? Und, was noch wichtiger ist, wer hat Bracklebury ermordet? Warum und wie?«

Cranston rieb sich das Gesicht. »Weißt du, ich habe einen schrecklichen Alptraum, Bruder: Wir haben unsere ganze Aufmerksamkeit auf Bracklebury gerichtet und dabei die beiden anderen Matrosen total außer acht gelassen. Wir wissen nicht einmal, wie sie hießen. Was ist, wenn sie nun die Schurken in diesem Stück sind?«

Athelstan schwirrte der Kopf beim Gedanken an diese Möglichkeiten.

»Die Kriegskoggen werden bald in See stechen«, sagte Cranston. »Die Offiziere an Bord der *God's Bright Light* sind dann weg, und das Rätsel bleibt ungelöst.«

»Habt Ihr das Silber, Sir John?«

Athelstan wirbelte herum, und Cranston fuhr hoch. Die beiden Revisoren waren lautlos neben ihnen erschienen. Die harten Augen straften das falsche Lächeln auf ihren pausbäckigen Gesichtern Lügen.

»Das Schatzamt verlangt sein Silber zurück«, sagte Peter.

»Und zwar bald«, fügte Paul hinzu.

Ungebeten zogen sie Schemel heran, aber sie schüttelten die Köpfe, als Cranston ihnen eine Erfrischung anbot.

»Nein, Sir John, wir sind nicht zum Essen und

Trinken gekommen. Wir wollen das Silber der Krone. Habt Ihr Fortschritte gemacht?«

Cranston berichtete, was sie an Bord der *God's Bright Light* herausgefunden hatten.

»Ihr habt also das Versteck gefunden, aber nicht das Geld«, faßte Paul zusammen.

Cranston nickte.

»Unsere Münzprüfer sind unterwegs«, sagte Peter. »Ihr müßt wissen, das Silber war frisch geprägt.« Er lächelte säuerlich. »Wenn man Spitzel und Verräter kauft, so beißen sie immer zuerst in die Münzen.«

»Wie konnte es denn frisch geprägt sein?« fragte Cranston. »Sir Henry hat es dem Schatzamt gesandt.«

»Er hat Silberbarren gesandt, die in der königlichen Münze im Tower eingeschmolzen und zu Geld geprägt wurden.«

»Und nach diesem Geld habt Ihr suchen lassen?« fragte Athelstan.

»Ja.«

»Aber Ihr habt keine Spur davon gefunden.«

»Das habe ich nicht gesagt. Ein Goldschmied abseits der Candlewick Street wurde von einem unserer Münzprüfer besucht. Ein paar der Münzen befinden sich schon im Umlauf.«

»Wieviel hatte Euer Agent bei sich, als Roffel das Schiff überfiel?«

»Hundert Silbergroschen.«

»Hundert Silbergroschen in frisch geprägten Münzen auf dem freien Markt!« rief Cranston.

Athelstan hob die Hand. »Und diesen Goldschmied habt Ihr natürlich vernommen?«

»Oh, selbstverständlich. Wir haben ihm sogar mit einem kurzen Aufenthalt im tiefsten Verlies des Tower gedroht.«

»Und was hat er Euch erzählt?«

»Sehr wenig. Aber er hat einen Mann beschrieben – einen großen, kräftigen Seemann in einem verschlissenen Lederwams, das Haar hatte er im Nacken zu einem Knoten gebunden. Das glaubt er jedenfalls.«

»Und sein Gesicht?«

»Er hatte sich seine Kapuze ins Gesicht gezogen. Dem Goldschmied kam das nicht weiter verdächtig vor. Der Mann behauptete, das Silber sei die Bezahlung für Kriegsbeute, die er an die Krone geliefert habe. Weitere Fragen des Goldschmieds wurden durch kleine Zugeständnisse an seine Habgier abgewehrt.«

»Wieviel von dem Silber ging dabei über den Tisch?«

»Zehn Groschen. Was uns Sorge macht: In London ist es kein Problem, das Geld aufzuspüren, aber was ist, wenn der Kerl nach Norwich geht, nach Lincoln, Ipswich oder Gloucester?«

Cranston legte einen Finger an die Lippen, als die Offiziere der *God's Bright Light*, angeführt von Cabe, die Taverne betraten. Einige von ihnen sahen müde und erbost darüber aus, daß man sie zu einer neuerlichen Vernehmung schleifte. Einer der beiden Revisoren sah sich um; er berührte seinen Kollegen beim Arm, und beide standen auf.

»Wir kommen wieder, Sir John.« Die beiden setzten ihre Kapuzen auf und schlüpften lautlos zur Tür hinaus.

Cabe, Minter, Coffrey und Peverill bauten sich vor Cranston auf. Sie schoben die Daumen hinter ihre breiten Ledergürtel, und die zurückgeschlagenen, salzfleckigen Jacken offenbarten Dolche und kurze Schwerter. Athelstan fragte sich flüchtig, was wohl geschehen würde, wenn man diese vier zu dem Goldschmied führte. Aber das würde wenig beweisen und nur unnötigen Verdacht erwecken. Außerdem konnte der geheimnisvolle Seemann, der das Silber gebracht hatte, ein unschuldiger Dritter gewesen sein, den der Dieb und Mörder nur für dieses Geschäft eingespannt hatte. Athelstan blinzelte, als Cabe sich herüberbeugte und Cranston etwas zuflüsterte. Der Coroner funkelte ihn an.

»Ich weiß Euer Kommen zu schätzen«, erklärte Sir John mit falscher Freundlichkeit. »Der Grund für meine Einladung ist der, daß ich mir dachte, ihr würdet gern einen alten Freund wiedersehen.«

»Was zum Teufel soll das heißen?« fragte Peverill.

Cabe trat einen Schritt zurück. »Ihr wollt doch nicht sagen, daß Roffel aus dem Grab gestiegen ist?«

Cranston schüttelte grinsend den Kopf und trank einen Schluck Wein.

»Nein, aber vielleicht Bracklebury.«

»Bracklebury?« rief Coffrey. »Habt Ihr ihn gefaßt?«

»Das könnte man sagen, ja.«

»Was heißt das?« fragte Cabe. »Was soll das alles, Sir John? Warum müssen wir uns von irgendeiner umnachteten Vogelscheuche von unseren Pflichten am Kai wegrufen lassen?«

Cranston schaute an ihm vorbei zur Tür, wo Emma Roffel mit der unvermeidlichen Tabitha im Schlepptau erschienen war. Hinter ihr stand der schmalgesichtige, rothaarige Menschenfischer.

Emma rauschte großartig auf den Coroner zu. »Verschwendet lieber nicht meine Zeit, Sir John!« Sie warf einen verachtungsvollen Seitenblick auf die Offiziere ihres toten Mannes. »Was gibt es denn jetzt wieder?«

»Ihr werdet schon sehen! Ihr werdet sehen!« rief der

Menschenfischer von der Tür her. »Der Mummenschanz wird gleich beginnen. Die Schauspieler warten schon.«

»Los, Sir John«, sagte Athelstan leise. Cranston erkannte, daß die Offiziere und Emma Roffel im Begriff waren, sich protestierend wieder zu entfernen, und so kam er schwerfällig auf die Beine.

»Dies ist keine belanglose Angelegenheit«, verkündete er. »Ihr folgt mir jetzt besser alle miteinander.«

Der Menschenfischer, umgeben von seinen Phantomen, ging ihnen voraus zu seinem Lagerhaus; dort öffnete er die Tür und ließ sie hinein. Während Kerzen und Fackeln angezündet wurden, führte er sie an den grausigen, verwesenden Leichen vorbei, die auf dem Boden oder auf behelfsmäßigen Brettertischen lagen.

Athelstan beobachtete die anderen. Emma Roffel, die bei diesem Anblick zwar erbleichte, mußte Tabitha stützen. Die Zofe umklammerte den Arm ihrer Herrin; sie hatte die Augen halb geschlossen und das Gesicht zur Schulter gedreht, so daß sie die fahlen Gesichter mit den starren, offenen Augen nicht anzusehen brauchte. Sogar die Seeleute, die an Kampf und jähen Tod gewöhnt waren, verloren ihre Arroganz. Coffrey wurde es sichtlich unbehaglich, und einmal wandte er sich sogar ab, weil der anstößige Gestank ihn würgen ließ. Endlich hatten sie die Pfeilkiste erreicht. Der Menschenfischer hielt eine Fackel hoch, was dem Gesicht des Toten ein gespenstisches Leuchten verlieh.

»Oh, gütiger Gott!« Minter, der Schiffsarzt, ging in die Knie.

Coffrey wandte sich ab. Peverill glotzte verblüfft. Cabe, der anscheinend seinen Augen nicht traute, trat näher heran und starrte dem Toten ins Gesicht.

»Ist das Bracklebury?« fragte Sir John.

»Gott schenke ihm die ewige Ruhe«, flüsterte Minter. »Natürlich ist er es.«

»Erkennt Ihr ihn alle?«

»Ja«, antworteten sie im Chor.

»Mistress Roffel, ist das der Mann, der Euch Euren toten Gemahl nach Hause brachte?«

»Ja«, wisperte sie. »Ja, er ist es.«

»Dann verkünde und erkläre ich«, sagte Cranston förmlich, »daß dies der Leichnam des Bracklebury ist, der Erster Maat war auf der *God's Bright Light*, ermordet von einer oder mehreren unbekannten Personen. Möge Gott sie alsbald der Gerechtigkeit zuführen!« Cranston deutete auf den Menschenfischer. »Du kannst dir deine Belohnung abholen.« Dann wandte er sich an den Schiffsarzt. »Könnt Ihr uns sagen, wie dieser Mensch zu Tode gekommen ist?«

Minter überwandt seinen Abscheu; er zog die aufgedunsene Wasserleiche aus der Kiste und legte sie auf den Boden.

»Braucht Ihr mich noch, Sir John?« fragte Emma Roffel.

»Nein, nein, natürlich nicht. Ich danke Euch fürs Kommen.«

Minter hatte den Toten entkleidet und untersuchte ihn sorgfältig; er drehte ihn hin und her wie einen toten Fisch.

»Nun?« fragte Cranston.

»Keine Spur von einem Schlag auf den Kopf oder einer Stichwunde. Überhaupt keine Anzeichen körperlicher Gewalt – bis auf die hier.« Er drehte die grausige Leiche auf den Rücken und zeigte auf die Schürfmale an beiden Seiten der Kehle und auf den großen, purpurroten Bluterguß auf der Brust.

Emma Roffel, die sich zum Gehen wandte, rutschte auf dem feuchten Boden aus. Sie hielt noch immer die tränenüberströmte Tabitha am Arm. Athelstan packte ihre Hand.

»Vorsicht!« flüsterte er.

»Danke«, antwortete sie. »Wenn Ihr uns helfen könntet, Bruder ...«

Athelstan führte die beiden Frauen hinaus in die kalte, frische Luft. Emma Roffel schob Tabitha von sich. »Jetzt fasse dich, Weib!« fauchte sie. »Um Gottes willen, nicht du bist es, die da wie ein Fisch in der Kiste liegt!«

Tabitha wimmerte und wollte sich an ihre Herrin schmiegen. Emma sah Athelstan an.

»Wann hat diese Sache ein Ende?« fragte sie. »Seht Ihr denn nicht, Bruder, daß diese Piraten da drinnen auch nicht besser sind als mein Mann? Sie kennen die Wahrheit!« Sie machte auf dem Absatz kehrt und führte die schluchzende Tabitha davon.

Athelstan kehrte zurück zu Cranston und den anderen, die noch immer den Leichnam Brackleburys betrachteten.

»Warum nur?« fragte der Coroner plötzlich.

»Warum was, Sir John?«

»Bracklebury hat doch anscheinend geraume Zeit im Wasser gelegen. Aber niemand weiß, wie diese Male an Brust und Hals entstanden sind. Was mich allerdings wirklich ratlos macht, ist die Frage, warum seine Leiche ausgerechnet jetzt auftaucht?«

Cranston sah Cabe an, der an einem Holzpfeiler lehnte. Der Zweite Maat starrte seinen toten Kameraden an; der Schreck saß ihm immer noch in den Gliedern.

»Master Cabe, wer waren die beiden anderen Matrosen? Wie hießen sie?«

Cabe gab keine Antwort.

»Master Cabe – die Namen der beiden Matrosen?«

»Hä?« Der Zweite Maat rieb sich das Gesicht. »Clement und Alain. Sie waren aus London. Das glaube ich wenigstens.«

Athelstan schaute den Menschenfischer an. Der bemerkte es wohl.

»Was ist, Bruder?«

»Kannst du erklären, warum Brackleburys Leiche jetzt plötzlich auftaucht?«

»Nein, Pater, das kann ich nicht.«

Athelstan dachte an die Schlacht auf der Themse. Bilder huschten ihm durch den Kopf – Katapulte, die mit Steinen geladen wurden, Galeeren, die gegen die Kogge krachten, um sie auf der rasch fließenden, strudelnden Themse ins Schwanken zu bringen. Plötzlich schaute der Ordensbruder lächelnd den Toten an. »Natürlich!« flüsterte er und tappte aufgeregt mit dem Fuß auf den Boden.

»Sir John!« rief er. »Ich glaube, wir sollten noch einmal zur *God's Bright Light* zurückkehren. Unser guter Freund hier, der Menschenfischer, könnte uns vielleicht helfen.«

»Wie denn?« fragte die seltsame Kreatur.

»Hast du einen Schwimmer?« fragte Athelstan und gab Cranston ein Zeichen, still zu sein. »Jemanden, der keine Angst vor den Strömungen der Themse hat?«

Der Menschenfischer grinste ohne Heiterkeit, legte einen Finger an die Lippen und stieß einen langgezogenen Pfiff aus.

»Icthus!«

Einer löste sich aus der Gruppe der vermummten Phantome und kam herbei.

»Das ist Icthus«, sagte der Menschenfischer. »Wir nennen ihn so, weil es das griechische Wort für Fisch ist. Und wo die Fische hingehen, da kann er ihnen folgen. Nicht wahr, Icthus?«

Icthus schlug die Kapuze zurück. Athelstan starrte ihn an, erschrocken, abgestoßen und mitleidig zugleich. Entweder war er entstellt zur Welt gekommen oder das Opfer einer scheußlichen Krankheit. Obwohl noch ein Junge, war er sehr dünn und völlig kahl. Aber die entsetzte Aufmerksamkeit aller richtete sich auf sein Gesicht. Es war das Gesicht eines Fisches – mit schuppiger Haut, einer kleinen, platten Nase, einem Kabeljaumaul und Augen, die so weit auseinanderlagen, daß sie an den Seiten seines Kopfes zu liegen schienen.

»Das ist Icthus«, wiederholte der Menschenfischer. »Und seine Gebühr beträgt ein Silberstück.«

Athelstan zwang sich, den Jungen anzuschauen. »Willst du für uns schwimmen?«

Das Kabeljaumaul öffnete sich. Icthus hatte keine Zähne, keine Zunge, nur dunkelrotes Zahnfleisch. Das einzige Geräusch, das er von sich geben konnte, war ein gutturaler, erstickter Laut. Aber er beantwortet Athelstans Frage mit heftigem Kopfnicken.

»Gut«, sagte Athelstan. »Jetzt laßt uns zu diesem gottverlassenen Schiff zurückkehren.« Lächelnd sah er Cranston an. »Und keine Fragen, bitte.«

Dreizehn

Die *God's Bright Light* machte sich zum Auslaufen bereit, als Cranston, Athelstan und ihre beiden wunderlichen Begleiter an Bord kamen. Nach einer leutseligen Begrüßung durch den jungen Kapitän hörte dieser dem Ordensbruder aufmerksam zu und betrachtete dabei den Menschenfischer und Icthus. Dann nickte er.

»Wie Ihr wollt, Bruder. Aber die Themse ist ein breiter Fluß.«

Athelstan sah sich um. Die Spuren der nächtlichen Schlacht waren restlos beseitigt. Gottlob waren auch die toten Franzosen herabgenommen woren. Er trat an die Reling, spähte hinüber nach Queen's Hithe und versuchte, sich die dunkle Nacht vorzustellen und die Laternen, die hin und her blinkten. Wer mochte der heimliche Beobachter am Ufer gewesen sen? Und wer hatte Bracklebury umgebracht? Athelstan trat zurück. Jemand, der scharfe Augen hatte, konnte ihn vom Ufer aus sehen. Aber in der Nacht, als Bracklebury verschwunden war, hatte vom Meer her ein dichter Nebel über dem Fluß gewabert. Athelstan winkte Cranston zu sich herüber, und unter den neugierigen Augen der Mannschaft führte der Menschenfischer seinen Icthus an einem dürren Arm herbei. Athelstan deutete dicht vor dem Heck über die Reling.

»Spring hier hinein«, sagte er.

»Um Gottes willen, Bruder!« flüsterte der Kapitän.

»Seid Ihr da sicher? Eine Leiche würde doch von der Strömung fortgerissen.«

Sogar Cranston machte ein zweifelndes Gesicht.

»Willst du es tun, Icthus?« fragte Athelstan sanft. Er streichelte dem Jungen die Wange. »Du brauchst es nicht, wenn du nicht willst, aber du könntest uns helfen, die Wahrheit herauszufinden.«

Der merkwürdige Mund des Jungen öffnete sich zu einem Grinsen. Er warf sein Gewand ab und ließ es zerknüllt auf das Deck fallen; sein dürrer Körper war nur noch mit einem wollenen Lendentuch bekleidet. Ohne auf das Gelächter der Matrosen über seine magere Gestalt zu achten, kletterte er auf die Reling, entblößte noch einmal sein Zahnfleisch zu einem kurzen Lächeln in Athelstans Richtung und sprang dann in den Fluß. Ein paar Luftblasen kamen an die Oberfläche, und er war verschwunden. Athelstan spähte in das dunkle Wasser und wartete darauf, daß der Junge wieder auftauchte, aber die Zeit verging, und sein Magen krampfte sich angstvoll zusammen. Er schaute zu dem Menschenfischer hinüber.

»Ist es wirklich sicher für ihn?«

»So sicher, als stände er hier«, erwiderte der Menschenfischer sarkastisch und funkelte die kichernden Matrosen an, die hinter ihm standen.

Cranston holte seinen Weinschlauch hervor und bot ihn dem Kapitän an. Der schüttelte den Kopf, und der Coroner nahm einen großzügigen Schluck. Dann rülpste er und kam schwerfällig an die Reling.

»Na, komm schon!« brüllte er zum Wasser hinunter. »Wo zum Teufel steckst du?«

Das Wasser kräuselte sich, und wie zur Antwort auf Cranstons Gebrüll tauchte Icthus auf. Er prustete, grinste merkwürdig, klappte den Mund zu, atmete durch die Nase ein und tauchte wieder unter. Beim nächsten Mal tauchte er schneller wieder auf; wassertretend klatschte er in die Hände, machte dann ein zustoßende Bewegung und hielt schließlich einen Finger hoch.

»Er will einen Dolch!« rief der Menschenfischer. »Sir John!«

Cranston zog eine langen Dolch hervor und warf ihn zu Icthus hinunter; der fing ihn geschickt auf und tauchte unter. Als er wieder heraufkam, hatte er eine grausige Last auf den Armen.

»Gott sei mir gnädig!« hauchte Cranston. »Wenn ich es nicht mit eigenen Augen sehen würde, ich hätte es nicht geglaubt.«

Taue und Netze wurden hinuntergelassen, und Matrosen liefen herbei, um zu helfen. Sie faßten die Leiche, die Icthus ans Licht gefördert hatte, und zogen den Schwimmer und seine aufgequollene Last an Bord.

»Das ist Alain!« erklärte Peverill und drängte sich nach vorn. »Bei den Zähnen der Hölle! Was hat das zu bedeuten?«

Icthus hatte sein Gewand wieder angelegt und kauerte jetzt neben dem Toten. In der Hand hielt er ein Tau mit einer Eisenkugel. Mit Handzeichen gab er zu verstehen, daß es um den Hals des Toten geschlungen gewesen war. Athelstan starrte das schmale Gesicht der Leiche an; es war hellgrün verfärbt und wies am Hals die gleichen Male auf wie Bracklebury. Der Leichnam war im Wasser aufgequollen, so daß Gesicht und Körper entstellt aussahen. Athelstan sah die Schürfmale zu beiden Seiten der Kehle und den Bluterguß, wo die Eisenkugel die Brust des Toten getroffen hatte.

»Nun, Bruder?« Cranston schwankte ziemlich bedenklich.

Athelstan nahm die schwere Eisenkugel in beide Hände; er sah, daß das Tau durch eine kleine Öse geschlungen war.

»Kapitän, gehören die zur Bewaffnung des Schiffes?«

Der Seemann nickte und deutete über das Deck, wo weiter hinten Kisten mit ganz ähnlichen Kugeln gestapelt standen.

»Wir legen sie auf die Katapulte«, erklärte er. »Manchmal wird das Tau mit Pech getränkt und angezündet, so daß die Kugel nicht nur alles zertrümmert, sondern es auch noch in Brand setzt.«

Der Kapitän betrachtete den Leichnam voller Ekel. Als er sah, daß ein Auge weggefressen war, wandte er sich ab und ging davon.

Minter, der Schiffsarzt, kauerte sich neben die Leiche und begann mit einer gründlichen Untersuchung.

»Wer immer Bracklebury und Alain ermordet hat«, sagte Athelstan, »hat sie auf irgendeine Weise bewußtlos gemacht und ihnen dann diese Kugeln um den Hals gehängt, damit sie auf den Grund sanken.«

»Aber soweit ich feststellen kann, weisen sie neben den Abschürfungen am Hals und dem Bluterguß auf der Brust keine weiteren Verletzungen auf«, meinte der Schiffsarzt.

Cranston schnippte mit den Fingern und winkte den Menschenfischer und seinen seltsamen Gefährten heran. Er drückte Icthus eine Silbermünze in die Hand.

»War da unten noch eine Leiche?«

Icthus schüttelte den Kopf.

»Bist du sicher?« drängte Cranston.

Icthus nickte.

Cranston scharrte erbost mit den Füßen und starrte in den dunkler werdenden Himmel hinauf.

»Bei den Zähnen der Hölle, Bruder, was machen wir jetzt?«

Auch der Ordensbruder schaute zum Himmel hinauf. In seinem Kopf wirbelten Ideen, Empfindungen und Eindrücke wild durcheinander. Gern wäre er nach St. Erconwald zurückgekehrt, hätte sich an seinen Herd gesetzt und Ordnung in dieses Chaos gebracht.

»Bruder?« fragte Cranston mißtrauisch. »Fehlt dir auch nichts?«

Athelstan lächelte und wandte sich an den Kapitän. »Sagt mir, Sir, bewegen sich die Sterne am Himmel?«

Southchurch zuckte die Achseln. »Die meisten Leute sagen, daß sie es tun, Pater.«

»Und was meint Ihr?«

»Ich bin einmal im Mittelmeer gefahren. Da habe ich einen ägyptischen Kapitän kennengelernt, der behauptete, nicht die Sterne bewegen sich, sondern die Erde sei eine Kugel, die durch den Himmel kreise.«

Athelstan schaute zu den dunklen Wolken hinauf. Solche Theorien hatte er schon einmal gehört.

»Athelstan!« bellte Cranston.

Der Ordensbruder zwinkerte dem Coroner zu. Er schaute hinüber zu den Offizieren und musterte Cabe aufmerksam. Der Mann war anscheinend immer noch zutiefst erschrocken über das, was er an diesem Nachmittag gesehen hatte.

»Wir haben Bracklebury gefunden«, sagte Athelstan, »und wir haben Alain gefunden. Aber wo ist der Leichnam des armen Clement?«

Athelstan wühlte in seinem Geldbeutel und gab Icthus und dem Menschenfischer ein paar Münzen. Dann dankte er dem Kapitän und nahm Cranston beim Ellbogen.

»Kommt, Sir John, es reicht. Gott weiß, ich habe für heute mehr als genug an menschlicher Bösartigkeit genossen.«

Ein Ruderboot brachte sie an Land. Schweigend wanderten sie durch das Gewirr der Straßen zurück zum »Heiligen Lamm Gottes«, wo Athelstan sein Pferd abholte.

Das anhaltende Schweigen des Ordensbruders machte Cranston immer wütender. Athelstan lehnte sogar eine Erfrischung ab und murmelte, er müsse zurück nach St. Erconwald.

»Bruder!« donnerte Cranston verdrossen, als Athelstan sich zum Gehen wandte. »Worüber denkst du denn nach?«

Athelstan schüttelte den Kopf. »Das weiß ich selbst noch nicht, Sir John.«

»Soll ich einen Steckbrief von diesem Clement verbreiten lassen?« fragte Cranston; dann räusperte er sich lautstark und spuckte aus. »Wenn das so weitergeht, werde ich mich noch völlig lächerlich machen, verdammt. Jedesmal, wenn ich jemanden suche, stellt sich heraus, daß er ersoffen ist!« Er sah seinen Sekretär an. »Du hast mir immer noch nicht gesagt, wie Bracklebury und Alain getötet wurden.«

Athelstan stand im Hof vor dem Stall und wartete darauf, daß Philomel gesattelt wurde. »Brackleburv, Alain und Clement wurden mit Drogen betäubt.« Er schüttelte den Kopf. »Ich weiß noch nicht, wie oder von wem, aber als ich Bracklebury Leichnam untersuchte, nahm ich gleich an, daß jemand ihm ein Gewicht um den Hals gehängt und ihn über Bord geworfen hatte. Kräftig, wie er war, muß Brackleburv bewußtlos gewesen sein, wenn er sich nicht gewehrt hat. Aber er hatte keine Beule am Kopf und keine Verletzung am Körper. Daher meine Schlußfolgerung, daß man ihn betäubt haben muß.« Athelstan unterbrach sich, um Philomel zu begrüßen. »Das gleiche Schicksal traf Alain und Clement. Sie wurden wahrscheinlich alle in der Nähe des Achterkastells über Bord geworfen, denn dort hätten die Decksaufbauten und der dichte Nebel den Mörder am besten geschützt.«

»Und wieso ist Bracklebury's Leiche wieder aufgetaucht?«

Athelstan lächelte. »Das haben wir Eustace, dem Mönch, zu verdanken.« Er nahm den Arm des dicken Coroners. »Denkt doch nur an die wirbelnden Ruder der Galeeren, Sir John, und wie sie in unser Schiff gekracht sind – und dann die Leichen, die ins Wasser fielen und es aufwühlten und schäumen ließen.« Athelstan kratzte sich am Kopf. »Der Mörder muß hastig gearbeitet haben. Vielleicht war das Seil um Brackleburys Hals nicht fest genug und hat sich gelockert, was durch die Schlacht noch gefördert wurde. Das Eisengewicht rutscht ab, der Tote kommt an die Oberfläche.« Athelstan zuckte die Achseln. »Und die Tiefe gab den Toten frei. Daß wir Alains Leiche entdeckt haben, beweist lediglich meine ...« Er lächelte. »... unsere Theorie.« Er klopfte Cranston auf die Schulter. »Also schlagt Euch Clement aus dem Kopf. Gott allein weiß, wo seine Leiche jetzt ist.«

»Und der Mörder?« fragte Cranston.

Athelstan packte Philomels Zügel, schwang sich in den Sattel und schaute auf Cranston hinunter.

»Sir John, geht nach Hause, gebt der Lady Maude einen Kuß und spielt mit den Kerlchen. Ruht Euch aus und denkt nach.« Er trieb Philomel voran, während ihm Cranston, wütender als zuvor, sprachlos nachstarrte.

In St. Erconwald war alles ruhig. Marston hatte sich längst aus dem Staub gemacht, und auch die Gemeindemitglieder, die an der Bühne gearbeitet hatten, waren verschwunden. Huddles Kulissengemälde war fast fertig, und der Ordensbruder betrachtete eine Zeitlang in stummer Bewunderung den gewaltigen Höllenschlund, dem schwarze Dämonen mit roten Affengesichtern entsprangen. Hinter der Leinwand entdeckte er eiserne Pfannen und Holzfässer, mit denen Crim und die anderen Jungen allerlei Lärm machen würden. Er nahm die silberne Trompete zur Hand, die ertönen würde, bevor Gott sprach, drückte sie an die Lippen und blies eine kurze Fanfare; dann errötete er verlegen, denn Ashby erschien hinter dem Lettner.

»Pater, was ist los?«

»Ach, Nicholas ... ich hatte vergessen, daß Ihr noch hier seid. Geht es Euch gut?«

»Ja. Aveline ist eben gegangen. Sie sagt, Marston habe Reißaus genommen.«

»Braucht Ihr noch irgend etwas?« Athelstan hoffte, der junge Mann werde ihn jetzt nicht in ein Gespräch verwickeln.

»Nein, Pater.« Ashby lehnte sich an den Lettner. »Ich habe im ganzen Leben noch nie so gut geruht, gegessen und getrunken.« Er deutete auf die Bühne und die Segeltuchkulisse. »Es wird eine großartige Aufführung werden, Pater.«

Athelstan lächelte. »Ja, das stimmt, Nicholas – falls meine Pfarrkinder sich nicht vorher gegenseitig umbringen.«

Ashby lachte. »Benedicta hat sie alle hinausgescheucht, als Watkin einen Streit vom Zaun brach. Er behauptete, Gott Vater müsse höher sitzen als der

Heilige Geist. Ihr könnt Euch denken, was Pike dazu gesagt hat.«

Athelstan nickte. »Und Bonaventura?«

»Oh, der ist im Altarraum.«

»Das hätte ich mir denken können«, brummte Athelstan bei sich. »Der kleine Söldner.«

Er verabschiedete sich von Ashby, verließ die Kirche und ging hinüber zum Stall, wo Philomel aus einer kleinen Raufe büschelweise Heu mampfte. Athelstan räumte den verschlissenen Sattel weg, gab dem Pferd frisches Wasser und ging zum Haus. Benedicta hatte das Feuer angefacht und eine Pastete am Herd warmgestellt.

»Ich werde mich jetzt selbst belohnen«, murmelte Athelstan. Er ging in die Speisekammer und holte den kleinen Krug Wein, den Cranston ihm zu Ostern geschenkt hatte. »Der Beste aus Bordeaux«, hatte der Coroner gesagt. Athelstan brach das Siegel am Korken, schenkte sich den Becher großzügig voll und trank einen kleinen Schluck. Dann wusch er sich Hände und Gesicht in einer Schüssel Rosenwasser, nahm seinen Hornlöffel und setzte sich zu Tisch, um Benedictas Pastete zu genießen.

»Dem Himmel sei Dank für gutes Essen«, dachte er. »Und dem Himmel sei Dank, daß ich es nicht kochen muß.«

Athelstan aß zu Ende, säuberte Mund und Finger und ging nach oben. Er schlief eine Stunde auf seiner schmalen Pritsche. Erfrischt wachte er auf, stieg die Treppe hinab und räumte den Tisch bis auf den Weinbecher ab. Dann nahm er sich ein großes Stück Pergament vor und begann, alles aufzuschreiben, was er über die merkwürdigen Ereignisse an Bord der *God's Bright Light* wußte. Alles kritzelte er nieder – jeden

Gedanken, jeden Eindruck. Hin und wieder wurde er wegen irgendwelcher Kleinigkeiten gestört. Mugwort, der Glöckner, meldete, das Glockenseil sei verschlissen und müsse erneuert werden. Ranulf, der Rattenfänger, wollte, daß Athelstan eine Messe für die neugegründete Gilde der Rattenjäger las. Crim brauchte die Versicherung, daß er bei dem Stück wirklich die Trommel würde schlagen dürfen. Pemel, die Flämin, wollte wissen, ob es eine schwere Sünde sei, freitags Fleisch zu essen.

Athelstan ging zur Kirche hinüber, um sich zu vergewissern, daß bei Ashby alles in Ordnung sei, und um die Kirche für die Nacht zu verschließen. Dann kehrte er zu seiner Schreibarbeit zurück. Der Lärm aus den Gassen und Straßen der Umgebung erstarb allmählich, bis das lauteste Geräusch das Heulen der Eulen war, die jagend über das hohe Gras des Kirchhofs strichen. Athelstan arbeitete weiter; er schrieb und schrieb und baute sogar aus Holzstücken kleine Modelle der Kriegskoggen, die bei Queen's Hithe vor Anker lagen. Erst als er sicher war, daß er alles niedergeschrieben hatte, was er wußte, versuchte er, Schlüsse zu ziehen. Seine Verdrossenheit nahm zu – immer wieder konstruierte er eine Theorie, aber immer wieder fiel sie auseinander wie ein Syllogismus, der einer logischen Prüfung nicht standhält. Er nahm einen neuen Bogen Pergament und schrieb zuoberst: »*Si autem?* – Was aber, wenn?« Er schrieb alle seine Zweifel untereinander, und als er fertig war, rieb er sich die Hände. Dann betrachtete er seine gespreizten Finger.

»Du bist zu weich, Athelstan«, murmelte er. »Weiche Hände.«

Er wandte sich wieder seiner Schreibarbeit zu. Ein Gedanke kam ihm in den Sinn.

»Was aber, wenn es zwei Mörder gibt? Was, wenn es drei sind? Oder gibt es nur einen? Einen Tanzmeister in diesem Reigen?«

Wieder begann er zu schreiben; er nahm sich einen zentralen Fakt vor, als wäre es eine göttlich offenbarte Wahrheit, und errichtete seine Theorie um diesen Fakt herum. Mitternacht war längst vorüber, als er fertig war. Er warf die Feder aus der Hand.

»Was wäre, wenn?« murmelte er. »Was wäre, wenn? Aber wie kann ich es beweisen?«

Er ließ den Kopf auf die Arme sinken, und unversehens versank er in einen seiner Alpträume. Ein maskierter Bootsmann ruderte ihn in einem Boot über die nebelverhangene Themse. Der Nebel verzog sich, und im Bug sah er eine in einen Kapuzenmantel gehüllte, vermummte Gestalt. Athelstan wußte, daß es der Mörder war. Das Boot stieß mit dumpfem Schlag irgendwo an. Athelstan schüttelte sich wach und sah, daß er seinen Becher vom Tisch gestoßen hatte. Er gähnte, streckte sich und stand auf. Die Manuskripte ließ er, wo sie waren; er dämmte das Feuer ein und stieg langsam die Treppe zu seiner Schlafkammer hinauf.

Am nächsten Morgen schlief er länger, als er beabsichtigt hatte. Er wachte erst auf, als Crim unten an die Tür hämmerte.

»Kommt schon, Pater!« schrie der Junge. »Zeit für die Messe!«

Athelstan beschloß, auf der Stelle hinüberzulaufen, statt sich erst zu waschen und umzuziehen. So folgte er Crim aus dem Haus und durch wirbelnde Nebelschleier hinüber zur Kirche. Ein paar seiner Pfarrkinder warteten schon.

»Ihr kommt zu spät, Pater!« rief Tiptoe, der Schankwirt, vorwurfsvoll.

»Und ich kann die Glocke nicht läuten«, erklärte Mugwort betrübt.

»Ich war müde«, antwortete Athelstan ungeduldig. »Aber jetzt kommt.«

Er schloß die Kirchentür auf und ließ Ashby heraus, damit er sich erleichtern konnte. Ursula, die Schweinebäuerin, stand Wache, falls Marston und seine Raufbolde wieder auftauchten. Athelstan zog rasch seine Gewänder an und bemühte sich, Bonaventura zu ignorieren, der sich immer wieder an seinen Waden rieb.

»Geh weg, Kater!« knurrte Athelstan. »Du bist ein Söldner und Verräter.«

Die Annäherungsversuche des Katers wurden immer energischer, und schließlich mußte Crim ihn hinausbringen. Athelstan zündete die Kerzen an und las die Messe. Als er fertig war – nach wie vor abgelenkt von den Schlußfolgerungen, die er in früher Morgenstunde gezogen hatte –, gab er Crim einen Penny und eine Nachricht an Cranston. Dann ging er eilig wieder ins Haus, wusch und rasierte sich. Hastig aß er ein bißchen Brot und Käse; dann gab er Mugwort die Aufsicht über die Kirche, bis Benedicta oder Watkin erschienen, sattelte Philomel und ritt zur London Bridge hinunter.

Athelstan kam nur langsam voran. Philomel war träge, und auf der London Bridge drängten sich Schubkarren, Fuhrwerke und Packpferde; alle wollten rasch hinüber, bevor die Märkte öffneten. An der Kirche von St. Thomas Becket auf halbem Wege machte Athelstan halt. Er sprach ein Gebet und zündete vor der Statue der Jungfrau eine Kerze an, damit sie ihm bei der Suche nach der Wahrheit Anleitung und Weisheit zuteil werden ließe.

In der Stadt angekommen, sah er sich weiteren Verzögerungen gegenüber. In der Bridge Street stand ein Haus in Flammen, und weiter unten vollführte eine Schar Abrahamsmänner ihre wahnwitzigen Tänze zur Belustigung der einen und zum Verdruß der anderen. Als er in der Cheapside angekommen war, hatte er sich den Hintern wundgescheuert und verfluchte erbittert den Ritt, der ihn mehr als eine Stunde gekostet hatte.

Cranston fand er wohlbehalten im »Heiligen Lamm Gottes« vor. Der Coroner saß an seinem Lieblingsplatz und sah zu, wie der Wirt und seine Frau, unterstützt von einem Heer von Knechten, Feuer anzündeten und die Kochherde anheizten. Zu so früher Stunde gab sich der dicke Coroner ausnahmsweise damit zufrieden, sich zurückzulehnen und die würzigen Düfte zu genießen, die nach und nach aus der Küche drangen.

Er grinste Athelstan entgegen. »Mönch, du siehst wütend aus.«

»Ordensbruder, Sir John – und ich bin nur verdrossen.« Behutsam setzte Athelstan sich hin und spähte dann in Cranstons Humpen.

»Ale mit Wasser«, sagte Cranston. »Aber ich habe eine Hackfleischpastete bestellt, mit Zwiebeln, Lauch und einem Hauch Rosmarin und Knoblauch.« Er schloß die Augen. »Stell's dir nur vor, Bruder: fettes, würziges Fleisch, brutzelnd unter einer dicken, goldenen Kruste. Übrigens – ich habe ihn schon rufen lassen.« Er klappte ein Auge auf und spähte zu der Stundenkerze hinüber, die neben der Tür in ihrem eisernen Halter steckte. »Sag mir also lieber, was du vor hast.«

Athelstan erklärte es ihm, stockend zunächst, aber

dann immer beredter, je größer sein Zutrauen in die eigenen Schlußfolgerungen wurde. Anfangs brüllte Cranston vor Lachen.

»Am Arsch!« höhnte er. »Quatsch mit dicker Sauce!«

»Danke gleichfalls, mein Sohn«, erwiderte Athelstan.

Sir John beruhigte sich allmählich. Noch einmal trug Athelstan seine Schlußfolgerungen vor und untermauerte jede seiner Thesen mit Argumenten und Beweisen, bis Cranstons Heiterkeit vergangen war. Athelstan machte eine Pause, als die Wirtin, die den Coroner stets verwöhnte, noch einen Humpen Ale brachte und auf einem großen Brett eine dampfende Pastete auftrug. Der Anblick dieser Pastete machte Athelstan hungrig, und so schnitt sie auch für ihn ein Stück ab. Die beiden aßen und tranken schweigend. Erst als Cranston fertig war, umriß Athelstan seine Strategie. Der Coroner hatte ein ganzes Bündel von Fragen. Athelstan beantwortete sie, und schließlich nickte Sir John.

»Mir leuchtet ein, was du sagst, Bruder. Und da kommt er, vielleicht gerade im rechten Augenblick.«

Philip Cabe hatte die Schenke betreten. Er sah Cranston und Athelstan, kam breitbeinig heran und ließ sich auf den Schemel fallen, den Athelstan heranrückte.

»Sir John, es ist sehr früh.«

»Master Cabe, es ist auch sehr dringend.«

Athelstan musterte den Seemann aufmerksam. Cabe sah abgespannt aus – er war unrasiert, und seine grauen Augen waren von nächtlicher Trinkerei noch glasig.

»Was macht Euch denn Sorgen, Master Cabe?« fragte Athelstan sanft.

»Nichts, Pater.«

»Möchtet Ihr etwas trinken?«

Der Seemann zuckte die Achseln. »Verdünntes Bier vielleicht.«

Cranston gab die Bestellung auf, und sie warteten, bis serviert worden war. Cabe nippte behutsam an seinem Humpen.

»Was wollt Ihr von mir?« fragte er dann.

»Die Wahrheit«, sagte Athelstan.

»Die habe ich Euch schon gesagt.«

Cranston beugte sich vor und quetschte das Handgelenk des Mannes.

»Nein, das habt Ihr nicht. Ihr seid ein Lügner, ein Dieb und ein Mörder. Und wenn Ihr mir nicht die Wahrheit sagt, werde ich Euch baumeln sehen!« Cranston lächelte finster. »Jetzt seid ein braver Junge und legt beide Hände auf den Tisch, weit weg von dem Messer, das da in Eurem Gürtel steckt. Los!«

Cabe gehorchte.

Cranston grinste. »Euren Humpen dürft Ihr berühren, aber sonst nichts. Und jetzt wird mein Secretarius die wirkliche Lage der Dinge beschreiben.«

Athelstan rückte ein Stück näher. »Ihr wart Zweiter Maat auf der *God's Bright Light*«, begann er, »als sie vor der französischen Küste ein Fischerboot aufbrachte, versenkte und die ganze Besatzung ermordete. Aber dieser Angriff ergab sich nicht zufällig. Roffel wußte, daß es dort Silber zu holen gab. Er fand das Silber und schaffte es an Bord der *God's Bright Light*. Roffel war jedoch ein gemeiner Hund, wie Sir John es ausdrücken würde. Er hätte das Silber mit seiner Besatzung, vor allem mit den Offizieren, teilen müssen, und mit der Krone außerdem. Statt dessen versteckte er es an einem geheimen Ort. Durch irgendeinen Zufall habt Ihr und Bracklebury davon erfahren.«

Cabe starrte dumpf in seinen Humpen.

»Nun wurde Roffel krank und starb. Genau gesagt, er wurde vergiftet.«

»Das war ich nicht«, murmelte Cabe.

»Ich habe nicht gesagt, daß Ihr es wart, aber Roffels Hinscheiden bot Euch und Bracklebury eine vorzügliche Gelegenheit, das Schiff zu durchsuchen. Ihr fandet nichts. Doch als die *God's Bright Light* in der Themse vor Anker gegangen war, konntet Ihr und Bracklebury gründlicher suchen. Ihr entwarft Eure Pläne. Die Besatzung, von einer kleinen Wache abgesehen, würde an Land geschickt werden, und dann würde Bracklebury die Gelegenheit nutzen, das Schiff von den Toppen bis zur Bilge zu durchsuchen.«

Athelstan nahm einen Schluck aus seinem Humpen.

»Wärt Ihr nun beide an Bord geblieben«, fuhr er fort, »hätte das vielleicht Verdacht erregt – schließlich ist kein Seemann erpicht darauf, an Bord zu bleiben, wenn das Schiff nach einiger Zeit auf See endlich im Hafen liegt.« Athelstan stellte seinen Humpen wieder hin. »Bracklebury ließ Roffels Leichnam an Land bringen. Die Dirnen kamen an Bord, und dann verließt Ihr mit dem größten Teil der Mannschaft das Schiff. Aber ganz vertrautet Ihr Bracklebury nicht; und so beharrtet Ihr darauf, daß er mit Euch in Verbindung zu bleiben habe. Ihr vereinbartet ein System von Lichtsignalen zwischen Bracklebury an Bord des Schiffes und Euch, in einem dunklen Winkel auf dem Kai versteckt.

Alles verlief nach Plan, bis kurz vor Morgengrauen dieser Matrose mit seiner Hure zurückkehrte und das Schiff verlassen vorfand. Master Cabe, ich kann nur ahnen, welche Wut und welche Zweifel Euch befielen, als Ihr erfuhrt, was geschehen war. Sein Verschwinden muß Euch ratlos gemacht haben. Wie war es bewerkstelligt worden? Wo war Bracklebury – und vor allem: Wo war das Silber?«

»Ammenmärchen!« höhnte Cabe.

»Oh nein«, beharrte Athelstan. »Sir John weiß, daß ich die Wahrheit sage. Ihr, Master Cabe, gelangtet zu der Überzeugung, man habe Euch betrogen. Und Ihr fingt an, Euch zu fragen, wer das gewesen war. Aus Eurem Versteck auf dem dunklen Kai hattet Ihr gesehen, wie die Hure nach Queen's Hithe herunterkam. Vielleicht vermutetet Ihr, sie und Bracklebury hätten den Plan gehabt, das Silber zu stehlen und Euch zum Narren zu halten.«

»Woher sollte Bracklebury denn Bernicia kennen?« knurrte Cabe.

Athelstan zuckte die Achseln. »Oh, das weiß man nie, Master Cabe. In dieser lügenhaften Welt schafft die Habgier seltsame Bundesgenossen. So oder so, Ihr wart jedenfalls davon überzeugt, daß Bernicia wisse, wo das Silber war. Also faßtet Ihr den Plan, Euch mit ihr zu treffen und dabei Brackleburys Namen zu benutzen.«

Cabe trank einen Schluck Bier und grinste geringschätzig.

»Aber wenn Bracklebury ihr Verbündeter war, wie konnte ich mich dann für ihn ausgeben?«

»Das weiß ich nicht«, antwortet Athelstan wahrheitsgemäß. »Irgend etwas hatte Euch andern Sinnes werden lassen; Ihr glaubtet nun nicht mehr, daß Bracklebury Euch betrogen hatte, Bernicia aber sehr wohl. Wie auch immer«, fuhr Athelstan fort, »Ihr traft Euch mit Bernicia in einer geheimen Schenke und ließt Euch in Ihr Haus einladen, wo ihr der Hure die

Kehle aufschlitztet und das ganze Haus auf den Kopf stelltet.«

»Was für Beweise habt Ihr denn?« fauchte Cabe.

Cranston beugte sich vor und klopfte auf den Tisch. »Ich will ehrlich sein: Nicht viele, mein Böckchen. Andererseits, wenn wir noch einmal mit dir zu dieser geheimen Schenke gehen – wer weiß, wer dich da alles wiedererkennen würde.«

Cabe wurde noch bleicher.

»Komm schon«, drängte Cranston sanft. »Früher oder später kommt die Wahrheit doch heraus.«

»Was geschieht ...?« Cabe hob den Kopf. »Was geschieht, wenn ich die Wahrheit sage, wie ich sie sehe?«

Cranston wedelte mit der Hand. »Mord ist Mord, Master Cabe, und ein Mörder kommt an den Galgen. Aber wer sich zum Zeugen der Krone macht, der kann vielleicht um königlichen Pardon einkommen und sich bereit erklären, England zu verlassen ...« Cranston verdrehte die Augen und schaute zur Tür. »Sagen wir, für ... drei Jahre?«

Athelstan packte den Seemann beim Arm. »Um der Liebe unseres Herrn willen, Master Cabe: Sagt uns die Wahrheit!«

»Kann ich einen Becher Wein haben, Pater?«

Cranston bestellte Rotwein, und Cabe nippte behutsam daran.

»Dies sind die Tatsachen«, begann er tonlos. »Roffel war ein gemeiner Mörder. Gott sei uns gnädig – es war nicht das erste Mal, daß er ein Schiff überfiel und die Gefangenen ermordete, aber dies war doch ein besonderer Fall. Roffel suchte etwas.« Er zuckte die Achseln. »Nun, Ihr wißt ja, was geschehen ist. Nachher nahmen Bracklebury und ich uns vor, ihn zur Rede zu stellen. Nun hatte Roffel vielleicht vorgehabt, die Kajütentür zu verriegeln, aber er tat es nicht; es kam jedenfalls sehr selten vor, daß wir einfach hineinspazierten. An jenem Morgen aber taten wir es, und da saß Roffel an seinem Tisch, hatte den Geldgürtel vor sich, und die Silbermünzen quollen heraus. Auf den ersten Blick war uns klar, was geschehen war. Roffel brüllte uns an: Wir sollten verschwinden, und wenn wir so etwas noch einmal täten, würde er uns aufhängen.« Cabe rieb sich das Gesicht. »Bracklebury und ich waren natürlich wütend. Es war nicht das erste Mal, daß Roffel uns um unseren Anteil betrogen hatte.« Cabe sah Athelstan an. »Was immer Ihr von mir halten mögt, Pater, ich bin ein guter Seemann und fürchte mich vor nichts, was auf Erden wandelt. Mein ganzer Körper ist eine einzige Narbe, von Kopf bis Fuß. Und wofür? Für schalen Wein, billige Huren und ein klammes Bett in einem schmutzigen Wirtshaus?« Er nahm seinen Becher und stürzte den Wein herunter. »Bracklebury und ich machten unsere Pläne, aber da wurde Roffel krank und starb.«

»Habt Ihr ihn ermordet?« unterbrach Cranston ihn.

Cabe hob die rechte Hand. »Ich schwöre bei Gott, daß ich mit Roffels Tod nichts zu tun hatte.«

»Aber Bracklebury?«

»Das weiß der Himmel. Wie dem auch sei«, fuhr Cabe fort, »Roffels Tod gab uns Gelegenheit, seine Kajüte zu durchsuchen. Wir durchwühlten alles, aber von einem Gürtel voller Silber war keine Spur. Das Schiff ging auf der Themse vor Anger, Bracklebury brachte den Toten an Land, und eine Zeitlang spielten wir unsere Rollen weiter. Wir erlaubten den Matrosen, ihre Huren an Bord zu holen, und dann, wie Ihr schon sagtet, ließ Bracklebury das Schiff räumen. Bracklebury war ein guter Maat, aber ich vertraute ihm nicht restlos; also verabredeten wir, daß er einmal pro Stunde ein Lichtzeichen zum Ufer blinken würde, das ich dann beantworten sollte.« Cabe leckte sich die Lippen. »Die anderen Offiziere waren so betrunken, daß sie sich nicht mehr erinnern konnten, wohin jeder einzelne von uns gegangen war. Ich verbrachte den größten Teil dieser verfluchten Nacht auf dem Kai und machte mir Sorgen um alles mögliche. Wenn Bracklebury das Silber nun nicht fände? Und wenn er es fände und auf den Gedanken käme, damit zu fliehen? Dann sah ich die Hure Bernicia am Kai stehen und zum Schiff hinüberspähen. Ich hörte, wie Bracklebury sie beschimpfte, und dann verschwand die Mißgeburt.« Cabe schlürfte seinen Wein. »Die Nebelschwaden verlagerten sich – manchmal bedeckten sie die *God's Bright Light* vollständig, dann wieder teilten sie sich. Ich sah die Blinksignale, und dann fuhr das Boot des Admirals hinüber. Damit hatten wir gerechnet, aber Bracklebury hatte gemeint, den würde er schob abwimmeln.« Cabe spreizte die Finger auf der Tischplatte. »Am nächsten Morgen kam mir das Ganze wie ein Alptraum vor. Die *God's Bright Light* war verlassen. Von Bracklebury und der Wache war keine Spur. Ich kam sofort zu dem Schluß, daß Bracklebury das Silber gefunden und die beiden Matrosen entweder ermordet oder mit ihnen geteilt und das Schiff verlassen hatte.« Er schaute Cranston mit schmalem Lächeln an. »Aber so einfach war die Sache nicht, wie, Sir John? Da war die Frage, wer die Signale zwischen den Schiffen immer weiter gegeben hatte – weder ich noch sonst jemand hatte ja gesehen, wie sich jemand der *God's Bright Light* genähert oder von ihr entfernt hatte.« Cabe klopfte auf den Tisch. »Es ließ mir keine Ruhe, denn Bracklebury konnte nicht schwimmen.« Cabe nahm wieder einen Schluck Wein und sah Cranston flehentlich an. »Versprecht Ihr mir, daß ich nicht hängen werde?«

»Ich verspreche es.«

»Nun, vor zwei Tagen bekam ich einen Brief. Er war von einem Schreiber geschrieben, aber er trug Brackleburys Zeichen, einen Kreis mit einem Punkt in der Mitte. Darin stand nur, er sei vom Schiff gesprungen und verstecke sich jetzt vor dem Gesetz. Außerdem behauptete er, Bernicia habe das Silber auf diese oder jene Weise an sich gebracht. Die Hure hatte alle betrogen!«

»Ihr wißt, daß Bernicia ein Mann war?« sagte Athelstan.

»Ja, das habe ich gemerkt, als ich die Schlampe umbrachte.«

»Also habt Ihr Bernicia ermordet?«

»Oh ja«, sagte Cabe. »Ich bin ihr in dieses Loch gefolgt.«

»Ihr habt Euch nicht gefragt, wie Bernicia das Silber hatte finden können?«

»Erst doch. Aber dann fiel mir ein, daß sie an Bord gewesen war, kurz nachdem wir vor Anker gegangen waren, und ich dachte mir, daß sie es da vielleicht gefunden hatte.«

»Und warum habt Ihr Brackleburys Namen benutzt?«

»Nun, in seinem Brief sagte er, daß er sich versteckt habe, weil Ihr, Sir John, seine Beschreibung am Fluß und in der ganzen Stadt in Umlauf gebracht hättet. Ich war aber immer noch mißtrauisch. Ich dachte mir, Bracklebury spielte vielleicht ein doppeltes Spiel.« Cabe zuckte die Achseln. »Ich ging also in diese Schenke und traf dort Bernicia. Ich habe nicht behauptet,

Bracklebury zu sein, sondern habe es lediglich angedeutet.« Er blies die Wangen auf. »Bernicia schien den Unterschied nicht zu bemerken, und das, so dachte ich, war der Beweis für die Richtigkeit des Briefes: Bernicia mußte das Silber haben. Also brachte ich sie um. Dann durchwühlte ich das Haus, fand aber nichts.« Cabe lachte leise. »Wißt Ihr, da dachte ich ja immer noch, Bracklebury sei am Leben und ich sei in eine durchtriebene Falle gegangen. Als dann seine Leiche auftauchte, gab ich einfach auf.« Cabe sah Athelstan an. »Ihr habt nicht erklärt, wie das hat geschehen können.«

Der Ordensbruder zuckte die Achseln. »Vielleicht war es die Schlacht am Fluß, vielleicht hat das Tau sich auch von allein gelöst.«

»Als ich die Leiche sah«, fuhr Cabe in gleichförmigem Ton fort, »wußte ich überhaupt nichts mehr.« Wieder blies er die Wangen auf. »Jetzt habe ich alles gesagt.«

»Weißt du denn, wer dir den Brief geschickt hat?« fragte Cranston.

»Nein, aber . . . «

»Was . . . aber?« fragte Cranston.

»Was ist denn, wenn Bracklebury noch lebt? Wenn dieser Toter nur einer ist, der ihm sehr ähnlich sieht? Wo ist Clement, der zweite Matrose? Wer wußte sonst noch von dem Silber? Wer kannte Brackleburys persönliches Zeichen?« Cabe beugte sich über den Tisch. »Sir John, in Gottes Namen, was ist da geschehen?«

»In Gottes Namen«, antwortete der Coroner langsam. »Wir wissen es wirklich nicht.«

»Was ist jetzt mit mir?« fragte Cabe.

»Wann sticht die *God's Bright Light* in See?«

»In zwei Tagen.«

»Sieh zu, daß du an Bord bist«, befahl Cranston. »Und ich werde dafür sorgen, daß du vorher einen königlichen Pardon erhältst. Der wird aber nur gültig sein, wenn du dich drei Jahre lang nicht in London – und ich meine London – blicken läßt.«

Cabe stand auf. Er wandte sich zum Gehen, hielt dann inne und drehte sich noch einmal um.

»Ich hoffe, Ihr fangt dieses Dreckschwein!« zischte er. »Und ich hoffe, der Galgen ist hoch genug.«

Athelstan sah dem Seemann nach, als er hinausging.

»Wißt Ihr, wie es jetzt weitergeht, Sir John?«

»Ja, Bruder, das weiß ich«, antwortete Cranston. »Aber eines begreife ich noch nicht: Wie konnten Roffel und Ospring damit rechnen, daß sie das Silber stehlen und den Revisoren entgehen könnten?«

Athelstan seufzte. »Sie hätten beide gelogen und vielleicht sogar jenem Agenten alles in die Schuhe geschoben. Sir Henry war mächtig genug, um Beamte zu bestechen.« Er trank sein Bier aus. »Ist Sir Jacob immer noch in St. Bartholomew?«

»Allerdings, und es geht ihm nicht schlechter.«

»Gut. Dann soll der Tanz beginnen!«

Vierzehn

Tabitha Velour öffnete die Tür, und ein Lächeln legte ihr Gesicht in Falten, als sie Athelstan hereinwinkte.

»Guten Morgen, Bruder. Ihr habt doch nicht etwa noch mehr Fragen?«

Sie führte den Ordensbruder in die kleine Wohnstube, wo Emma Roffel mit einem Kontobuch auf dem Schoß vor dem Feuer saß. Auch sie lächelte, als Athelstan eintrat.

»Bruder, warum seid Ihr hier? Bitte setzt Euch doch.« Sie wandte sich an Tabitha. »Bring einen Krug Ale für Bruder Athelstan.«

Athelstan setzte sich. Tabitha brachte Ale und einen Teller frische Milchbrötchen, den sie auf eine Kante des Herdsteins stellte.

»Nun, Bruder, was kann ich für Euch tun?« Emma Roffels Gesicht wirkte sanfter und ruhiger.

Nun lächelte auch Athelstan. »Ich war unterwegs zu Sir Jacob Crawley im Hospital von St. Bartholomew und kam nur vorbei, weil ich dachte, Ihr könntet mir das hier vielleicht flicken« – er zeigte auf einen Riß im Ärmel seiner Kutte – »und mir zugleich noch ein paar Fragen beantworten, bevor die ganze Sache abgeschlossen wird.«

»Abgeschlossen?« Emma Roffel richtete sich auf.

Athelstan nickte. »Ich treffe mich in St. Bartholomew mit Sir John. Er kommt mit Gerichtsdienern und einem Haftbefehl für Sir Jacob Crawley wegen Mordes an Eurem Gemahl sowie an Bracklebury und seinen beiden Matrosen.«

Emma Roffel schloß die Augen. »Gott schütze uns«, flüsterte sie. Dann beugte sie sich vor und faßte nach dem Ärmel von Athelstans Kutte. »Tabitha ist eine gute Näherin. Sie kann das flicken.« Sie schnippte mit den Fingern. »Komm schon her, Weib!«

Tabitha eilte zu der kleinen Bank unter dem Fenster, klappte sie auf und holte einen Korb heraus. Dann kniete sie damit neben Athelstan nieder. Der Ordensbruder schrak hoch, als es laut an der Tür klopfte.

»Ich kümmere mich darum«, sagte Emma Roffel.

Athelstan hörte, wie sie den Korridor hinunterging, die Tür öffnete, ein paar Worte sprach und sie wieder schloß.

Er blickte nicht auf, als sie wieder hereinkam.

»Wer war das?« fragte Tabitha.

Emma Roffel gab keine Antwort. Sie ging in die Küche und kam dann zurück; ihre Hände steckten in den Ärmeln eines weiten Gewandes. Sie setzte sich und starrte ins Feuer.

»Wir haben hier einen schlauen, schlauen kleinen Pfaffen, Tabitha.«

Athelstan blickte auf. Emma Roffels Gesicht war eine Maske der Wut, bleich und schmallippig, und ihre dunklen, kraftvollen Augen loderten.

»Mistress?« fragte er.

»Laß seine Kutte, Tabitha. Komm her und setz dich zu mir.«

Die Zofe huschte zu ihr hinüber. Athelstan verschränkte die Hände vor dem Bauch und hoffte, daß man ihm die Angst nicht anmerken würde. Emma Roffel beugte sich vor. »Einen hinterlistigen, verschlagenen Pfaffen, der ganz und gar nicht unterwegs nach St. Bartholomew ist!« spie sie. »Weißt du, wer da geklopft hat, Tabitha?« Sie ließ Athelstan nicht aus den Augen. »Ein anderer Pfaffe – dieser dumme, steinalte, sabbernde Pfarrer Stephen aus der Kirche von St. Mary Magdalene.«

»Wieso erregt Euch das, Mistress?« fragte Athelstan unschuldsvoll.

Emma Roffel lehnte sich zurück. Offenbar machte ihr dieser Kampf der Gehirne Spaß.

»Das wißt Ihr ganz genau, Pfaffe. Erzählt es mir doch!«

»Oh ja, ich werde Euch etwas erzählen, Madam. Ich erzähle Euch die Geschichte eines jungen schottischen Mädchens, geboren in einem Fischerdorf in der Nähe von Edinburgh. Sie heiratete einen amtsenthobenen Priester, und sie glaubte, diese Ehe habe der Himmel gestiftet, aber daraus erwuchs ein Haß, der in der Hölle geschmiedet ward. Ihr, Mistress Roffel, haßtet Euren Mann. Der Haß ließ beider Seelen frieren. Roffel wandte sich an seine männliche Hure Bernicia, und Ihr gingt zu Eurer Geliebten: Tabitha.« Athelstan schaute Tabitha an, die seinen Blick kühl erwiderte. »Ihr nahmt Euch vor, Euren Mann zu ermorden«, fuhr er fort, »indem Ihr die Flasche mit seinem Usquebaugh vergiftetet; Ihr dachtet Euch, sollte es je herauskommen, würde jemand von Bord der *God's Bright Light* die Schuld bekommen, denn Euer Mann war bei seiner Mannschaft verhaßt.«

»Aber Pater«, schnurrte Emma Roffel, »William trug seine Flasche doch immer bei sich. Er, nicht ich, ging damit in Richard Crawleys Schenke, um sie füllen zu lassen.« Sie schlang die Arme fester um die Schultern. »Ich bin sicher, wenn Ihr und dieser fette

Coroner Nachforschungen anstellt, dann werdet Ihr feststellen, daß mein Mann aus der Flasche trank, ohne eine unangenehme Wirkung zu verspüren. Ja, wie Ihr wißt, habe auch ich daraus getrunken, und sogar Ihr selbst. Es war kein Gift darin.«

»Macht Euch nicht über mich lustig, Madam«, schnappte Athelstan. »Ich werde Euch sagen, wie es ging. Ihr habt die Flasche genommen, als sie leer war, und Arsenik hineingetan. Kapitän Roffel füllte sie mit Usquebaugh. Man mußte schon mehr als einen Schluck nehmen, bis das Gift am Grund sich vermischte und wirksam werden konnte. Wie Ihr es geplant hattet, ist das irgendwann geschehen, aber erst, als er auf dem Meer war. Jeder Apotheker wird Euch sagen, daß Arsen kein Gift ist, welches auf der Stelle tötet. Es braucht Zeit, bis es sich im Körper des Opfers angesammelt hat.« Athelstan zuckte die Achseln. »Als die Flasche hergebracht wurde, habt Ihr sie ausgespült und gescheuert. Dann habt Ihr Usquebaugh besorgt, sie wieder gefüllt und zu den Sachen Eures Gemahls gelegt, als sei sie nie dort weggenommen worden.«

Emma Roffel musterte ihn kühl.

»Der Tod Eures Mannes«, fuhr Athelstan fort, »war eigentlich Lohn genug für Euch, aber als Bracklebury Euch den Toten brachte, merktet Ihr, daß da etwas nicht stimmte. Vielleicht hatte Bracklebury den Toten ein letztes Mal durchsucht? Oder Ihr habt die Seiten am Ende des Stundenbuches studiert und herausgefunden, daß ›S.L.‹ nichts anderes bedeutet als ›*secreto loco* – an einem geheimen Ort‹? Der letzte Eintrag war ganz frisch, und daher wußtet Ihr, daß Euer Gemahl erst vor kurzem etwas Wertvolles in seinen Besitz gebracht und versteckt haben mußte.« Athelstan fuhr sich mit der Zunge über die trockenen Lippen. »Es würde nicht schwerfallen, Bracklebury zum Reden zu bringen; er dachte ja nur daran, dieses Silber zu finden.«

»Und?« fragte Emma Roffel mit gespielter Unschuld.

»Ihr wußtet – Gott weiß, woher – von dem Geheimversteck Eures Mannes, und so habt Ihr ein unheiliges Bündnis mit Bracklebury geschlossen. Ihr würdet das Silber finden und mit ihm teilen. Dann würdet Ihr die trauernde Witwe spielen und Euer kühles Herrin-und-Zofe-Verhältnis mit Tabitha aufrecht erhalten, bis Ihr beide verschwinden und unter neuem Namen in irgendeine andere Stadt in England oder Schottland ziehen könntet.«

»Aber ich war in dieser Nacht nicht auf der *God's Bright Light*«, erklärte Emma Roffel höhnisch. »Ich war in der Kirche von St. Mary Magdalene und habe um meinen Gemahl getrauert.«

»Unsinn!« erwiderte Athelstan. »Ihr wart an diesem Tag an Bord. Ihr habt Euch als eine der Huren verkleidet, und Bracklebury hat Euch in der Kajüte versteckt, so daß Ihr Eure Sache beginnen konntet – besser gesagt, Ihr habt nur so getan, denn Ihr wußtet längst, wo das Geheimversteck war. Bracklebury hat Euch von seiner Verabredung mit Cabe erzählt, und daß Signale zwischen den Schiffen, aber auch zwischen ihm und Cabe am Kai hin und her gehen mußten.«

»Aber wie soll ich das alles getan haben«, beharrte Emma Roffel, »wenn ich doch in der Kirche um meinen Mann getrauert habe?«

»Das habt Ihr nicht«, versetzte Athelstan. »Das war Eure Zofe Tabitha. Pater Stephen ist alt, seine Augen sind schlecht, und Ihr seid keine Kirchgängerin. Ihr habt Tabitha zum Haus des Priesters geschickt; sie sollte sich für Euch ausgeben. Pater Stephen nahm ihr ab, daß sie war, wer sie zu sein vorgab. Aber es war Tabitha, die in der Nacht in der Kirche war.«

»Und die Beerdigung?« fragte jetzt Tabitha. »Sowohl Mistress Roffel als auch ich waren bei der Beerdigung, und Pater Stephen war auch da.«

»Oh, das glaube ich gern.« Athelstan lächelte, als er sah, wie die Zofe ihre kühle Strenge abgelegt hatte. »Ihr wart beide zugegen, verschleiert und mit Kapuzenmänteln. Aber du, Tabitha, hast weiter so getan, als wärest du deine Herrin, und sie spielte die Rolle der Zofe. Ihr habt gewußt, daß Pater Stephen das alles bald wieder vergessen würde; die Zeit würde vergehen, und Ihr hattet ja auch vor, die Stadt zu verlassen. Sollte Pater Stephen dieses Haus besuchen, könntet Ihr den Schein weiter wahren, und für jede Verwirrung gäbe es eine Erklärung.« Athelstan schob seinen Bierkrug beiseite; er hatte ihn nicht angerührt und würde es auch weiter nicht tun. »Als Pater Stephen plötzlich während meiner Anwesenheit hier erschien, wurde Euch klar, daß dies kein Zufall war. Pater Stephen konnte deutlich erkennen, wer ihm da die Tür öffnete.«

»Ach, fahrt doch bitte fort«, flüsterte Emma Roffel. Sie saß zurückgelehnt auf ihrem Stuhl, angespannt und das Kinn angriffslustig vorgereckt. »Wie war das also an Bord der *God's Bright Light*?«

Athelstan sammelte für einen Augenblick seine Gedanken, aber dabei behielt er Emma Roffels Hände, die in den Ärmeln ihres Gewandes steckten, die ganze Zeit sorgfältig im Auge.

»Ja, an Bord der *God's Bright Light*«, sagte er, »habt Ihr Euch vor den beiden Matrosen der Wache versteckt, und auch vor Sir Jacob Crawley, als er das Schiff besuchte. Trotzdem war dem Admiral unbehaglich zumute. Als er wieder von Bord gegangen war, habt Ihr Euren Plan ausgeführt und Bracklebury und seine Matrosen umgebracht.«

»Ich, ein zartes Weib?«

»Wer hat etwas von Zartheit gesagt?« fragte Athelstan. »Ihr seid vielleicht nicht mehr jung, aber Ihr seid stark und voller Lebenskraft – eben eine Fischerstochter. Außerdem ist es nicht schwierig, mit betäubten Männern umzugehen. Nur Bracklebury hatte Zugang zu der Kajüte, in der Ihr Euch verborgen hattet. Ihr würdet behaupten, Ihr hättet bei der Suche keinen Erfolg gehabt, wärt aber weiterhin guter Hoffnung. Ja, Ihr habt nur darauf gewartet, Bracklebury und die anderen Zeugen ermorden zu können, um das Rätsel so noch weiter zu verwirren.« Athelstan machte eine Pause; hoffentlich kam Cranston bald. »Ihr habt ein starkes Schlafmittel in die Becher gegeben, aus denen Bracklebury und die beiden anderen Männer tranken. Sie sind in einen betäubten Schlummer versunken, Ihr habt ihnen die Gewichte an den Hals gebunden und sie über die Reling geworfen. Ich bezweifle, daß die armen Seelen das Bewußtsein noch einmal wiedererlangt haben.« Athelstan starrte die Lampe über dem Herd an. »Der dichte Flußnebel wird all Euer Treiben verborgen haben. Eben dieser Nebel und auch das Sprachrohr haben Eure Stimme unkenntlich gemacht. Ihr hattet gehört, wie Bracklebury die Parole und die Blinkzeichen weitergab, und so habt Ihr dafür gesorgt, daß alles weiter seinen gewohnten Gang gehen konnte. Dann aber« – Athelstan straffte sich – »kam dieser Matrose lachend und singend mit seiner Dirne zurück. Etwa um die gleiche Zeit seid Ihr verschwunden, in einer nebligen, kalten Morgendämmerung, als die Matrosen auf den beiden Nachbarschiffen schläfrig waren und der Kai verlassen dalag.«

»Und wie habe ich das gemacht?« rief Emma Roffel. »Bin ich geflogen?«

»Nein, Mistress Roffel. Ihr habt Euch den Silbergürtel an den Hals gehängt, seid auf der dem Kai abgewandten Seite ins Wasser geglitten und habt Euch von der Strömung flußabwärts tragen lassen, bevor Ihr weit weg von Queen's Hithe und den wachsamen Augen des Menschenfischers ans Ufer geschwommen seid. Dann habt Ihr Euch umgezogen. Tabitha war mit frischen Kleidern zur Stelle, und bald wart Ihr wieder zu Hause und spieltet weiter die zurückgezogen trauernde Witwe.« Athelstan hielt inne und lauschte dem Knarren und Ächzen des alten Hauses. »Es muß Euch Spaß gemacht haben, Mistress Roffel, zuzusehen, wie alle Welt blindlings im Kreis herum rannte, wie Anschuldigungen verteilt wurden und wie Cabe sich fragte, wo Bracklebury war. Ihr seid eine starke Frau, Mistress Roffel.«

»Aber nicht stark genug, um zu schwimmen, wie Ihr es mir zugute haltet.«

»Unfug«, widersprach Athelstan. »Ihr seid eine Fischerstochter. Ihr konntet schwimmen, bevor Ihr laufen lerntet; Ihr wart ja immer auf dem Wasser und habt Eurem Vater mit den Netzen geholfen. Ich habe Eure Hand gefühlt, als Ihr das Lagerhaus des Menschenfischers verließt – sie war rauh und ziemlich schwielig. Ihr seid mit Meerwasser im Blut zur Welt gekommen. Wahrscheinlich konntet Ihr besser schwimmen als irgendeiner der Männer an Bord der Schiffe, die da auf der Themse liegen. Ihr habt zugeschaut, wie wir alle im Kreis herum liefen wie die

Mäuse im Käfig. Und Ihr habt Euch gedacht, Ihr könntet das Wasser noch trüber machen und Euch überdies an der Hure Bernicia rächen. Tabitha hat jenen Brief an Cabe geschrieben, der vorgeblich von Bracklebury kam und Bernicia beschuldigte. Und die ganze Zeit habt Ihr Eure Abreise vorbereitet. Ihr habt Euch als Seemann verkleidet und vermummt und dann ein wenig von dem Silber zu einem Goldschmied getragen. Damit habt Ihr nicht nur das Geheimnis weiter vertieft, sondern Euch und Tabitha das nötige Geld verschafft, um London zu verlassen.« Athelstan beugte sich vor und erklärte anklagend: »Der einzige Makel in Eurem Plan bestand darin, daß Brackleburys Leiche entdeckt wurde.«

Tabitha klatschte höhnisch in die Hände. »Ihr habt recht, Mistress. Ein schlauer kleiner Pfaffe.«

»Woher kanntet Ihr Brackleburys Zeichen, das Ihr in dem Brief an Bernicia verwandtet?« fragte Athelstan. »Ich nehme an, Ihr habt es in den Dokumenten Eures Gatten gefunden.« Er sah sich im Zimmer um. »So ordentlich«, sagte er leise. »Das hat Sir Jacob Crawley gesagt. Er meinte damit, daß die Kombüse so ordentlich war. Alle Becher und Teller gespült. Als wäre nicht nur eine Mörderin, sondern auch eine gute Hausfrau dagewesen, die die Spuren ihres Tuns verwischt hatte.«

»Schlau!« murmelte Emma Roffel.

»Eigentlich gar nicht«, sagte Athelstan. »Es ist eher ein bunter Flickenteppich – Brackleburys Leichnam, Eure schwielige Hand, die sauber aufgeräumte Kombüse, Eure Erzählungen über Eure Jugend, das Stundenbuch Eures Gemahls. Und natürlich das ungeheure Gewicht der Logik.«

Emma Roffel schaute lächelnd in die Flammen des

Feuers, und Tabitha beugte sich vor und streichelte ihr sanft das Knie.

»Wart Ihr schon einmal in der Hölle, Pater?« murmelte sie.

»Zuweilen«, antwortete Athelstan sofort, ohne nachzudenken.

Emma Roffel verzog höhnisch den Mund. »Komisch. Ich habe Euch nie dort gesehen.« Sie schaute den Ordensbruder wütend an. »Aber ich war da, Pater. Ich habe alles aufgegeben für Roffel, für diesen amtsenthobenen Priester, bis sich zeigte, daß er im innersten Kern verfault war. Für einen Mann, der mich benutzte wie einen Hund seine Hündin und, damit nicht zufrieden, ein ganzes Heer hübscher Lustknaben bezahlte. Für einen Mann, der den Tod in meinen Schoß trug und aus meinem Herzen eine Wüste machte. Jawohl, ich habe den Dreckskerl umgebracht! Bracklebury hat mir sofort erzählt, was sich zugetragen hatte; er war wütend und brannte darauf, das Silber zu finden. Ich spielte mit ihm wie mit einem Fisch an der Angel. Und alles andere war so, wie Ihr sagt.« Ihre Miene glättete sich. »Ich ging mit den Huren an Bord und versteckte mich. Erst im Laderaum, dann in der Kajüte. Ich hörte die Parole, sah die Lichtsignale.« Sie grinste. »Es war ganz leicht. Ich betäubte die Wache und beschmierte mich von Kopf bis Fuß mit Talg – ein altes Mittel der Fischer, um den Körper vor der Kälte zu schützen. Dann wartete ich bis zur Gezeitenwende und schwamm wie nie zuvor – schwamm in die Freiheit!« Ihre Stimme hob sich. »Freiheit von der Männerwelt! Tabitha erwartete mich mit einem Mantel und etwas Usquebaugh, und ich war in Sicherheit. Es war so leicht!« Sie funkelte Athelstan an. »Bis Ihr daherkamt, Ihr mit Eurem dunklen Gesicht und dem verschleierten Blick. Unser Leben ist ruiniert, nicht wahr, Tabitha? Ruiniert von schlauen Pfaffen, die nicht sind, was sie zu sein scheinen.« Emma Roffel sog die Luft zwischen den Zähnen ein. »Schlau, so schlau!«

Mit einer jähen Bewegung zuckte ihre Hand aus dem Ärmel ihres Gewandes, und der Dolch stach geradewegs nach Athelstan, aber der Ordensbruder wich behende aus; er packte den Bierkrug und schleuderte ihn nach ihr, und zugleich duckte er sich seitwärts, als Tabitha nach seinem Mantel griff. Er und die Zofe stürzten zu Boden und wälzten sich in der Binsenstreu, während er versuchte, sich loszureißen. Mit einem kurzen Seitenblick sah er den Saum von Emma Roffels Kleid; sie kam auf ihn zu.

»Oh, Herr des Himmels!« donnerte eine Stimme.

Tabitha wurde hochgerissen und zur Seite geschleudert, und dann grinste der Coroner boshaft auf ihn herab.

»Bruder, was würden denn deine Pfarrkinder dazu sagen?«

Athelstan rappelte sich auf. Emma Roffel wurde von einem stämmigen Gerichtsdiener festgehalten, und Shawditch, der Untersheriff, half Tabitha auf die Beine.

»Weiß der Himmel, was meine Pfarrkinder sagen würden«, murmelte Athelstan. »Sir John, habt Ihr alles gehört?«

»Allerdings«, sagte der Coroner fröhlich und schaute Emma Roffel an. »Ich habe auch schon mit Pfarrer Stephen gesprochen. Er erklärte kategorisch, daß die Person, die ihm heute hier die Tür geöffnet hat, nicht dieselbe sei, die in jener Nacht bei Roffels Leichnam in der Kirche St. Mary Magdalene gewacht hat.

Schafft sie weg!« befahl er Shawditch. »Und dann kommt wieder her und durchsucht dieses Haus vom Keller bis zum Dachboden.«

»Was sollen wir denn suchen, Sir John?«

»Weißes Arsenik«, sagte Athelstan. »Weißes Pulver jeglicher Art, das Ihr versteckt findet. Und mehr Silber, Master Shawditch, als Ihr je im Leben gesehen habt.«

Der Untersheriff machte Anstalten, die beiden Frauen abzuführen, aber Emma Roffel sträubte sich und riß sich noch einmal los. »Sir John, ich nehme es auf meinen Eid, daß Tabitha mit den Morden nichts zu tun hat!«

Sir John trat auf sie zu. »Wenn das so ist, wird sie vielleicht freigelassen. Aber Ihr, Mistress Roffel, habt den Tod verdient.« Er lachte finster. »Nicht wegen Bracklebury, aber um der beiden Matrosen willen – brave, hart arbeitende Männer und treue Untertanen ihres Königs. Die armen Schweine haben Eure Habgier und mörderische Bosheit mit ihrem Leben bezahlen müssen.«

Er kehrte zu Athelstan zurück. »Shawditch!« rief er über die Schulter. »Schafft sie beide ins Fleet-Gefängnis.«

Cranston wartete, bis die Tür sich hinter ihnen geschlossen hatte. Dann war es still im Haus, und der Coroner grinste den Ordensbruder betreten an. »Weißt du, Bruder, ich habe nicht geglaubt, daß du in Gefahr schwebst, aber dann fiel mir ein, daß ihr Mann ja Priester war. Da fragte ich mich, was wohl passieren würde, wenn ein anderer Priester sie wegen ihrer Verbrechen zur Rede stellen würde.« Er rieb sich den Oberschenkel. »Ich werde zu alt, um über Mauern zu klettern. Aber genug davon. Athelstan, mein Sohn, du schuldest mir einen Becher Wein!«

Drei Tage später wanderte Athelstan müde durch die Ropery, wandte sich an der Bridge Street nach rechts und ging über die verstopfte Brücke zurück nach Southwark. Den Nachmittag hatte er in Blackfriars verbracht und dem Prior berichtet, was sich in der Pfarrei und bei seiner Arbeit mit Cranston begeben hatte. Der alte Dominikaner hatte aufmerksam bis zum Schluß zugehört und einen leisen Pfiff ausgestoßen, als Athelstan von dem Rätsel um die *God's Bright Light* erzählt hatte.

»Man muß dir gratulieren, Bruder Athelstan«, sagte er. »Dir und Sir John. Denn weder Mann noch Weib sollte morden und sich dann vor der Hand Gottes verbergen dürfen.« Strahlend schaute er über den Tisch und drohte Athelstan mit knochigem Finger. »Du warst immer schon scharfsinnig, Bruder.« Er lehnte sich zurück und legte den Finger an die Lippen. »Bist du dieser Arbeit müde, Bruder?«

»Nein, Pater Prior. Es ist Gottes Arbeit.«

»Aber Gottes Weinberg ist groß. Möchtest du gern hierher zurückkommen? Du könntest Vorlesungen halten, über Logik, Philosophie und Astronomie. Ich weiß, man würde deine Talente zu schätzen wissen, sogar in den Hallen von Oxford.«

Athelstan starrte ihn verblüfft an. »Ihr wollt, daß ich St. Erconwald verlasse, Pater Prior?«

Der alte Mann lächelte. »Es geht nicht um das, was ich will, Bruder«, antwortete er ruhig. »Genau wie ich, hast du dem Orden Gehorsam gelobt. Aber hier geht es um das, was du willst. Denke darüber nach.«

Das hatte Athelstan getan, und als er sich jetzt durch das Gedränge auf der Brücke kämpfte, spürte er die Versuchung, die in den Worten des Priors lag. Schluß mit Schmutz und Mordtaten. Er dachte an

Emma Roffel, an die bleiche Maske der Wut über dem spitzen Messer. Für einen Augenblick trat er in die Kirche von St. Thomas Becket, die über die Brücke hinausragte. Gleich hinter dem Eingang kniete er nieder und schaute zu dem roten Ewigen Licht, ohne mit der Wimper zu zucken. Er dachte an all die Gewalttätigkeit – an den ermordeten Kaufmann Springall, an Sir Ralph Witton, der im Tower umgebracht worden war, und an andere Mordtaten in Southwark und in Blackfriars. Athelstan nagte an der Unterlippe und lehnte das Gesicht an die kalte Mauer. Andererseits brachte das alles auch seinen Lohn. Ashby und Aveline waren begnadigt worden. Die beiden Turteltauben waren in den Sonnenuntergang davongeritten, nicht ohne Athelstan noch zuzurufen, er müsse sie so bald wie möglich besuchen. Die Revisoren waren entzückt gewesen, als sie das Silber zurückbekommen hatten, das im Keller von Roffels Haus versteckt gewesen war, und Sir Jacob Crawleys Name war von allen Makeln befreit worden. Der Bootsmann Moleskin war ein Held, und natürlich war der alte John Cranston auch noch da. Athelstan bekreuzigte sich und stand auf; er beugte das Knie in Richtung des Tabernakels und trat wieder hinaus auf die Brücke. Es wurde langsam dunkel, während er durch die Gassen zurück nach St. Erconwald wanderte. Weil er Hunger hatte, kaufte er sich in Merrylegs Bäckerei eine Pastete; er hatte den ganzen Tag noch nichts gegessen. Aber ein Bettler an der Ecke der Catgut Alley sah so kläglich aus, daß Athelstan ihm seufzend die ganze Pastete schenkte.

Er hatte damit gerechnet, die Kirche verlassen vorzufinden, und sah jetzt überrascht, daß eine ganze Schar von Gemeindemitgliedern sich aufgeregt um

Watkin und Pike drängte, die auf den Stufen standen. Der füllige Mistsammler lehnte mit dem Rücken an der Tür, als wolle er sie bewachen.

»Was ist denn hier los?« fragte Athelstan.

Watkin machte ein sorgenvolles Gesicht und legte einen Finger an den Mund.

»Pater, habt Ihr ein Kruzifix oder Weihwasser?«

»Natürlich. Warum?«

»Da ist ein Dämon in der Kirche.«

»Was? Watkin, hast du getrunken?«

»Pater, da ist ein Dämon. Crim hat ihn gesehen! Er stand unter dem Lettner.«

»Ach, sei doch nicht albern«, sagte Athelstan. »Watkin, geh beiseite.«

»Ich glaube, Ihr solltet da nicht hineingehen.«

»Papperlapapp! Aus dem Weg!«

Athelstan drängte sich vorbei und betrat die dunkle Kirche. Keine Kerzen brannten, und im Dämmerlicht waren gerade noch die Umrisse der Bühne, der Lettner und das rot glimmende Tabernakellicht im Chor zu erkennen. Vorsichtig ging Athelstan durch das Mittelschiff hinauf und merkte überrascht, daß sich Furcht in seinem Magen regte.

»Wer ist da?« rief er.

Keine Antwort.

»Im Namen Gottes!« rief Athelstan. »Wer ist da?«

Er hörte ein Geräusch, und seine Angst wurde größer. Eine große, dunkle Gestalt erschien im Lettner, schwarz gekleidet von Kopf bis Fuß. Sie sah aus wie ein riesiger Ziegenbock mit dämonischen Gesichtszügen und gewaltig geschwungenen Hörnern und wirkte im Licht der dicken gelben Talgkerze in ihren Händen nur noch gespenstischer.

»Geh und häng dich auf, Pfäfflein!«

Athelstan entspannte sich und schloß die Augen. »Sir John, um des lieben Herrgotts willen! Ihr habt meine Gemeinde in Angst und Schrecken versetzt.«

Sir Johns Gelächter dröhnte hinter der Maske lauter denn je. Der Coroner kam durch die Kirche stolziert, jeder Zoll ein schrecklicher Dämon.

»Gefällt dir mein Kostüm, Bruder? Ich wollte dich überraschen. Du hättest sehen sollen, wie flink der alte Watkin laufen konnte!« Cranstons Stimme dröhnte wie eine Glocke. »Ich hatte keine Ahnung, daß ein Schmalzfaß so schön springen kann.«

»Nehmt die Maske ab, Sir John.«

Mühsam streifte der Coroner die Maske hoch. Sein breites, rotes Gesicht war schweißnaß und strahlte in einem boshaften Lächeln. »Die Tuchhändlergilde hat sie mir geliehen«, erklärte er. »Wie findest du sie, Bruder?«

»Der Fürst der Hölle selbst würde vor Neid erblassen, Sir John.«

»Gut. Ich dachte mir, daß du das sagen würdest.«

Cranston setzte sich am Fuß einer Säule hin. Er stellte die Kerze neben sich und winkte Athelstan heran.

»Komm her, Pfaffe. Ich bin nicht nur zum Vergnügen hier. Es ist wieder jemand ermordet worden.«

Athelstan setzte sich neben ihn und starrte in die flackernde Kerzenflamme. Er spürte die kribbelnde Erregung im Bauch und wußte, daß der Prior sich irrte: Niemals würde er das hier gegen eine trockene, staubige Schulstube tauschen.

»Da ist jemand ermordet worden«, wiederholte Cranston, »und zwar in einer Gasse bei Walbrook. In der ›Goldenen Elster‹ – einer prächtigen Schenke mit einem ausgelassenen Wirt. Um es kurz zu machen:

Heute früh wurde mein Wirt mit eingeschlagenem Schädel im Keller gefunden, aber die Kellertür war verschlossen, und niemand hat jemanden hineingehen oder herauskommen sehen.«

»Habt Ihr schon mit den Vernehmungen begonnen, Sir John?«

»Ja. Aber jetzt sag mir, Bruder: Wie kann jemand in einen Keller kommen, einem Mann den Schädel einschlagen und wieder verschwinden, wenn die Tür von innen verriegelt ist? Es gibt keinen Hinweis auf gewaltsames Eindringen. Niemand wurde auch nur in der Nähe der Tür gesehen.«

Athelstan kratzte sich am Kinn. »Das ist unmöglich, Sir John.«

»Ist es auch.« Der Coroner wollte sich ausschütten vor Lachen. »Ich habe es mir ausgedacht.«

Athelstan gab ihm einen heftigen Rippenstoß. Der Coroner legte den Kopf in den Nacken und lachte noch lauter.

»Nein, nein, Bruder, wir hatten jetzt genug Morde. Das einzige, was mich noch beschäftigt, ist der Umstand, daß Alice Frogmore schon wieder Anzeige gegen Thomas, die Kröte, wegen unbefugten Betretens ihres Grundstücks erstattet hat. Habe ich dir schon mal von Thomas, der Kröte, erzählt?«

Athelstan stand seufzend auf. »Nein, Sir John, noch nicht. Aber ich habe das furchtbare Gefühl, daß Ihr es jetzt tun werdet.«

»Ganz recht, Mönch. Wir gehen auf der Stelle zu diesem einarmigen Piraten in die Schenke ›Zum Gescheckten‹. Da gibt es einen Krug Rotwein, einen Teller gebratene Zwiebeln, zwei Rindfleischpasteten und ein bißchen Weißbrot, und dann kommen wir wieder her und proben ein für allemal dieses verdammte

Stück. Und wenn es noch mehr Streit zwischen Gott Vater und dem Heiligen Geist gibt, dann schlage ich den beiden die Köpfe zusammen!« Cranston kam schwerfällig auf die Beine und nahm die Dämonenmaske auf. »Findest du, sie steht mir, Bruder?«

»Ja, aber zeigt Euch damit nicht den Kerlchen, denn die werden sonst schreien.«

»Oh, das habe ich schon getan. Sie fanden es komisch, aber die Hunde sind unter den Tisch geflohen. Und diesem faulen Gauner Leif habe ich einen Heidenschreck eingejagt.« Cranston setzte die Maske wieder auf. »Komm, erschrecken wir den alten Watkin noch einmal.« Er stapfte zur Tür.

»Sir John!« rief Athelstan. »Vielleicht tut Ihr das lieber nicht!«

»Was soll das heißen, Mönch?«

»Ich bin ein Ordensbruder, Sir John, und der arme alte Watkin ist genug erschreckt worden.«

»Ah, wahrscheinlich hast du recht.« Cranstons Stimme klang gedämpft hinter der Maske. Er zog an den Hörnern, aber die Maske saß fest.

»Ach, verflucht und zugenäht!« knurrte Cranston. »Bruder, das Mistding geht nicht mehr ab!«

Athelstan zog ebenfalls an der Maske, aber sie ließ sich nicht bewegen. Athelstan schüttelte sich vor Lachen.

»Sir John, Ihr müßt Euch hinknien.«

Cranston gehorchte, aber so sehr Athelstan auch zerrte – alles, was er bekam, war eine Flut schmutziger Flüche von Cranston, der jetzt behauptete, die Ohren würden ihm abgerissen.

»Man kann nichts machen«, stellte Athelstan schließlich fest. »Wir müssen zu Basil, dem Schmied, und sehen, was er tun kann.«

Behutsam nahm der Ordensbruder Sir John bei der Hand und führte ihn zur Kirche hinaus. Seine Pfarrkinder stoben auseinander, und Athelstan wußte, daß er in die Legenden von Southwark eingehen würde: Der Ordensbruder, der einen Dämon gefangen und zum Schmied gebracht hatte, um ihn wieder zur Hölle fahren zu lassen.